O EXÉRCITO NA CONSOLIDAÇÃO DO IMPÉRIO

Adriana Barreto de Souza

O EXÉRCITO NA CONSOLIDAÇÃO DO IMPÉRIO

Um estudo sobre a política militar conservadora (1831-1850)

2ª edição

FGV EDITORA

Direitos desta edição reservados à
FGV EDITORA
Rua Jornalista Orlando Dantas, 9
22231-010 | Rio de Janeiro, RJ | Brasil
Tel.: 21-3799-4427
editora@fgv.br | www.editora.fgv.br

Impresso no Brasil | *Printed in Brazil*

1ª edição: 1999 (Arquivo Nacional)
2ª edição: 2022

Preparação de originais: Ronald Polito
Editoração eletrônica: Abreu's System
Revisão: Adriana Alves | Aline Duque Erthal
Capa: Estúdio 513, sobre pintura de Johann Moritz Rugendas:
"Terceiro batalhão do Exército brasileiro em São Cristóvão, Rio de Janeiro, 1835"

Dados Internacionais de Catalogação na Publicação (CIP)
Ficha catalográfica elaborada pelo Sistema de Bibliotecas/FGV

Souza, Adriana Barreto de, 1971-
O Exército na consolidação do Império : um estudo sobre a política militar conservadora (1831-1850) / Adriana Barreto de Souza. – 2. ed. – Rio de Janeiro : FGV Editora, 2022.
240 p.

Inclui bibliografia.
ISBN: 978-65-5652-177-0

1. Militarismo – Brasil – História, 1831-1850. 2. Brasil – História militar, 1831-1850. 3. Política militar. I. Fundação Getulio Vargas. II. Título.

CDD – 981.04

Elaborada por Rafaela Ramos de Moraes – CRB-7/6625

Sumário

Prefácio à 2ª edição

Não poderia ser mais oportuna a publicação da segunda edição de *O Exército na consolidação do Império*, da historiadora Adriana Barreto de Souza. Lançado originalmente em 1999, o livro faz parte de uma intensa produção historiográfica que vem criticando e desconstruindo mitos importantes sobre a história das Forças Armadas no Brasil. A despeito dessa renovação, ainda encontram ressonância pública idealizações sobre as origens do Exército e seu papel nas décadas posteriores à independência do país.

Uma delas é a alusão ao Exército imperial pelo nome de seu patrono, o duque de Caxias (1803-1880), que ainda em vida recebeu a alcunha de o "Pacificador do Brasil". Guiado por Caxias, o Exército brasileiro desempenhou papel fundamental na desproporcional repressão às revoltas ocorridas ao longo das décadas de 1830 e 1840, como a Balaiada, no Maranhão, e a Farroupilha, no Rio Grande do Sul. Anos mais tarde, durante a Guerra do Paraguai (1865-1870), Caxias foi designado comandante máximo das Forças do Império. Quase cem anos depois, foi oficialmente nomeado Patrono do Exército Brasileiro. A associação da imagem do Exército à figura de Caxias, elogiando a ideia de "pacificação" e naturalizando a violência das ações militares desde então, é um dos mais poderosos e longevos mitos sobre a suposta vocação do Exército na mediação de conflitos.[1]

---

[1] Quem quiser saber mais sobre o assunto não pode deixar de ler os dois livros subsequentes da autora: *Duque de Caxias: o homem por trás do monumento* (Civilização Brasileira, 2008), originalmente sua tese de doutorado, e *Pacificar o Brasil: das guerras justas às UPPs* (Alameda, 2017), por ela organizado.

Originalmente dissertação de mestrado defendida no Departamento de História da Universidade Federal do Rio de Janeiro (UFRJ), sob orientação do professor Manoel Salgado Guimarães, e uma das vencedoras do Prêmio Arquivo Nacional de Pesquisa 1997, *O Exército na consolidação do Império* é obra fundamental justamente porque se contrapõe a essas visões tradicionais sobre a história militar brasileira.

Adriana Barreto demonstra como a fundação do Exército nacional em 1831 fez parte de um projeto conservador que se tornou hegemônico a partir do chamado Regresso, em 1837, quando os membros do Partido Conservador, representantes dos proprietários escravistas, assumiram o poder. Para além da atuação no combate às revoltas que então ocorriam em várias províncias do país, a própria estrutura interna da corporação reproduzia em sua burocracia os valores hierárquicos próprios da sociedade imperial, reservando a oficialidade aos membros das elites locais e as posições de soldados a pessoas como os pardos libertos, vistas como pouco idôneas e que colocavam riscos à tranquilidade pública. Isso não significa, no entanto, que o processo de formação do Exército brasileiro tenha espelhado a sociedade e o Estado brasileiros. Ao contrário, ele ocorreu de forma tensa, plena de interesses díspares e projetos opostos. Ao estudar o contexto mais amplo da formação do Exército e ao mesmo tempo a historicidade de seus interesses e tensões internas, a autora enfatiza a importância de analisar o Exército a partir de suas dinâmicas internas próprias, apontando os problemas da generalização do termo "militares" e chamando a atenção para a necessidade "de um exame mais preciso da organização interna do próprio Exército". O resultado desse exame preciso é justamente este livro.

O Exército na consolidação do Império é uma defesa da História como campo do saber e da validade de seus métodos para a construção do conhecimento científico. Não há nele nenhuma afirmação que não seja baseada na leitura crítica da historiografia e na análise rigorosa das fontes. Como já notado no prefácio à primeira edição por Manoel Salgado Guimarães, não por acaso o orientador deste trabalho, Adriana Barreto interroga os símbolos fundadores da história do Exército e dessacraliza sua mitificação, que evidentemente não resiste ao confronto com a pesquisa documental. Com elegância e firmeza, é como se ela afirmasse ao final: o Exército brasileiro, este que foi fundado em 1831 com a reorganização do poder realizada após a abdicação de d. Pedro I, não é nem nunca foi o "de Caxias". Ele é mais complexo, mais diverso e, por isso mesmo, mais real do que a idealização que ainda o vê, na figura de seu "patrono", como a salvação do Estado e da unidade do território brasileiros.

Lido nos dias de hoje, este livro também é uma defesa da importância da História para fundamentar nosso olhar para o presente. Afinal, por incrível que pareça, ainda hoje o Poder Executivo tenta usar o Exército como milícia própria e braço de apoio. São comuns variações da frase "nas mãos das Forças Armadas, o poder moderador [é] a certeza da garantia da nossa liberdade, da nossa democracia, e o apoio total às decisões do presidente para o bem da sua nação".[2] Ela é baseada em uma clara distorção das funções do Exército tal como estabelecidas pela Constituição em vigor. Ao Exército nunca coube dar "apoio total" a nenhum presidente, muito menos exercer poder moderador entre os demais poderes. Essa perspectiva corrobora a ideia bastante controversa de que, ao longo de sua existência, ao Exército caberia moderar os conflitos sociais, sem intervir na política. Ao procederem dessa maneira, nossos contemporâneos realizam a mesma projeção conservadora e mitológica sobre o passado empreendida pelos estadistas do Império, quando atribuíram ao Exército o papel da garantia da ordem e da unificação do território brasileiro.

"Que se aproveitem as lições do passado para a segurança do futuro", afirmou o líder conservador Paulino José Soares de Sousa, o visconde do Uruguai, em 1843. É com essa citação que Adriana Barreto abre

---

[2] A declaração de Jair Bolsonaro foi feita em contraposição a sucessivas decisões do Supremo Tribunal Federal (STF), esta a seguir declarada pelo ministro Luiz Fux, que estabelecia que "a missão institucional das Forças Armadas na defesa da pátria, na garantia dos Poderes constitucionais e na garantia da lei e da ordem não acomoda o exercício de poder moderador entre os Poderes Executivo, Legislativo e Judiciário". Ver: <https://economia.uol.com.br/noticias/reuters/2021/08/12/bolsonaro-volta-a-se-referir-as-forcas-armadas-como-poder-moderador.htm>. Acesso em: set. 2022.

a conclusão de seu livro, demonstrando como, já no século XIX, essa leitura do passado era, em si, um projeto hierárquico, centralizador, autoritário. A publicação da segunda edição deste livro, em 2022, é um apelo à urgência do combate às interpretações que falseiam a História e usam o passado para legitimar perspectivas igualmente hierárquicas, centralizadoras e autoritárias do nosso futuro.

Keila Grinberg
Pittsburgh, setembro de 2022

Prefácio à 1ª edição

A recente produção historiográfica sobre o processo de construção do Estado nacional no Brasil tem contado com referências seminais, como os trabalhos de José Murilo de Carvalho e Ilmar Rohloff de Mattos, para citarmos apenas duas das mais fecundas e instigantes reflexões desse momento de nossa história. Das inúmeras questões envolvidas nesse processo, o papel dos militares aguardava um estudo mais sistemático que viesse lançar novas luzes não somente para compreender sua participação naquele momento histórico, como também contribuir para uma adequada reflexão sobre sua importância social e política. Enfim, um estudo que a partir de sistemática avaliação historiográfica, recorte teórico bem delimitado e pesquisa documental exaustiva pudesse romper com certas prisões a que o tema estivera submetido, particularmente em virtude dos recentes episódios protagonizados pelos militares na história brasileira contemporânea. O trabalho de Adriana Barreto de Souza cumpre esse papel, demarcando um importante lugar de pesquisa para a compreensão de nossa história.

O ponto de partida de suas reflexões é exatamente um cuidadoso exame da produção historiográfica sobre o tema, procurando investigá-lo no universo da pesquisa social brasileira a partir dos diferentes enfoques sob os quais foi tratado. Fugindo das artimanhas positivistas e dos riscos de um anacronismo que possa comprometer a compreensão da época, a autora procura refazer a trajetória dessa construção temática, questionando-se acerca do próprio significado do termo "militares" para o período estudado. Para tanto, recorre a importantes referências teóricas, como os trabalhos de Michel de Certeau e Michel Foucault, e a uma sistemática pesquisa documental como forma de mergulhar num universo histórico-social bastante diverso do que vivemos, exigindo, em consequência, um grande esforço.

Seu texto articula-se a partir da confluência de duas posturas: uma preocupação de natureza historiográfica, que oferece ao leitor, em especial na introdução, um balanço dos marcos historiográficos sobre o tema, diálogo que se mantém ao longo de todo o trabalho, é bom que se ressalte; uma preocupação de natureza teórica, que, ao sublinhar a especificidade do problema a ser tratado, abandona generalizações — muitas imprecisas e afeitas a um olhar construído *a posteriori* com base em uma memória —, cujas injunções são analisadas pela autora. A propósito, é interrogando essa memória, dessacralizando-a e submetendo-a à crítica rigorosa, que Adriana Barreto constrói seu objeto de pesquisa, desnaturalizando-o e desessencializando-o. Esse método forneceu os contornos fundamentais para uma exaustiva pesquisa documental, realizada em importantes acervos do Rio de Janeiro, que permitiu dialogar com suas fontes, reconhecendo importantes textos, cujo significado era preciso desvendar tomando-se por base sua inscrição na cultura da época. Sob a unidade do termo "militares", o que se descortina a partir da leitura de seu livro é um universo mais complexo e diversificado do que a sugestão de unidade que o termo propõe, levando-nos a compreender o seu processo histórico articulado à própria estruturação da unidade nacional. Dessa forma, penetramos no universo das ações de "homens históricos", comprometidos com o forjar dessa unidade.

A trajetória dos militares torna-se, assim, um conjunto de ações, decisões e interesses historicamente localizáveis. O estranhamento, a que a autora alude na introdução de seu livro, com respeito aos militares no século XIX, conduziu-a e poderá também conduzir os leitores a um mundo mais diversificado, capaz, portanto, de alargar o universo de experiências não só dos historiadores, mas dos cidadãos preocupados em compreender os dilemas de nossa construção nacional.

O texto está organizado com base em uma estratégia em que, das questões mais gerais implicadas na análise do tema e trabalhadas ao longo do primeiro capítulo, chega-se, no terceiro e último, à análise interna da corporação militar e seu projeto de reforma, no momento em que está sendo consolidado o Estado nacional.

No primeiro capítulo, o leitor encontra uma síntese do que significou a modernização conservadora do Estado imperial, bem como uma cuidadosa análise de quem eram exatamente os "militares", permitindo que um não especialista conheça as especificidades do Exército, sua história e a diversidade de aspectos contemplados por essa definição. Desse modo, o leitor poderá prosseguir no texto, munido com as informações necessárias para compreender este ator histórico, sua especificidade, assim como a sua inserção social.

O segundo capítulo é dedicado ao que a autora, valendo-se das sugestões teóricas de Michel Foucault, denomina "economia de poder", colocada em circulação com a reforma do Exército proposta pelo ministro Sebastião do Rego Barros. As profundas vinculações entre essa mudança e a construção do Estado nacional são aqui particularmente enfatizadas por meio da análise sistemática dos valores — ordem, disciplina e civilização — que pareciam orientar esse duplo projeto.

Finalmente, com o terceiro capítulo, o leitor mergulha na especificidade da corporação para acompanhar a análise de um projeto de reforma, veiculado nas páginas do jornal *O Militar*, que procurava agregar novas imagens à nação que estava sendo construída: da prodigalidade de uma natureza exuberante, deviam-se enfatizar os imperativos de um progresso econômico, capaz de instrumentalizá-la com os elementos indispensáveis para fazer frente ao conjunto de civilizações modernas. De estreita relação com os negócios da política, o jornal chama a atenção para a necessidade de profissionalizar o Exército tomando-se por base sua identidade particular. Mesmo tendo nascido das entranhas do Projeto Saquarema — o que se constata pelo conjunto de valores maiores que veiculava —, não deixou de criticá-lo no que dizia respeito às particularidades da reforma dos aspectos específicos da corporação militar. Somente uma análise que busca sublinhar as especificidades próprias à instituição poderia fazer surgir essa tensão, complexificando nosso entendimento sobre os militares, assim como seu papel histórico naquela conjuntura.

O trabalho de Adriana Barreto de Souza passa a constituir uma referência importante para os estudiosos do século XIX brasileiro, especialmente àqueles interessados em compreender a nossa formação nacional. A partir do enfoque de um problema específico, o leitor poderá ver um quadro mais matizado dos problemas envolvidos nesse esforço de invenção do Brasil.

Este livro foi inicialmente concebido como uma dissertação de mestrado, defendida no Programa de Pós-Graduação em História Social da Universidade Federal do Rio de Janeiro, atestando a vitalidade e criatividade de nossa universidade pública. A pesquisa de Adriana Barreto de Souza e sua trajetória acadêmica são a prova efetiva da qualidade do trabalho que se desenvolve nos espaços de produção e reflexão acadêmicas, desmentindo portanto os augúrios de sua falência e improdutividade.

Manoel Luís Lima Salgado Guimarães
Rio de Janeiro, maio de 1998

Agradecimentos

Contemplado com o Prêmio Arquivo Nacional de Pesquisa de 1997, este livro teve uma primeira edição publicada em 1999 pelo Arquivo Nacional. Agora, 23 anos depois, esta edição revista é lançada pela FGV Editora, com o apoio do Pronex Caminhos da Política no Império do Brasil (Faperj/CNPq), coordenado pelos professores José Murilo de Carvalho e Lúcia Bastos Pereira das Neves, do Programa de Auxílio à Pesquisa da Faperj e do Programa de Pós-Graduação em História da Universidade Federal Rural do Rio de Janeiro (PPHR/UFRuralRJ), cujo corpo docente integro desde sua criação, em 2008.

Em tempos de desmonte das universidades públicas, das instituições de pesquisa e de fomento à ciência no Brasil, gostaria de lembrar o papel desempenhado pelo Arquivo Nacional ao dar publicidade, desde 1991, em concursos bianuais, à pesquisa de gerações de historiadores e cientistas sociais. Com o mesmo profissionalismo, nas universidades, professores se dedicam a desenvolver pesquisas de excelência acadêmica, investindo simultaneamente na formação de jovens pesquisadores e liderando grupos de pesquisa. Viabilizando tudo isso, há o trabalho competente e cotidiano de milhares de funcionários públicos — de arquivos, bibliotecas, universidades e agências de fomento.

Este livro é produto de todo esse investimento, de políticas públicas.

Originalmente, uma primeira versão do texto foi defendida como dissertação de mestrado no Programa de Pós-Graduação em História Social da Universidade Federal do Rio de Janeiro (PPGHIS/UFRJ). Nessa universidade, tive a honra e o prazer de ser orientada desde a graduação pelo professor — referência profissional e ética — Manoel Luís Salgado Guimarães. Com saudades, deixo a ele aqui meu agradecimento. Agradeço também a leitura tão precisa e generosa realizada pela banca examinadora da dissertação, formada pelos professores Anita Leocádia Prestes e Celso Castro. A Celso agradeço ainda o incentivo, que, à época, foi precioso.

Em meio à angústia gerada por um contexto tão distópico, as trocas intelectuais realizadas de forma viva, espontânea e quase cotidiana (em especial no auge da pandemia de Covid-19) com colegas e amigos, alguns em redes, foram cruciais para me fazer acreditar na importância desta nova edição. No campo da História, agradeço a Angela Moreira, Beatriz Mamigonian, Fabiane Popinigis, Flávio Limoncic, Keila Grinberg e Maud Chirio. Nas ciências sociais, sou grata a Adriana Marques, Ana Penido, João Roberto Martins Filho, Manuel Domingos Neto, Maria Celina D'Araujo e Piero Leirner.

Entre os vários orientandos e alunos que integram o Núcleo de Estudos da Política e História Social (NEPHS/UFRuralRJ), renovo minhas energias e encontro forças para seguir acreditando que nosso trabalho vale a pena. Meu agradecimento especial a Marcela Oliveira, nossa incansável e generosa coordenadora de projetos.

Para chegar até aqui, conto com a escuta atenta e competente de Octávio Souza.

* * *

Depois de tantos anos, não é mais só Wagner que inunda o mundo que vejo. Temos Clara, que me transforma em outras! A eles dedico este livro.

Introdução

Em fevereiro de 1850, o imperador d. Pedro II abriu os trabalhos da Câmara dos Deputados expondo o desejo de aumentar a força do Exército para transformá-lo em uma organização mais regular e vigorosa. Proposta que, sendo interpretada e desenvolvida em plenário pelo ministro da Guerra — o então tenente-coronel Manuel Felizardo de Sousa e Mello — e pelo deputado conservador Bernardo Franco, destacava a necessidade de estabelecer critérios bem definidos e rigorosos para o ingresso no Exército. Declaravam que o aumento não deveria restringir-se a números, o imperador exigia um Exército equiparável aos das nações civilizadas.[1]

O discurso parece deslocado no tempo. Tradicionalmente, a historiografia[2] define a atuação do governo imperial nos assuntos da guerra como marcada por uma grande hostilidade. Um desprezo antigo destinaria ao Exército a realização de atividades pouco concorridas, como "as de repressão das fraudes ao fisco e do contrabando", enquanto a expansão e defesa territoriais permaneceriam sob a responsabilidade da iniciativa privada e das milícias. Numa sequência bastante didática, poderíamos ordenar os fatos a partir da abdicação de d. Pedro I, em 1831. Nesse momento, surgiu a necessidade de combater o Exército. Seus generais, em maioria portugueses, identificados com o imperador, ameaçavam a sociedade com uma possível restauração. Desconfiança que levaria à criação da Guarda Nacional e ao desenvolvimento de um sentimento de

---

[1] Sessão de abertura dos trabalhos da Câmara, 6 fev. 1850.

[2] Ver Castro (1979), Coelho (1976), Hahner (1975), Motta (1976) e Schulz (1994), entre outros.

aversão pelos militares. Uma relação que somente seria alterada anos mais tarde, com a Guerra do Paraguai. A recepção pouco calorosa que o governo teria oferecido aos oficiais, após terem arriscado suas vidas nos pampas paraguaios, produziu grandes descontentamentos, inaugurando uma nova fase da história militar do país que culminaria no golpe de 1889 — a Proclamação da República.

Ainda que seja claramente uma simplificação, esse esquema assinala fatos e marcos cronológicos que estruturam a visão histórica predominante sobre as relações entre civis e militares no Império, e permite a identificação de oscilações e lacunas interpretativas próprias ao campo bibliográfico mais geral relativo ao tema *militares*.

Um levantamento realizado por Kurt Lang em 1965 (Castro, 1990:13), a partir da produção norte-americana e europeia, assinala uma concentração de interesses e um volume de obras sobre a temática militar sem correspondente — registra 528 títulos. Nessa mesma época, no Brasil, os militares apenas começavam a se tornar objeto de análises mais sistematizadas para setores da intelectualidade. Até os anos 1950, o interesse pelo Exército era basicamente de fundo memorialista, merecendo vez por outra alguns parágrafos em trabalhos acadêmicos destinados à análise da política nacional. Somente com o golpe de 1964 e a instauração de uma ditadura, os quartéis começaram a ser reconhecidos como um campo temático específico, a ser investigado pela grande área das ciências sociais, incluindo aí a história.

Essa marca de origem constituiu o campo cronológica e teoricamente. Em geral, as primeiras abordagens optaram por um recorte histórico que pouco recua ao século XIX e menos ainda se detém na corporação. Imerso em certa ingenuidade, o Exército é concebido como instrumento dos desígnios de determinados grupos políticos,[3] fossem eles representantes da oligarquia ou dos setores médios, podendo ain-

---

[3] Coube a Edmundo Campos Coelho (1976, introdução) o estabelecimento de críticas a trabalhos mais antigos referentes ao tema, nos quais identifica o predomínio de certa "concepção instrumental do Exército" e a partir dos quais define as várias vertentes interpretativas da atuação do Exército brasileiro na política.

da fundamentar a versão moderadora pela qual assumiria uma função arbitral entre as classes dominantes.

Definida antes pelos movimentos de intervenção armada, a atuação do Exército perde muito das características que a tornam singular. A instituição esvazia-se de sentido naquilo que tem de particular, de específico, em função do que há de espetacular — suas intervenções na política. Por consequência imediata, temos a cristalização de imagens que, desvinculadas de pesquisas empíricas, nos impedem uma "aproximação compreensiva" (Bloch, 1987:43) do tema em questão. Representado como um organismo coeso, objeto próprio de atuação dos setores reacionários da sociedade, o Exército submerge numa trama política difícil de desenredar. Pois, se o golpe de 1964 vinha a corroborar tal interpretação, acontecimentos políticos anteriores sobressaem aos olhos dos mesmos intelectuais por motivo inverso — o Exército era aplaudido por alinhar-se com forças ditas progressistas. Toda essa problemática, contudo, tem suas raízes na política. Durante muito tempo, o predomínio de uma perspectiva pragmática do trabalho científico levou pesquisadores a somarem esforços, por um lado, em empreendimentos analíticos dirigidos a grupos sociais capazes de levar a cabo, caso bem preparados, o processo de transformação socioeconômico. Constroem, então, suas análises das intervenções militares buscando identificar esse agente transformador. Por outro lado, investem na definição de um modelo explicativo da conduta do Exército ao longo da história. Mas o elaboram a partir de uma representação temporal linear e uniforme. O resultado é a construção de interpretações pouco sensíveis às particularidades e às dinâmicas internas à instituição nos mais variados momentos históricos.[4]

* * *

[4] Do ponto de vista historiográfico, coube a José Murilo de Carvalho (1974) inaugurar uma nova abordagem sobre o tema. Em artigo que se tornou referencial, realiza um estudo dos elementos particulares à instituição militar durante a Primeira República, como recrutamento, tamanho e distribuição do efetivo, a circulação interna de ideologias e a formação do corpo de oficiais.

Toda pesquisa historiográfica se articula a partir de um lugar econômico, político e cultural de produção em função do qual se instauram métodos, se definem interesses e se organizam documentos e hipóteses.[5] Explorado como ponto de emergência marcado por uma série de rastros e indícios, um texto não se limita a indicar o caminho cumprido pelo seu autor. Os argumentos e os dados que apresenta podem revelar novos arranjos, ainda não testados. Ou, por um exame comparativo, permitir a identificação de características que dificultam a compreensão da dinâmica própria a cada fato histórico. A principal hipótese deste trabalho se construiu mediante a combinação desses procedimentos e esta é, sem dúvida, a maior dívida para com os trabalhos anteriores. Investigar o Exército no período imperial nos coloca diante de problemas teóricos específicos, gerados muitas vezes pela ausência de pesquisas empíricas e pela consequente difusão de lugares-comuns que requerem esforço de explicitação.

A nomenclatura "militares" constitui o primeiro problema analítico que envolve o tema. A presença do termo "sedicioso" ou a construção de uma imagem desorganizada da atuação dos militares nos tumultuados anos da Regência é uma constante em clássicos da literatura especializada e em toda sorte de manuais escolares. Envolvidos e acusados de tomarem parte nas inúmeras revoltas que caracterizam o período, os militares transformam-se num absoluto ao qual todos os historiadores acabam por render-se ao longo de sua narrativa. Marivaldi Fagundes (1984:77), por exemplo, num texto sobre a Farroupilha, conta-nos:

> A força de 200 homens ficou reduzida à metade, inclusive pela defecção do batalhão de infantaria de guardas nacionais sob o comando do ten. cel. Silvano José Monteiro de Araújo, que, ameaçado de ser desarmado pelo governo, bandeou-se para os revolucionários, junto com sua tropa [...] era o pálido aspecto das sedições militares.

---

[5] Essas ideias foram formuladas por Certeau (1982), principalmente no capítulo "A operação historiográfica", no qual elabora e discute o conceito de "lugar social".

O texto conduz o leitor justamente à ideia de que militares e revolucionários pertencem a regiões sociais distintas e muito bem demarcadas por fronteiras cuja transposição ameaçaria gravemente a identidade daqueles. Os militares pertencem à esfera da ordem, e a recorrência a expressões como "a tão profunda imiscuidade da tropa" e o seu "estado de indisciplina" (Lobo, 1943:79) busca explicitar o "desvio" do grupo ao aderir a esses movimentos. Uma questão, porém, é anterior. Utilizado de maneira indistinta, poderíamos indagar sobre o significado do termo "militar" no referido trecho. Quem eram esses militares tão pouco afeitos à lei e às normas? Ou, antes: essas leis e normas eram já tão bem traçadas em época tão remota?

A questão não é simples. Essa coesão e uniformidade, que se transformam em ponto pacífico entre os historiadores e pessoas dedicadas à narrativa histórica, constituem um verdadeiro emaranhado conceitual. Como o próprio trecho indica, o militar dos anos 1830 tem por referência um universo institucional que não se restringe apenas ao Exército. A esse vêm juntar-se a Guarda Nacional e várias outras forças, como os guardas municipais, as polícias, pequenas ordenanças, que, apesar de terem sido legalmente extintos com a criação da Guarda Nacional,[6] continuam a conviver e dividir áreas de atuação. Essas distinções, porém, raras vezes são mencionadas, e nunca de maneira completa. O texto de Fagundes, ao identificar o batalhão a que pertenciam os rebeldes, nos induz a pensar que o comandante era da Guarda Nacional, o que é um erro. Por confirmação de fé de ofício, Silvano José Monteiro foi oficial do Exército.

Nem mesmo os historiadores militares, mais inteirados dessas particularidades, se dão conta desse detalhe. Tanto Luís Lobo (1943) quanto Tasso Fragoso (1934) e Walter Spalding (1963) referem-se aos personagens em questão de forma indiferenciada. A isso soma-se, como podemos notar, a utilização, por parte principalmente da Guarda Nacional, de terminologias e estruturas hierárquicas correlatas às do

---

[6] *Coleção de Leis do Brasil* (doravante CLB), regulamento de criação da Guarda Nacional, 18 ago. 1831.

Exército. Desta forma, termos como "tenente-coronel" ou "batalhão de infantaria" esvaziam-se como produto de uma determinada região social e, por consequência, como elemento de comunicação.

O problema se agrava quando essas generalizações deixam de se referir apenas à participação do Exército nas rebeliões e fundamentam sistemas explicativos acerca do funcionamento da política imperial. A tese mencionada anteriormente, que identifica a existência de uma hostilidade no tratamento que as autoridades civis dispensavam ao Exército, é também resultado de generalizações. Formalizada por Edmundo Campos Coelho (1976, cap. 2), sob a denominação de "política de erradicação", a referida tese reduz todo o período imperial, acrescido dos primeiros 41 anos republicanos, a um único esquema analítico: "A política de erradicação descreve com propriedade as atitudes básicas e o comportamento da elite política civil brasileira com relação ao Exército até a década de 30" (Coelho, 1976:34).

A proposta não é inteiramente nova. A crença numa ação erradicadora encontra-se difusa em vários autores.[7] A grande contribuição de Campos Coelho reside no grau de sistematização que empreende. Por meio dela, temos acesso a um conjunto de argumentos cujas assertivas básicas viabilizam uma análise menos uniforme dos acontecimentos.

O predomínio dos princípios liberais de governo nos primeiros anos das Regências (1831-40) organiza esses argumentos. Enquanto os autores mais antigos não localizam nem mesmo um problema, orientando-se pela máxima segundo a qual os liberais são avessos às tropas de linha, Campos Coelho busca em Huntington (1957) os elementos teóricos necessários à fundamentação da proposta. A possibilidade de correlação parece inegável. Mas, é importante destacar, o esquema analítico que, de acordo com a leitura de Campos Coelho, equivaleria a uma ação erradicadora somente é esboçado pelo autor estadunidense ao final de 100 páginas de incursões por um vasto universo documental, quando verifica o predomínio do liberalismo nos Estados Unidos: "Do nascimento da República até a Segunda Guerra, o liberalismo e

---

[7] Ver Castro (1979), Hahner (1975), Schulz (1994) e Sodré (1965), entre outros.

a Constituição [...] retardaram a profissionalização da oficialidade na América, quando ela já estava quase completa na Europa" (Huntington, 1957:143, trad. livre).

Estabelece-se, então, um verdadeiro jogo de similitudes. A força explicativa que o autor imprime ao liberalismo estadunidense, constatada a predominância histórica do mesmo — "o povo americano conhece apenas o liberalismo" (Huntington, 1957:145, trad. livre) —, é transplantada, sem o mesmo suporte empírico, para a realidade brasileira. Contrariando suas próprias advertências quanto à necessidade de permanecer atento a possíveis redefinições, eliminações ou incorporações de novos objetivos ao quadro de atuação das organizações e grupos sociais,[8] Campos Coelho promove um desenraizamento conceitual que homogeneíza por completo noções-chave para a compreensão da trama política que dá sustentação às relações desenvolvidas entre elite civil e Exército no Império. Sua abordagem acaba por ratificar posturas como aquela prescrita no já famoso provérbio imperial.[9] Se este não distingue liberais de conservadores, Coelho aproxima práticas e doutrinas políticas de mais de 100 anos sob o termo "política de erradicação".

A criação da Guarda Nacional constitui o principal argumento dessa proposta. Definida por uma série de privilégios, a Guarda aparece em diversas abordagens como emblema da aversão civil pelas forças de linha. Imagem que, vista de perto, revela-se contraditória. A violência no recrutamento assim como o patronato e as isenções não constituíam estratégias elaboradas e dirigidas com exclusividade para o Exército. Creio que a razão para a difusão desse tipo de argumento provém da necessidade, premente para determinada geração, de localizar uma tradição política progressista na história do Brasil. A particularidade que tanto Campos Coelho (1976) quanto Werneck Sodré (1965) e Berrance de Castro (1979) buscam infundir no Exército inspira-se

---

[8] Refiro-me a uma das precauções reclamadas por Campos Coelho (1976:30) no momento em que define os pressupostos de sua teoria organizacional.

[9] Refiro-me ao adágio popular muito comum em meados do século XIX: "Não há nada mais parecido com um saquarema do que um luzia no poder".

diretamente nos modelos estadunidense e francês de concepção das forças militares, que caracterizam as milícias como instituições democráticas, representativas do "*self-government*" e capazes de impulsionar o processo civilizatório e de construção da cidadania,[10] principalmente nos países com uma história política autônoma ainda recente. Afinal, é a própria autora de *A milícia cidadã* quem conclui que o princípio eletivo que norteava a composição dos postos da Guarda Nacional, "na prática, esbarrou na formação aristocrática da sociedade do Brasil independente" (Castro, 1979:238), restringindo-se à letra da lei.

Os argumentos numéricos também merecem algumas ponderações. A composição de um texto permeado por cifras e gráficos demonstrativos das oscilações ocorridas na receita orçamentária e nos efetivos do Exército representa claramente uma contrapartida metodológica à maneira como vinha se processando a discussão. Permanecendo fiel ao seu sistema terminológico de longo alcance temporal, Edmundo Campos Coelho busca na estatística uma objetividade analítica para o reconhecimento da hipótese erradicadora. Mas, entre a apresentação desses dados, inquestionáveis, e a identificação de uma grande indiferença da elite civil que se traduziria em ações coordenadas contra o Exército, o percurso é acidentado. Se os gráficos que ele apresenta, por um lado, mostram um baixo índice de investimento no Exército, por outro, esses gráficos também nos permitem identificar o momento em que ocorre uma queda brutal desses números. Ou seja, os baixos investimentos no Exército não foram uma constante na história do Império. Eles se tornaram dramáticos no período pós-Guerra do Paraguai. Sem dúvida, como mostra o autor, o investimento no ano de 1835 foi o mais baixo dos 43 anos que antecederam a guerra, não passando de 19% da receita. Porém, tal cifra não é nada se comparada aos 8% a que são reduzidos os gastos com a instituição na década de 1870.[11]

Pensada a partir dos dados sistematizados por Campos Coelho, a operacionalidade do termo "política de erradicação" limitar-se-ia às

---

[10] Ver as referências fornecidas por Castro (1979:27).

[11] Ver principalmente os gráficos I e IV no primeiro capítulo de Coelho (1976).

últimas décadas do Segundo Reinado, e, mesmo assim circunscrita, poderíamos questionar sua eficácia explicativa. O problema não consiste exatamente nos levantamentos estatísticos, mas no sentido retrospectivo da interpretação e na crença quase absoluta na objetividade dos números. A associação imediata entre os termos desta equação histórica (baixos índices de investimento — indiferença civil — política de erradicação) põe novamente em destaque o jogo de similitudes, abrindo a possibilidade de indagarmos sobre os critérios de medição do grau de aceitabilidade do Exército pela sociedade. Afinal, a sistematização de dados sobre o efetivo (tamanho do Exército) e a receita orçamentária, dado o prestígio dos sistemas quantitativos, tem sido adotada como procedimento válido na abordagem das mais variadas tramas históricas, ignorando-se o quadro de referências e valores no qual se encontrava inserido, a cada momento, o Exército.

* * *

Um levantamento dos títulos sobre história dos militares no Brasil Império catalogados em bibliotecas revela a predominância absoluta de publicações oficiais, em sua maioria biografias e memórias de operações de guerra. Narrativas que, em sua evocação do passado, têm por objetivo a edificação de um sentido histórico que se deve perpetuar na forma de recordação.

Convertida em memória, a história nessas narrativas apresenta uma função específica: fundar e consolidar a imagem de heróis e fatos históricos, assegurando-lhes um lugar na posteridade. Tais obras são, portanto, resultado de uma montagem, voluntária ou não, que se esforça para impor determinada imagem do passado, uma imagem institucional. E, curiosamente, nelas é que vamos encontrar o ponto de emergência da referida leitura erradicadora (Monteiro, 1936:238; Carvalho, 1952; Fragoso, 1934). O general Estevão Leitão de Carvalho (1959:14), por exemplo, ao dedicar-se na década de 1950 à análise do papel a ser desempenhado pelos militares no quadro da política partidária, conta-nos que o imperador era “desconhecedor da verdadeira situação político-

-militar do país e confiante numa autoridade civil que não estimava a força armada, nem lhe reconhecia a importância".

Voltando um pouco mais no tempo, podemos identificar o mesmo discurso sendo veiculado pelos jovens oficiais organizadores da revista *A Defesa Nacional*, entre os quais figurava o autor anteriormente mencionado, que na época era 1º tenente.[12] Constituindo um grupo coeso, integrado em torno de um ideal missionário forjado pela difícil experiência de reintegração à vida militar brasileira após um estágio de dois anos no moderno e bem preparado Exército alemão, tais jovens realizam uma análise da nação brasileira cujo foco temático centra-se na crítica à "fosforescência pedantocrata da bacharelice", que impede o militar de cumprir "o sagrado dever de cultivar as qualidades guerreiras necessárias à segurança e tranquilidade da pátria e da família" (Capella, 1985:76, 77). E asseguram a antiguidade do problema recorrendo, aqui também, à história política imperial, por meio da qual verificam um traço de permanência na história do Brasil — "os empecilhos colocados pelos governantes ao aperfeiçoamento do Exército".[13]

Em guerra declarada contra a política instituída pela elite do início do século XX, os colaboradores da revista articulam um discurso que ganha expressão nacional, atingindo 40% da oficialidade do Exército (muitos dos quais tenentes) e conseguindo reunir em torno de sua proposta um considerável número de civis (Capella, 1985:51). Pela primeira vez, dada a difusão de uma mentalidade belicista conformada pelos acontecimentos da Primeira Grande Guerra e pelas ameaças internas de organização operária, parte da sociedade civil abre-se a propostas militares de reorganização do Exército e do país — aproximação esta corporificada na criação da Liga da Defesa Nacional e na campanha do serviço militar obrigatório.

O discurso sobre a rivalidade entre civis e militares tem, porém, uma história que ainda lhe é anterior e organiza, ao menos, duas outras

---

12 A maior parte das referências sobre essa geração de militares encontra-se em Capella (1985).

13 *A Defesa Nacional*, n. 8, p. 266, 10 maio 1914.

publicações militares, cujas propostas de reestruturação pátria não têm a mesma repercussão. Na turbulenta década de 1880, os alunos da Escola Militar da Praia Vermelha, por meio da *Revista da Família Acadêmica*, direcionaram ao conjunto dos políticos contundentes críticas, fundadas em princípios positivistas. Antes disso, a geração de 1850 esforçou-se para preservar a monarquia e a figura de d. Pedro II das inúmeras acusações que também dirigia à sociedade política no jornal *O Militar*.[14] Não obstante as diferenças, ambos concordavam que "essa Classe [militar] deveria ocupar posição mais favorável do que aquela que lhe concede, já não diremos a Constituição do Império, mas a vontade e capricho dos exclusivistas togados [...] dos governantes desta nação".[15]

O ressentimento é antigo e tem origem em determinados setores do Exército. Não se constitui, de maneira alguma, numa "fala da corporação" ou em um sentimento compartilhado por todos os seus membros. Os próprios redatores do jornal insinuam certa cumplicidade entre os políticos civis e a alta oficialidade. Sabiam que "tal assunto deveria ser tratado pelas capacidades militares", mas, como "mantinham o produto de suas lucubrações em seus gabinetes",[16] eles reclamavam o direito de tomarem para si a missão de promover uma "reorganização total do Exército".[17] É possível encontrar nas duas publicações referências nítidas à necessidade de estabelecer uma profissionalização da carreira militar, de elaborar um conjunto de regras e práticas muito bem definidas, sob valores meritocráticos. Na verdade, seus colaboradores lançavam-se num combate aberto àqueles que identificavam como resistentes ao processo de modernização das instituições brasileiras e, por decorrência, das próprias Forças Armadas — à elite constituída basicamente por bacharéis em direito.

A memória que se instala, contudo, generaliza a fala inaugurada por esses grupos que tomam parte nos conflitos políticos de meados e fins

---

14 Para mais informações, ver, respectivamente, Castro (1990) e o capítulo "Reformadores e revoltados" em Schulz (1994).

15 *O Militar*, 11 jul. 1854.

16 *O Militar*, 20 jul. 1854.

17 *O Militar*, 30 set. 1854.

do século XIX e funda a ideia de uma rivalidade entre civis e militares como algo constitutivo da história do Brasil Império. O empreendimento não é de difícil execução. Elaborando um discurso autorreferente, as produções memorialistas não incluem listagens bibliográficas e suas poucas notas de rodapé são de fontes secundárias.[18] Nuances históricas são, portanto, com facilidade apartadas e uma certa leitura das queixas veiculadas de *O Militar* naturalizada, num movimento de constante reiteração que ultrapassa fronteiras institucionais e lança raízes nas análises acadêmicas.

* * *

O propósito deste trabalho é instaurar uma individuação temática. Esse objetivo, que a princípio é comum a toda abordagem histórica, no caso específico, exige destaque. É do interesse desta pesquisa resgatar a trama histórica segundo a qual os termos da relação Exército-elite política eram ordenados. Acreditamos que a redefinição do conceito de Estado Moderno efetuada pelo Regresso Conservador articula e põe em circulação um novo regime discursivo, cujo funcionamento implanta uma estratégia de mudança sociopolítica balizada na recuperação e reestruturação das forças de linha. O termo "política", neste contexto, é referido a um campo constituído a partir de um jogo duplo de identidades e oposições no qual grupos sociais lutam pelo monopólio de elaboração e difusão dos termos de divisão legítima do mundo social (Bourdieu, 1989, cap. VII). Movimento que pode ser claramente identificado em fins dos anos 1830, quando liberais e conservadores disputavam os princípios de estruturação das forças políticas. O monopólio conquistado pelos conservadores fundou uma nova racionalidade técnico-administrativa que tinha no Exército um dos seus principais eixos de desenvolvimento. Sem dúvida, a elite política a ele dirigia uma série de medidas sistemáticas, mas, como é intenção da pesquisa demonstrar, essas ações não objetivavam sua desarticulação. Assim

[18] Exceção importante é o livro de Motta (1976).

como a unidade do termo "militares" ocultava as distinções referentes à organização das instituições militares do período, ela também dificultou o estabelecimento de um exame mais preciso da organização interna do próprio Exército. As hierarquizações que definiam os quadros das forças de linha acompanhavam o sistema de distinções estabelecido por certo sentimento aristocrático, que estruturava todo o corpo social.[19]

O alto oficialato não só era solidário, como integrava a elite política do Império. Entendendo pelo conceito um grupo unificado por objetivos e experiências passadas em comum,[20] preferimos acreditar que a hostilidade entre militares e civis constitui, nesse período, um falso problema. A proposta interpretativa que opera com essa oposição tem por referente uma estrutura institucional fechada e imersa numa rede interdependente de poder, daí advém a própria forma como se intitula — teoria organizacional. Porém, nada há de mais distante do Exército de meados do século XIX do que esse modelo institucional. A elite política não era contrária ao Exército. Ela, na verdade, elaborou e pôs em prática um vasto projeto de reforma militar. Considerando que as forças militares herdadas do Primeiro Reinado foram desmobilizadas pelos liberais de 1831, é possível afirmar que essa reforma de 1837 dá origem ao Exército brasileiro. Projeto que foi organizado a partir de diretrizes políticas específicas — o Exército brasileiro foi estruturado seguindo uma orientação do Partido Conservador.

Creio que o motivo dessa confusão se deve ao predomínio de uma leitura retrospectiva do passado que busca no Império as origens das intervenções militares tão comuns à história republicana. O projeto de reestruturação do Exército bem como todas as reformas implantadas pelo Partido Conservador — também conhecido como Regresso Conservador ou saquaremas — devem ser interrogados a partir dos valores pertinentes à sua inscrição social. O projeto conservador não incluía a

[19] Vale destacar que, em seu artigo seminal sobre a Primeira República, José Murilo de Carvalho (1974) já apontava para esse traço "aristocrático" do Exército brasileiro.

[20] O conceito de "elite política" seguirá aqui as reflexões de Mattos (1990) e Carvalho (1981).

incorporação dos princípios modernos de profissionalização, pois tinha um caráter burocrático que visava concluir o que denominavam "obra da centralização". O sentimento que predomina quando examinamos o Exército da primeira metade do século XIX é de estranhamento. O reconhecimento, é importante reafirmar, permanece restrito à nomenclatura.

Além da análise da política militar conservadora, propomo-nos também a abordar o impacto causado pelo projeto oficial no interior da própria instituição. A recente publicação em português do trabalho de John Schulz (1994, caps. 1 e 2) corrobora a tese erradicadora a partir de novas fontes. Retomaremos o jornal *O Militar* — abordado pelo autor — com objetivo diverso. Buscaremos inserir suas críticas no campo de referências políticas da época. Nessa perspectiva, os artigos publicados pelo jornal expressariam o descontentamento de determinados setores do Exército com o projeto conservador. *O Militar* é resultado de uma forte indignação, que reeditou os princípios de composição do projeto do governo, inscrevendo-os num sistema disciplinar-meritocrático a partir do qual o Exército é convertido no legítimo condutor do processo civilizador brasileiro. Após duas décadas de treinamento na repressão a movimentos populares e à oposição liberal, *O Militar* entrava no debate político para afirmar que, em uma sociedade escravocrata e de população indócil, o Estado não poderia prescindir da "classe militar". A civilização — defendia o jornal — requeria ordem para preservar a segurança e a propriedade (inclusive a propriedade escrava).

Nosso trabalho reclama, portanto, uma particularização do Exército da primeira metade do século XIX. Estou interessada em pensar o Exército segundo a inteligibilidade das lutas e estratégias que o resgatam e integram numa nova lógica política que, justamente por encontrar-se inteiramente marcada de história, é também perecível.

Estado imperial: um pacto fundamental

A modernização conservadora

Após a elaboração de uma grande síntese da evolução política brasileira das quatro décadas posteriores à independência, Justiniano José da Rocha justifica o triunfo monárquico identificando entre os brasileiros um profundo desejo de ordem que os uniria num pacto fundamental estabelecido pelo justo equilíbrio dos elementos monárquicos e democráticos.[21] Reconhecidamente panfletário, o texto tem o nítido objetivo de fixar uma visão do passado que, aproximando liberais e conservadores, encaminhasse a política de conciliação desenvolvida pelo marquês do Paraná nos anos 1850. Na fase política em que localiza a consolidação dos princípios conservadores, inclui os quatro anos do gabinete liberal iniciado em 1844 e destaca o fato de não ter ocorrido nenhuma interrupção na política que vinha sendo implementada — "a reação monárquica continuou por eles próprios servida ou auxiliada" (ap. Magalhães Júnior, 1968:200). Como tencionava a conciliação, o publicista abandona as antigas caracterizações que interpretavam esse procedimento como "falta de convicção" ou "pouca fé nas ideias que pregavam" (ap. Magalhães Júnior, 1968:201) e propõe uma nova leitura para os fatos políticos da década anterior, segundo a qual o país é que ainda não havia atingido um grau de civilização compatível com os propósitos democráticos liberais. Os levantes urbanos e as insurreições que se espalhavam pelas províncias excluíam a possibilidade de que a

---

[21] Refiro-me ao clássico panfleto "Ação, reação e transação" (ap. Magalhães Júnior, 1968:215).

obra democrática se operasse sem que distúrbios se multiplicassem pela sociedade (ap. Magalhães Júnior, 1968:189), reafirmando, com isso, o apuro e o rigor dos ideais conservadores.

Justiniano José da Rocha revela-se um hábil memorialista. Recorrendo a declarações como as de que não pretende "ofender a ninguém" nem "despertar suscetibilidades" (ap. Magalhães Júnior, 1968:199), não só marca uma disposição para a conciliação, como define os seus termos. Aceitar as negociações significa subordinar-se a uma imagem que, rememorando a cada trecho acontecimentos do passado, imobiliza e torna estéreis os princípios liberais de organização sociopolítica. Unificados sob a alcunha de luzias, os preconizadores dessa política deveriam reconhecer e ser identificados publicamente por uma derrota militar e ideológica.[22] Para se estabelecer, a transação (ou conciliação) efetua uma morte social, o sepultamento de concepções políticas pelos traços de uma continuidade que faz esquecer as antigas clivagens existentes entre os primeiros liberais (Mattos, 1990:133-138).

Mas todos esses interesses e os graves problemas teóricos legados àqueles que se dedicam ao seu estudo[23] não devem disfarçar um importante traço da cultura política brasileira que o jornalista conservador fundamenta e consagra sob a expressão "pacto fundamental". Apesar dos vários pontos de divergência que apartam liberais e conservadores, diluídos pela força de uma memória histórica construída sobre práticas políticas efetivas, as relações mantidas entre os dois grupos muitas vezes revelavam uma grande solidariedade.

Outro panfleto de expressão nesse período, que se definia pelo combate às reformas implantadas com a restauração conservadora, é extremamente contraditório em suas posições.[24] Seu autor, o liberal Francisco de Sales Torres Homem, após uma verdadeira sagração do

---

[22] Conta Mattos (1990:104) que a alcunha, instituída pelos opositores políticos, procurava lembrar a derrota dos liberais mineiros em 1842 para as forças conservadoras lideradas pelo barão de Caxias, no combate de Santa Luzia.

[23] Ver as considerações de Mattos (1990) sobre o tema.

[24] Refiro-me à publicação de Sales Torres Homem "O libelo do povo" (ap. Magalhães Júnior, 1968).

triunfo revolucionário francês sobre a monarquia e os privilégios sociais, lamenta a perda, aqui no Brasil, de uma série de valores e símbolos aristocráticos durante o período regencial. O que na Europa representava o início de uma nova era, moderna e civilizada, deveria ser entendido, em se tratando do Brasil, como manifestação da anarquia, como o "regime da canalha", que não sabia apreciar as "coisas grandes e respeitáveis com que os governos paternais divertem e felicitam os seus filhos" (ap. Magalhães Júnior, 1968:76). Para os liberais brasileiros propugnadores de uma liberdade moderna,[25] os princípios democráticos assumiam um significado bastante particular que se evidenciava na proposta de fundação de uma monarquia constitucional, de base aristocrática.

A referência à Constituição buscava conter o avanço do Poder Executivo sobre as forças "verdadeiramente soberanas". Sustentava-se como premissa da liberdade a prevalência do corpo legislativo em detrimento da Coroa, que equivocadamente se arrogava o direito de escolher e impor a política que deveria dirigir o Estado. O poder do monarca, acrescentaria o publicista liberal, era emprestado, convencional, subordinado ao parecer e à vontade da nação, não implicando nenhuma desigualdade natural (Mattos, 1990:110). Por outro lado, a identificação com a figura do rei mostrava-se o caminho mais eficaz no deslocamento da igualdade prevista pelo conceito de liberdade, equacionando problemas relativos à representação nacional. A restauração do beija-mão pelo regente Araújo Lima seria comemorada por Torres Homem. Ainda que simbolizasse os pressupostos conservadores de concepção do poder, ela auxiliava, junto com o retorno de "outros usos antiquíssimos e essenciais ao sistema monárquico" (Mattos, 1990:76), a fixação de limites claros entre as forças cultivadas no interior dos casarios senhoriais e aquelas que se desencadeavam entre a "canalha", sempre temida pelos liberais brasileiros.

---

[25] Para Mattos (1990, item 2), entre os liberais existiam dois grupos com posições políticas bastante distintas: aqueles que compartilhavam de uma liberdade moderna ou negativa e outros tantos que permaneciam fiéis a uma concepção de liberdade antiga ou positiva. Os primeiros, grupo mais forte no Brasil regencial, entendiam por liberdade um "não impedimento", e concentravam interesses numa distribuição tendencialmente mais equilibrada do aparelho de Estado.

Se essas querelas somente ganham forma escrita mais sistematizada em fins dos anos 1840, suas raízes podem ser datadas do ano de 1837. Os pronunciamentos que se verificavam na Câmara durante a Regência Araújo Lima eram unânimes quanto à "necessidade de ordem",[26] reclame a partir do qual se estruturavam embates que tinham por objetivo a articulação de uma representação social vigorosa, capaz de mobilizar e instaurar uma visão definitiva sobre as rebeliões provinciais e o conjunto dos acontecimentos que abalavam o país. Nesse momento, liberais e conservadores buscavam precisar princípios políticos específicos a cada um dos partidos, mas deixavam claro o sentimento que os unia — o receio de um rompimento na rede de relações que sustentavam distinções sociais e privilégios herdados do período colonial.

A descentralização do poder promovida pelo Ato Adicional em 1834 alterava a natureza dos movimentos populares, somando às antigas rebeliões negras de caráter urbano revoltas rurais que contavam com a adesão de facções das elites regionais. Os conflitos também tinham sido atingidos pela descentralização, e a liberdade defendida pelos liberais, que se mostrava eficiente na fixação de um cordão sanitário no interior da sociedade, não conseguia impedir que a civilização se derramasse sobre a barbárie a fim de defender seus propósitos.[27] Em Pernambuco e Alagoas, a Guerra dos Cabanos[28] colocaria lado a lado, por um período de três anos, proprietários, camponeses, índios e escravos. Como prenúncio do que ainda estava por vir, os cabanos restauracionistas sintetizavam a crise aberta com um vazio de poder que a Regência não conseguia solucionar. O problema não mais passava pelo controle da população urbana e do campesinato; a crise explicitava o fato de não haver um consenso entre as camadas dominantes sobre a forma de organização das instituições políticas do país, ressuscitando o fantasma da fragmentação territorial.[29]

---

26 *Anais da Câmara dos Deputados* (doravante ACD), sessão de 23 jun. 1837.

27 As contradições do pensamento liberal brasileiro durante o império foram analisadas por Mattos (1990) no item "A direção saquarema".

28 Refiro-me ao movimento ocorrido entre 1832 e 1835, de caráter restauracionista, e não à revolta cabana mais amplamente conhecida e que teria se processado no Pará.

29 Uma síntese das rebeliões regenciais pode ser encontrada em Carvalho (1988, introdução).

A unidade nacional deixava de constituir apenas uma peça-chave na elaboração de um jogo que, recorrendo a semelhanças e diferenças, buscava forjar um sentimento que levasse o Brasil a reconhecer-se como parte do mundo civilizado, para se referir a um estado ímpar da política interna. As revoltas provinciais, principalmente a Farroupilha, que em 1836 já proclamava a República do Piratini, inflamavam e reorganizavam as sessões da Câmara dos Deputados, principalmente os debates relativos à fixação das forças de terra. A proposta que era apresentada como a única solução possível para os problemas de ordem militar — o engajamento de estrangeiros — é recusada com base em argumentos inteiramente novos.[30] Enquanto o deputado Martim Francisco ainda demonstrava uma preocupação em não se incutirem no mundo civilizado ideias distorcidas quanto à atuação da Câmara e do governo brasileiros, auxiliando a difusão de crenças sobre uma inaptidão do povo para a manutenção das instituições nacionais e, portanto, para uma vida moderna,[31] parte dos deputados enfoca a questão por outro ângulo. Como oposicionista e um dos principais integrantes do que viria a ser a trindade saquarema (grupo de dirigentes do Partido Conservador), Honório Hermeto Carneiro Leão vota contra a adoção da proposta e ressalta a importância de "boas leis" para restabelecer a ordem. Pela primeira vez, se coloca uma opção para a contratação de mercenários. A reforma das leis requerida pelo deputado, ainda que solitariamente, previa uma total disciplinarização do Exército. As forças de linha deveriam ser "disciplinadas, porque um Exército muito numeroso não valerá a terça parte de um Exército bem disciplinado, além do que, quanto mais indisciplinado for, mais funesto para o país, e mais perigoso para a ordem pública".

Os princípios embutidos no discurso parlamentar apresentam a soberania como uma questão de reorganização legislativa das instituições imperiais e transformam o descontrole governamental sobre as

---

30 Ver os debates parlamentares do ano de 1837 relativos à fixação das forças de terra.

31 Informações e citações deste parágrafo em: ACD, sessão de 23 jun. 1837.

rebeliões no seu arauto. Transbordando para a "flor da civilização",[32] a desordem demandava uma subordinação dos poderes provenientes da Casa. De acordo com a clássica imagem de Gilberto Freyre (1977a, v. 1, p. 195-199), o soerguimento dos sobrados urbanos como uma nova região social expressaria, apesar da sua fisionomia severa e dos cacos de vidro nos muros, uma aristocratização da rua que auxiliava a flexibilização de antigas fronteiras sociais e rompia com uma política oriunda dos tempos coloniais que se orientava pelo "mínimo de intervenção" (Freyre, 1977a, v. 1, p. 7). A inserção de elementos das elites locais no cotidiano urbano explicitava as desigualdades sociais e transformava a rua num grande foco de tensões e conflitos, que deveria ser controlado.

No meio urbano ou no meio rural, as rebeliões de brancos mencionadas por José Murilo de Carvalho (1988:15) evidenciavam um problema de difícil equacionamento para os liberais, que os conservadores encaminharam pela instituição de uma direção fundada na figura do imperador. Ainda que não devessem sofrer nenhum nivelamento, tanto a rua como a casa deveriam ser alvo de um processo de hierarquização que reelaborasse suas relações com a sociedade e com o Poder Executivo. Citando uma vez mais o autor de *Sobrados e mucambos*, poderíamos afirmar que os senhorios passam a ser identificados no século XIX como elemento de perturbação da ordem, da ordem que o Regresso Conservador pretendia instaurar (Freyre, 1977a, v. 1, p. 264).

Apresentando-se como uma força orientada pelos princípios da razão em oposição aos mesquinhos interesses e paixões partidárias que teriam predominado nos governos liberais, esta nova ordem conservadora reclama para a Coroa, como Poder Moderador, o papel de gerenciadora das disputas a partir das quais se processava uma série de mecanismos monopolistas.[33] A centralização ou integração dos proprietários de terra requeria um acúmulo de poder que, a um só tempo, tecia uma ampla rede de monopólios e forjava uma elite política. O dispositivo era

[32] Termo utilizado por Sales Torres Homem (ap. Magalhães Júnior, 1968:81).

[33] O conceito é formulado por Norbert Elias (1993, v. 2), considerando o processo de formação dos Estados modernos.

simples: detendo o controle das forças militares e ampliando suas bases financeiras, um pequeno grupo supera seus rivais e organiza um sistema de subordinações em que se destaca a figura do monarca.

A esse respeito, as reflexões de Thomas Flory (1986) são esclarecedoras. Preocupado com a análise do sistema de tribunais inferiores do Brasil após a independência, o autor repassa uma larga fase da história político-legislativa do país, que nos permite traçar de forma geral o percurso cumprido pelas forças políticas até o momento em que o Regresso Conservador inicia o que estamos tomando por acúmulo de poder. Segundo Flory (1986:27), o liberalismo brasileiro se constituiu a partir de uma grave crise no recrutamento de uma elite nacional. A fase crítica da pauta de exportação cíclica da economia e o predomínio de um forte sentimento antilusitano agrupavam setores políticos diversos em torno do interesse pela desmobilização de um aparelho de Estado herdado do período joanino. A descentralização e a opção pelo fortalecimento das autoridades locais representavam uma resistência à ameaça de restauração e, portanto, sintetizavam uma luta pela consolidação da independência.

Essa estratégia inclui uma reforma do sistema judicial, corporificada na criação em 1827 do cargo de juiz de paz. Apesar de constar na Carta Constitucional de 1824, o posto só é regulamentado com a lei de 15 de outubro de 1827 (Flory, 1986:82), quando se reuniu a primeira sessão oficial do parlamento e, para satisfação dos liberais, o imperador anunciou inovações importantes no sistema jurídico brasileiro, tentando com isso convencer o país do liberalismo do qual dizia se orgulhar. A nova instituição idealmente havia sido projetada para funcionar dentro de uma estrutura legal compatível com os princípios liberais de organização política, mas a pressa em implementar mudanças inviabilizava a elaboração de um novo código legal para reconstruir e modernizar o aparelho jurídico do Império. Essa opção, contudo, isolou os pretendentes ao cargo, deixando-os à deriva em uma estrutura incompleta e hostil de uma judicatura transplantada para o Brasil à época da transferência da Corte.

Uma das maiores incompatibilidades do posto residia na sua ocupação por leigos que a ele ascenderiam por meio de uma eleição em nível paroquial que não previa qualquer espécie de honorário.[34] O mecanismo constituía uma afronta ao orgulho corporativo dos magistrados profissionais formados em Coimbra. Tradicionalmente, o ingresso na carreira jurídica pressupunha, além de recursos financeiros, um prestígio social comum apenas àqueles que frequentavam os círculos mais próximos ao imperador. Não bastando essa quebra de hierarquia, os poderes concedidos ao juiz de paz entravam em conflito direto com a autoridade dos juízes de fora. Como funcionários de confiança do rei e inteiramente distantes das disputas paroquiais, daí o nome "de fora", esses juízes atuavam como interventores em situações de litígio, na coordenação de reuniões públicas que ameaçassem a ordem e, principalmente, na prevenção e destruição dos quilombos; atividades que a partir de 1827 passaram a dividir com o juiz de paz.

Outro ponto de inflexão era o despreparo dos candidatos ao cargo. Os novos magistrados, geralmente jovens ambiciosos provenientes de famílias abastadas, desconheciam conceitos elementares do sistema jurídico do país, balizando seus procedimentos em normas e dicas fornecidas por manuais que de uma hora para outra começaram a circular nas paróquias.[35] O fato, aparentemente desprovido de sentido, era incentivado por nomes como Diogo Feijó e Bernardo Pereira de Vasconcellos, que também publicaram alguns desses guias para a magistratura. Na verdade, para os preconizadores da descentralização do poder, a importância do juiz de paz destacava antes sua independência política que seu potencial para melhorar a estrutura jurídica. Quando os reformadores delegaram amplos poderes ao juiz da paróquia, fizeram-no em desafio à posição tradicional do imperador como árbitro supremo da justiça e fonte de toda autoridade judicial, esperando que sua autonomia fosse capaz de criar focos locais de apoio político ou, para usar uma expressão de Flory (1986:85), os liberais imaginaram a construção de uma espécie de "guerrilha burocrática", contra os excessos do poder central.

---

[34] Sobre a reforma de 1827 e a sua evolução até a restauração conservadora, ver Flory (1986, cap. IV).

[35] O despreparo dos juízes de paz é abordado por Flory (1986:95).

A complexidade do problema só é notada quando os princípios da liberdade deixam de ser oposição e passam à direção do Executivo. Investindo de poderes uma instituição que acreditavam lhes pertencer, os liberais não percebiam a contradição que fundava o cargo de juiz de paz. O papel conciliador que exerciam tornava-se incompatível com seu caráter eletivo. Aos poucos, o envolvimento desses juízes nos conselhos municipais e na preparação das eleições retirava-lhes toda autoridade e neutralidade que o exercício da conciliação exigia, e os mesmos liberais que supunham possuir um controle sobre a instituição começaram a se surpreender com a explosão de insurreições na defesa de interesses locais. O plano de guerrilha projetado contra um aparelho burocrático essencialmente português fugia ao controle do partido, deixando a descoberto um conflito jurídico fundamental do Império, que opunha os poderes locais às forças centralizadoras, e que os conservadores souberam com destreza manipular a seu favor.

Se a coesão em torno dos ideais descentralizadores construiu-se a partir do receio de um possível retorno ao autoritarismo de d. Pedro I, sua morte em 1834 desfez todas as ameaças e, com isso, desarticulou as bases de sustentação da reforma jurídica liberal, que, iniciada com os juízes de paróquia, era coroada com o código de processo criminal em 1832. O princípio da autoridade, até então confuso entre os interesses restauracionistas — enleio que os liberais faziam questão de cultivar —, não só se liberta de um modelo centralizador cujo cetro era erguido por mãos estrangeiras, como aproveita o novo contexto para deslocar o núcleo de convergência dos temores sociais. A antiga sombra do autoritarismo português, personificada na figura do primeiro imperador, era substituída pela ameaça de dissolução nacional, mantendo e nutrindo uma situação de crise fundamental na reelaboração dos princípios ordenadores da sociedade. As revoltas regionais tornavam-se uma prova embaraçosa do descontrole do Estado, que se mostrava incapaz de pôr fim à instabilidade política. As críticas que anteriormente se restringiam ao procedimento de alguns juízes de paz, àqueles que negociavam os termos da conciliação e aceitavam propinas de senhores da política local, foram redirecionadas e o problema passou a ser de arranjo institucional. O primeiro ministro liberal, nomeado ainda em 1831, ano da Abdicação, propôs a subordinação dos juízes de paz ao governo provincial pela concessão de benefícios.[36] No ano seguinte, numa declaração surpreendente, foi a vez de o novo ministro, ninguém menos que o padre Antônio Diogo Feijó, sugerir o fim das eleições para preenchimento do cargo, que deveria ser exercido, a partir daquela data, por pessoas de confiança do governo. Do contrário, diria o ministro, "sem nenhum meio unificado de ação, o governo não pode assumir nenhuma responsabilidade" (Flory, 1986:213).

O reconhecimento em público, por um dos principais líderes do governo, de certa incapacidade em estabelecer uma política capaz de manter "a tranquilidade e a segurança pública" (Flory, 1986:213), por meio de leis codificadas a partir de discussões por ele presididas, fornece aos nascentes conservadores capital político suficiente para sua articulação em uma estrutura partidária e para obtenção de adesões de importantes setores da sociedade.

Durante essa década, o café converteu-se no principal produto de exportação brasileiro, reabilitando a economia e exigindo uma estrutura política compatível com sua ascensão. O volume de café embarcado no porto do Rio de Janeiro passava de 359 mil arrobas em 1820 para a casa dos milhões de arrobas 10 anos mais tarde (Flory, 1986:206). A escassez de divisas que à época da independência forçou uma grande corrida por empréstimos estrangeiros era superada e, pouco a pouco, colocava em andamento um processo de acumulação de dupla face: os rendimentos gerados pelo produto davam origem a grandes fortunas e a fortes centros de poder. Como donos de escravos e de terras, os novos plantadores requeriam um governo que pudesse garantir sua inversão e, se possível, aumentar seus investimentos. Mas o estado de insubordinação das províncias inviabilizava, pela insegurança que gerava, a implantação de políticas adequadas às mais recentes condições econômicas, além de comprometer a imagem do país no mercado

---

[36] Refiro-me à declaração do ministro Manuel José de Souza França em relatório de 1831 (ap. Flory, 1986:212).

internacional. A organização da política interna interessava na medida em que a prosperidade dos novos setores agrícolas dependia do crédito brasileiro nos mercados estrangeiros.

A adesão dos plantadores de café aos princípios da autoridade foi quase automática. Necessitavam de um governo forte, centralizado, capaz de incorporar as negociações que se desenrolavam no Vale do Paraíba como negociações do Estado, como uma questão de interesse nacional. Reclamavam uma direção que reconhecesse na acumulação promovida pelo grupo uma distinção em relação aos demais plantadores e a outros setores da economia. Nesse contexto, as críticas à instituição do juiz de paz funcionavam como elementos catalisadores na estruturação das propostas conservadoras. O Regresso estrategicamente manipularia os descontentamentos da magistratura profissional, explicitando os laços que a aproximavam das exigências dos cafeicultores do Rio de Janeiro. Conter as insubordinações tornava-se, entre os conservadores, sinônimo de retornar ao centralismo com a substituição dos magistrados eleitos localmente pela magistratura tradicional, nomeada pelo governo. Fazendo convergir os interesses de importantes setores da sociedade, os propósitos defendidos pelo partido em articulação destacavam, num grande exercício de retórica, a necessidade de boas leis para a manutenção da ordem. A voz de Carneiro Leão, num parlamento de maioria ainda liberal, não permaneceria isolada por muito tempo e, em sua própria trajetória de vida, é possível identificar de forma exemplar a conjunção política sobre a qual se estruturava o Regresso Conservador. No ano de 1836, o jovem magistrado de formação coimbrã compraria terras no Rio de Janeiro e ali iniciaria o cultivo do novo produto nacional, transformando-se três anos mais tarde num dos maiores plantadores de café da província (Barman, 1988:197). Enquanto isso, Rodrigues Torres e Paulino José Soares de Sousa, ambos importantes líderes conservadores, cuidavam de ampliar sua influência na política fluminense, desposando as filhas de João Alvares de Azevedo, outro proeminente cafeicultor da região (Barman, 1988:294, n. 36). Das lutas entre as diversas facções regionais, emergia um grupo coeso que promovia as casas ligadas à cafeicultura e delas se distinguia pela posição que assumia no governo.

Sem qualquer compromisso com ideais igualitários, estabelecia uma série de hierarquizações sobre as quais pretendia exercer uma direção, legitimada pela recorrência à monarquia como agente monopolizador de enormes meios militares e financeiros.

De todo esse movimento, devemos reter dois pontos básicos. Primeiro, a construção de uma elite política se confunde com o próprio processo de consolidação do Estado imperial, que com um discurso de neutralidade administrativa buscava, como diria Ilmar Mattos, eclipsar a atuação desses dirigentes. Segundo, a direção exercida pela Coroa possuía uma função que extrapolava os conflitos da política interna. A reorganização dos monopólios e das hierarquizações possibilitava o reingresso do Brasil no concerto das nações europeias.[37]

Propor um entendimento da elite política como força que se funda no torvelinho de lutas que caracterizam a definição de monopólios é proporcionar-lhe um dinamismo que amplia suas bases referenciais. A identificação deixa de se referir apenas à enumeração daqueles que assumem cargos no governo para ressaltar uma homogeneidade construída por meio de estratégias de socialização e pela vivência de experiências comuns (Carvalho, 1981, cap. 1). Para a constituição de uma unidade em torno do pensamento conservador, foi fundamental a experiência das rebeliões provinciais. Em meio à crise, o grupo regressista, como é nossa intenção demonstrar, destacava-se pela capacidade de elaborar os acontecimentos e instituir um tipo específico de monopólio — um monopólio sobre os instrumentos de organização e expressão do mundo social.

A esse monopólio, contudo, correspondem inúmeros outros que o sustentam e permitem sua difusão. Com a Maioridade, a Coroa procedeu a uma ordenação institucional por meio de variadas políticas, entre as quais a política de terras, de mão de obra, tributária, monetária e creditícia (Carvalho, 1981:90), empreendendo ainda uma política específica de reestruturação das forças militares. O Exército, nesse processo, era

---

[37] Ver as reflexões de Mattos (1990) sobre o processo de constituição de uma classe senhorial e de consolidação do Estado imperial brasileiro.

resgatado como um dos braços do poder central no combate às rebeliões provinciais, e, o que é mais importante, sua própria estrutura interna articulava uma rede burocrática cuja hierarquia reproduzia pela sociedade valores e princípios políticos que rearticulariam os antigos privilégios e demarcações de origem social.

A outra face deste projeto tinha repercussão internacional. Se no nível interno a Coroa foi elevada à condição de gerenciadora das disputas regionais pela instauração de uma ampla rede de hierarquizações, esse fato se deve a uma subordinação internacional que o dito popularizado na época — "o império é o café" — não deixa esquecer. Como já foi amplamente discutido pela historiografia,[38] foi a acumulação capitalista ocorrida nos centros europeus, principalmente na Inglaterra, que viabilizou economicamente o aparelho de Estado imperial.

A aceleração do crescimento das indústrias locais do velho continente e a grande expansão das exportações britânicas instituíam novas regras mercadológicas que encaminhavam as clássicas discussões relativas ao papel do mercado externo no desenvolvimento do capitalismo por meio da restauração dos nexos entre, no caso específico, a antiga colônia e o mercado europeu. A transferência do foco de acumulação para a indústria de bens de capital permitia à Inglaterra prescindir da monopolização formal do mercado brasileiro, particular aos sistemas coloniais de base mercantilista, e com a promoção, por largos trechos, de grandes obras públicas e inovações técnicas evidenciava o padrão da restauração que se efetivava. Desde pequenos utensílios até equipamentos mais pesados, a mercadoria que chegava aos portos imperiais possuía o selo das indústrias inglesas, era transportada com capital inglês, em navios ingleses e por firmas também inglesas.[39] O café era a moeda de troca de uma relação inteiramente assimétrica, mas que, pela liberdade

---

[38] Refiro-me de forma geral aos formuladores da teoria da dependência e, de maneira específica, à análise empreendida por Mattos sobre a maneira como historicamente se constituíram os grupos sociais internos que elaboravam o padrão das relações mantidas com o exterior.

[39] Trecho da declaração do ministro brasileiro na Grã-Bretanha, Sérgio Teixeira de Macedo (ap. Mattos, 1990:17).

com a qual se processavam as negociações, punha em relevo os interesses em jogo no jovem império. O projeto conservador desenvolvia-se em termos proporcionais à concorrência e ao crédito gerados nas disputas entre as economias tradicionais, e impulsionava, sem dúvida, os mecanismos monopolistas — para a "nova metrópole", de capitais; entre os brasileiros, da gestão administrativa (Mattos, 1990:99).

Enquanto a instituição dessa direção, na forma de um Estado centralizado, encaminhava a restauração das relações entre o Brasil e a Europa, fomentava também, por meio dos avanços técnicos, o sentimento, entre diversos setores da sociedade, de estar no centro do mundo civilizado. A ampliação dos poderes do Executivo, com a criação de novas instituições e a reforma de outras tantas que se desdobravam na geração de inúmeros empregos, aumentava o prestígio das forças conservadoras. De uma hora para outra, a centralização parecia assegurar de maneira eficaz o controle sobre os perigos e sobressaltos das rebeliões, assim como parecia criar uma série de benefícios sociais cuja expansão dependeria menos de atributos políticos que administrativos (Mattos, 1990:83). Num momento em que o reconhecimento do nacionalismo como uma força política na Europa estreitava as relações entre política doméstica e internacional (Hobsbawm, 1988:101), o projeto conservador instituía uma modernização que buscava alimentar o sentimento civilizador de forma a não incluir as transformações políticas que definiam a modernidade europeia. A cada passo, a unidade territorial se confundia com a formação de um corpo político uno e indiviso:

> O território do império não constitui somente a mais valiosa propriedade; a integridade, a indivisibilidade dele é de mais a mais não só um direito fundamental, mas um dogma político. É um atributo sagrado de seu poder e de sua independência; é uma das bases primordiais da sua grandeza interior e exterior [ap. Mattos, 1990:83].

Por meio desse comentário sobre o texto constitucional, o marquês de São Vicente reafirma, uma vez mais, os elementos que, referenciando a crise da década de 1830, permitiram a estruturação dos princípios da autoridade. Se, na Europa, o conceito de nação se construía a partir de uma integração política fundada na ideia de igualdade,[40] entre os conservadores brasileiros, a unidade territorial ou a ameaça de sua dissolução transformava a centralização administrativa no seu principal referente — num verdadeiro dogma político. Anos mais tarde, quando procurava sistematizar as ideias que haviam orientado a ação conservadora, o então visconde do Uruguai destacaria que "*a centralização é a unidade da nação* e a unidade do poder. É ela que leva às extremidades do corpo social aquela ação que, partindo do seu coração e voltando a ele, dá vida ao mesmo corpo" (ap. Mattos, 1990:194).[41]

Todo o movimento buscava definir uma particularidade que, reinterpretando a ideia de nação, negasse seu conteúdo revolucionário. É preciso lembrar que a aproximação pretendida pelos conservadores dos padrões de vida do mundo civilizado, nem que fosse por um jogo de inversão (Mattos, 1990, parte I), ameaçava-os com uma desordem. A conversão do nacionalismo em movimento de massa, que se efetuava neste período, tornava a democracia ou a ampliação da participação das camadas populares na política seu corolário (Hobsbawm, 1988, cap. 6). As três revoluções ocorridas na França haviam demonstrado a impossibilidade de manter mecanismos participativos restritivos e pautava a necessidade de fazer incidir sobre essa massa disforme uma força capaz de dirigi-la (Hobsbawm, 1988:118). Força essa que o Regresso Conservador, aqui no Brasil, só conseguiria conceber pela reorganização das forças militares e pela instituição de uma ampla rede de monopólios cujos traços reelaboravam antigas distinções sociais. A ideologia do progresso, como procuraremos demonstrar, ficava reduzida a seus aspectos técnicos e materiais, mantendo distância das concepções políticas e dos modelos de organização da sociedade. A nação brasileira se constituiria pela centralização administrativa, que previa uma ampla reforma do Exército — importante instrumento de manutenção da ordem conservadora.

---

[40] Ver as considerações de Hobsbawm (1988, cap. 5) acerca do processo de construção das nações europeias.

[41] Todos os grifos em citações diretas são meus.

A integração do alto oficialato à elite política

Em 1872, morreu na província do Rio de Janeiro o senador Rodrigues Torres, último representante da trindade saquarema. O fato mobilizou todo o meio político, principalmente a câmara senatorial, onde ocupava uma vaga desde 1844. Sua morte evidenciava as agudas alterações que se processavam na antiga orientação política conservadora, o que levaria o então general Luís Alves de Lima e Silva, o duque de Caxias, a confidenciar, em carta a um amigo comum, seu profundo ceticismo quanto ao futuro da política nacional:

> Quem o substituirá? Não sei, nem vejo [...] Seu vácuo não será preenchido, como não foi o de Eusébio, Paraná, Uruguai, Manuel Felizardo e muitos outros que nos ajudaram a sustentar esta *igrejinha*, desmoronada ou quase desmoronada em 7 de abril de 1831 [ap. Mascarenhas, 1961:243].

Como é comum nessas circunstâncias, a morte do "bom companheiro" (Mascarenhas, 1961:243) despertara em Caxias um saudosismo que o tornava, pelo menos a princípio, refratário a mudanças. Mas, nesse momento, nosso interesse converge para a reconstrução que o líder das campanhas platinas e do Partido Conservador, tomado por esse sentimento, elabora das relações políticas que particularizaram a fase da reação. Nela, destaca valores individuais sem deixar de imprimir uma ideia de conjunto: personalidades civis e integrantes das forças de linha aparecem lado a lado, compondo um núcleo coeso em sua intenção de reconstruir a mencionada *igrejinha*. Uma investigação sobre o significado do vocábulo permite concluir a leitura. O uso do diminutivo significava "projeto" ou "obra" (Silva, 1858). Caxias distinguia, em suas lembranças do passado, de forma bastante nítida, os integrantes da elite política responsáveis pela formulação e implantação do projeto conservador de reorganização nacional, e lamentava sua dissolução.

Além dessa unidade de princípios, é preciso permanecer atento aos personagens que dela compartilhavam. Assim como o predomínio da proposição erradicadora criou a ilusão de que a política imperial constituía uma sequência de acontecimentos pouco diferenciados, também inviabilizou o procedimento de uma avaliação mais precisa do papel dos militares de linha no conjunto das reformas administrativas de fins da década de 1830. A hostilidade pelo Exército, que tradicionalmente se identifica entre os membros da elite política imperial, difundiu a imagem de uma instituição inteiramente coagida, politicamente inexpressiva, que apostava no prestígio de alguns de seus líderes para defender os interesses da organização e empreender algumas reformas. Mesmo quando as interpretações sobre o papel desempenhado por essas lideranças variam, existe um ponto que é comum. Em Campos Coelho, a liderança de Caxias expressa uma disfuncionalidade ao circular entre os interesses erradicadores do governo e um ambiente organizacional de valores diferentes dos de seu líder, um "general dinástico".[42] Já John Schulz entende que a força da atuação de Caxias articulou um movimento de vanguarda: ao lado de Manuel Felizardo, ele teria assumido o compromisso de lutar contra a hostilidade ou, em alguns casos, contra a simples indiferença dos círculos políticos (Schulz, 1994:35-36). Ainda que o autor estadunidense tenha identificado no grupo de elite política a presença de integrantes do alto oficialato pela incorporação de critérios ideológicos (Schulz, 1994:18) diretamente vinculados à experiência das rebeliões provinciais, ao permanecer fiel a uma narrativa de longa duração, isola a atuação dos líderes militares. Seja por uma disfuncionalidade ou por antecipar um movimento nas fileiras do Exército, em ambos os autores a liderança de Caxias é compreendida como uma força extemporânea, alheia às regras do jogo político em vigor.

Nesse caso, existem duas imagens bastante contraditórias acerca da composição da elite política em formação na década de 1830. Pelo depoimento do duque de Caxias, não é possível identificar qualquer espécie de segmentação no grupo, prevalecendo um forte sentimento de solidariedade que lhe permitiu acrescer aos nomes que reconheci-

---

[42] A análise do papel exercido por Caxias na política imperial encontra-se em Coelho (1976:53).

damente integram o núcleo de dirigentes do Partido Conservador, o do companheiro de farda — Manuel Felizardo — e a si próprio. Uma solidariedade que a historiografia não reconhece.

Creio que a dificuldade em considerar com seriedade essa hipótese decorre de um vício analítico que transpõe para o passado um sistema de valores incompatíveis com o modelo institucional da época. O Exército do Segundo Reinado não configura uma corporação,[43] uma instituição moderna com uma estrutura organizacional fechada e imersa numa rede interdependente de poder, e, portanto, as relações que mantém com a sociedade não podem ser avaliadas a partir da clássica cisura que opõe militares a civis.[44] É importante lembrar que Manuel Felizardo, Caxias e o tão pouco citado Pedro de Alcântara Bellegarde dirigiram o Ministério da Guerra nos três principais gabinetes conservadores, realizando um trabalho de difusão dos princípios políticos regressistas que, dada a coordenação e unidade de suas ações, ganhou consistência, completando-se a cada gestão.[45] Considerados em conjunto, esses ministros permaneceram na direção do Ministério da Guerra por um período sequenciado de nove anos, coincidindo seu término, em 1857, com a estabilização política do Império (Mattos, 1990:170-171). Não foi por outra razão que Caxias se ressentiu da morte de Rodrigues Torres. Numa sociedade alicerçada sobre valores aristocráticos, os líderes militares tinham lugar cativo na composição do grupo da elite política, condição a que ascendiam menos por sua "identidade profissional" do que por uma combinação de origem social e atuação política.

Se a impossibilidade de estabelecer essa vinculação residia na manutenção de um sistema de valores alheio à época, constitui uma impor-

---

[43] Ver as discussões empreendidas por Goffman (1974) e Elias (1993).

[44] Refiro-me aos dois princípios analíticos que predominam nas abordagens que têm por objeto os militares. Um privilegia a posição por eles ocupada na estrutura social, o outro implica o reconhecimento de uma autonomia relativa do Exército ante a sociedade civil. Mas ambos transitam em torno de um problema básico a partir do qual se estruturaram: a cisura entre civis e militares.

[45] Ver as considerações de Mattos (1990:170-171) acerca da composição e organização dos gabinetes conservadores desse período.

tante tarefa a tentativa de reconstituir a urdidura histórica que articula e proporciona sentido às relações entre militares e civis no início do século XIX. Na realização desta proposta, contamos com o resultado de algumas pesquisas já publicadas. O texto de Schulz é o que mais avança nessa questão. Por meio da tabulação de informações relativas à origem social e ao ritmo das promoções na carreira, o autor concluiu que o corpo de oficiais do Exército era uma força privilegiada tradicional do "antigo regime". Mas, por motivos diversos, até o momento não se procedeu a uma análise mais circunstanciada das implicações desse tipo de constatação, e a dispersão dos dados na bibliografia dificulta a compreensão dos mecanismos que fariam desses valores elementos ativos na configuração de uma realidade social que integraria, aqui no Brasil, o alto oficialato ao grupo de elite política.

Porém, antes de centrar atenção na arquitetura social brasileira, não posso deixar de referenciar a discussão historicamente. Afinal, a recorrência a termos como "antigo regime" ou a localização de "sentimentos aristocráticos", tanto na definição do quadro político — como indiquei no item anterior — quanto para particularizar a atuação do oficialato, o impõe. Num contexto de "antigo regime", o ofício da guerra é considerado uma arte e, como tal, permanece restrito a setores da elite — define a própria nobreza como um grupo social.[46]

Um retorno ao período medieval revela grandes alterações na forma como a sociedade produzia e incorporava as atividades guerreiras. De acordo com crônicas dedicadas a narrar a vida de um cavaleiro medieval, todo o corpo social encontrava-se imerso num tipo de comportamento de forte emotividade.[47] A vida tantas vezes romanceada de um cavaleiro

---

[46] Ver as considerações de Bloch (1979, cap. IV) sobre a institucionalização das atividades guerreiras.

[47] De acordo com Elias (1993, v. 1, cap. II), as funções sociais relativamente independentes no período medieval impediram o exercício de um controle social sobre as emoções e os instintos humanos, que se expressavam com grande liberdade. Somente a conformação de uma rede interdependente de poderes, na forma de uma organização estatal, estabeleceria, ainda segundo o autor, um esquema de vigilância capaz de confinar e dominar esses sentimentos, que viriam a se manifestar apenas indiretamente, de maneira refinada.

dos primeiros tempos da Idade Média era entregue a prazeres pouco comuns à sensibilidade moderna ocidental. "Ele passa a vida", podemos ler em Elias (1993:192),

> na rapinagem, destruindo igrejas, atacando peregrinos, oprimindo viúvas e órfãos. Sente especial prazer em mutilar inocentes. Em um único mosteiro, o dos monges negros de Sarlat, havia 150 homens e mulheres cujas mãos ele cortou ou cujos olhos arrancou. E sua esposa é igualmente cruel. Ela o ajuda nas execuções e sente prazer em torturar mulheres pobres. Manda-lhes cortar os seios ou extrair as unhas, de modo a que não possam mais trabalhar...

O desagrado que a imagem provoca na atualidade era estranho aos padrões medievos. O "cavaleiro andante" constituía um personagem integral numa vida caracterizada por baixos níveis de controle social. A cultura da livre competição, difundida pela ausência de uma direção política de expressão, instituía o nomadismo, a força e a coragem como um estilo de vida necessário e útil, legitimando mesmo os prazeres dele derivados (Bloch, 1979, cap. II). A violência era parte do cotidiano e o direito de uso da força encontrava-se diluído por toda a sociedade. Para se armar um jovem no século XII, bastava um cavaleiro mais antigo cingir o postulante com uma espada. Não se contava com qualquer mecanismo de controle. A cerimônia de investidura, com a riqueza ritualística que conhecemos, permanecia restrita aos grandes senhorios;[48] nas camadas populares, a vulgarização do ato possibilitava sua proliferação indiscriminada.

Somente dois séculos depois, os relatos literários aludem a certas limitações. Quando os três cavaleiros que o poeta francês Beaumanoir põe em cena resolvem, em meio a suas aventuras, deitar a mão a um camponês e cingi-lo com suas armas, à revelia de qualquer ato legal, logo têm sua punição prescrita. Pelo retrocesso na marcha do direito que a atitude configurava, deveriam pagar uma pesada multa (Bloch,

---

[48] Sobre os rituais de ordenação de um jovem, ver Bloch (1979, cap. III).

1979:357). Na composição do elenco de poesias e peças literárias, tornava-se comum a inclusão de alguns personagens que funcionavam como uma espécie de contraponto, pondo em relevo o anacronismo de determinados comportamentos em relação às mais recentes mudanças que vinham se processando na sociedade. Como parte integrante da vida social, esses poemas buscavam expressar sentimentos difusos entre os ouvintes a quem se dirigiam e muitas vezes surpreendem por sua precisão analítica. Sobre o mesmo período, Johan Huizinga nos conta uma história muito parecida, mas verídica. De acordo com o autor-historiador, quando Guy de la Trémoille desejou provar, em 1386, a superioridade dos franceses num duelo com um cavaleiro inglês, Pedro Cortenay, os duques de Borgonha e de Berry, no último momento, fizeram uma proibição formal:

> São coisas proibidas e que as pessoas não devem praticar. Em primeiro lugar, os que a fazem desejam tirar os bens dos outros, isto é, a sua honra, e procurar para si a vã glória, que pouco valor tem; e ao fazer isto ele ninguém serve, só gasta o seu dinheiro [...] ao ocupar-se nesta tarefa, ele descuida a sua parte no esforço da guerra, o serviço do seu rei e da causa pública; e ninguém devia expor o seu corpo, a não ser em obras meritórias [Huizinga, 1978:94].

Cada qual a seu modo comunicava alterações comportamentais de grande importância. No quadro social que nos oferecem, pode-se identificar com clareza a manifestação de interesses orientados no sentido de promover uma "modelagem dos afetos" (Elias, 1993, v. 2, p. 100), uma subordinação das experiências cotidianas e da sensibilidade humana a um processo de racionalização. Os elementos que compõem o discurso atribuído aos duques são inteiramente originais e, a nosso ver, resultado da atuação de dois setores sociais específicos sobre os antigos sentimentos guerreiros. Nas entrelinhas é possível perceber a inserção de valores oriundos de uma moral cristã, inovação que Marc Bloch (1979, cap. III) atribui à presença cada vez mais nítida da Igreja nos antigos rituais profanos da investidura. Da simples bênção da espada, que a partir do século XII constituía um ato praticamente obrigatório mediante uma sociedade habituada a viver sob o signo do sobrenatural, os cavaleiros medievais passavam à total sagração da cerimônia. Ao final, a responsabilidade de armar um jovem de origem nobre era inteiramente confiada a um prelado, em substituição ao direito paterno. As cruzadas constituiriam a expressão máxima dessa nova equação social que articulava guerreiros e clero, sujeitando o vanglorioso corpo a uma obra meritória.

O segundo componente, porém, é o que mais de perto nos interessa: a subordinação do antigo cavaleiro medieval à causa da monarquia. O reconhecimento dos ideais de coragem e força, tal como mencionados pelos duques de Borgonha e de Berry, vinculava-se cada vez menos ao número e ao teor das cicatrizes que os cavaleiros deixavam pela sociedade, e passava a ser avaliado por seus objetivos, atrelado à causa que defendiam; o que, num momento de organização das casas reais, confundia-se com a devoção e a prestação de serviços reclamadas pela Coroa. Indiscutivelmente, ocorria uma grande investida dos poderes reais na elaboração de mecanismos eficazes de controle das atividades guerreiras, cujo campo de observação não se restringe às representações provenientes das crônicas e dos poemas épicos. Juridicamente, Marc Bloch (1979, cap. I) data dessa mesma época a transformação do direito de investidura num privilégio hereditário. Essa restrição, que se corporificou na criação das *cartas de chancelaria*, exigia como condição para o ingresso na Ordem traços de sangue — era preciso que fosse "filho de cavaleiro ou descendente de cavaleiros por parte de pai" (Bloch, 1979:355) — e previa uma única forma de escapar ao protocolo — distinguir-se aos olhos do rei pela realização de obras meritórias. Pouco a pouco, a Coroa ampliava seu poder de organização e fiscalização da sociedade, que longe estava de se esgotar na subordinação do antigo cavaleiro a uma vigilância mais estreita. É importante destacar seu interesse no surgimento de uma linhagem, de um grupo social dela inteiramente dependente.

Decerto que o período feudal conheceu classes dominantes de vários tipos, mas todas se fundavam em conquistas particulares próprias, realimentadas a cada geração. A transformação instituída pela carta de enobrecimento, como viria a ficar conhecido o documento, criava um novo círculo social que devia sua própria existência a uma sanção monárquica — a nobreza. Caracterizados por uma distinção de nascimento, os *nobres de direito*[49] cruzam em suas origens uma larga tradição guerreira e uma nova disposição política para a conformação de um círculo de elite fiel ao rei. A importância atribuída a esse grupo como portador de um privilégio exprimiu-se na conversão que transformou os antigos sinais individuais de reconhecimento pintados no escudo ou gravados no sinete em brasões. Daí por diante, a essas famílias caberia a direção do Exército real, assumindo os postos de comando.[50] O cavaleiro belicoso dos primeiros tempos feudais cedia lugar ao cavaleiro cortesão, que se definia antes de tudo pelo lugar que ocupava nos círculos mais próximos ao rei.

Essa digressão objetiva apenas enfatizar as conjunções políticas que se encontram na origem do termo "nobreza", a fim de melhor compreender o conteúdo das várias assertivas difusas na bibliografia quando identificam uma origem nobre nos oficiais do Exército pós-independência. É certo que entre a nobreza medieval ou a nobreza cortesã e aquela que se forma aqui no Brasil há uma grande distância, mas também é importante não perdermos de vista que, salvo as diferenças que definirei mais à frente, o próprio conceito expressa em sua história uma forte solidariedade entre o rei e os comandantes do seu exército, que também marca a composição do Exército brasileiro do início do século XIX.

Outro exemplo dessa solidariedade é dado pelo alvará português de 1757.[51] Nessa época, Portugal passava por experiências políticas que muito se assemelhavam ao processo mais geral descrito anteriormente.

---

49 A esta, Bloch opõe a "nobreza de fato", termo utilizado genericamente para se referir àqueles que se distinguiam por feitos pessoais ou por apresentar modos e compartilhar de valores prescritos no código de cavalaria. A diferença, portanto, é jurídica. Antes, o termo nobreza referia-se apenas a um modo de ser.

50 Ver as exemplificações de Elias (1993, cap. III) sobre o processamento dos mecanismos monopolistas.

51 O alvará de criação do título de cadete (Cidade, 1961:20).

Não pretendo com isto afirmar que só no século XVIII o país viria a se constituir num Estado moderno. É de conhecimento geral que em 1385, após a batalha de Aljubarrota e sob o governo de d. João I, ocorreu um forte movimento de centralização política que pôs fim aos propósitos dos barões feudais, já enfraquecidos pelas lutas contra os mouros (Carvalho, 1981:28). O que gostaria de destacar é a séria crise de autoridade que acomete o Estado português na primeira metade do Setecentos. Tradicionalmente atribuída à doença do rei d. João V e ao ascenso da aristocracia eclesiástica, essa crise desencadearia uma forte reação das tendências desagregadoras e centrífugas presentes na sociedade, exigindo uma retomada do controle político pelo poder monárquico.[52] Nessa reação, Francisco Falcon identificou a implantação de uma série de reformas jurídico-administrativas que, vistas em conjunto, configurariam o que denominou "Época Pombalina". "O primeiro decênio do governo pombalino", afirma o autor,

> caracterizar-se-ia pela política então posta em prática, votada de maneira firme e inabalável à eliminação sistemática de todas as formas de [...] contestação à autoridade estatal, quaisquer que fossem as suas origens, processando-se com violência fora do comum, envolvendo pessoas, grupos e instituições suspeitos de desafiarem de uma maneira ou de outra o poder do Estado [Falcon, 1982:374].

Uma das primeiras medidas implantadas combatia a indisciplina, a corrupção e os abusos constantes nos negócios do reino (Falcon, 1982:391), e sete anos depois, ainda no mesmo decênio, era assinado o alvará que instituiria em Portugal a classe militar dos *cadetes*. Ainda que Falcon não faça uma menção direta ao referido documento, acredito ser possível incluí-lo no conjunto das medidas pombalinas. O pensamento que orientou ambas as medidas é único: como menciona o autor, tudo que lembrasse desgoverno deveria ser subordinado à firme vontade da Coroa.

---

[52] Sobre a situação política de Portugal setecentista e as abordagens históricas sobre o tema, ver Falcon (1982, cap. VI).

Por meio de um cruzamento de fontes, pode-se notar que esse ato de institucionalização opera uma variação semântica no termo "cadete" bastante significativa, a qual evidenciava os traços políticos que o integrariam ao contexto de crise definido por Falcon. Do latim *capitettus*, o vocábulo designava o filho mais moço de cada família, "filhos posteriores ao primeiro", mas seria consagrado na literatura dos séculos XVI e XVII por nomear comportamentos comuns entre os jovens estudantes de ascendência nobre, em que predominavam as arruaças e desordens noturnas que quebravam a tranquilidade das ruas estreitas e desprovidas de iluminação (Cidade, 1961:15). Outro aspecto desse estilo de vida, ou, para usar o termo apropriado, do cadetismo, era o fato de que geralmente a maior parte dessa juventude em algum momento enveredava para a carreira das armas, não deixando dúvidas, à vista da sociedade, quanto às qualidades necessárias à ocupação: eram destemidos e truculentos (Cidade, 1961:17).

Mas o alvará atuaria justamente sobre o núcleo desse significado, procurando fundar um novo padrão de comportamento. A partir de 1757, *cadete* é um título militar concedido aos jovens que detivessem o foro de moço fidalgo da casa real ou que fossem filhos de oficiais militares, ou ainda, que provassem nobreza notória por parte dos pais e dos quatro avós, e exigia-se, para a sua concessão, que o requerente reconhecesse algumas regras prescritas na lei. Uma vez cadete, o jovem usaria uniformes com as mesmas divisas dos oficiais — dragonas e carriéis de ouro e prata — e também deveria seguir o comportamento dos demais oficiais na casa de generais e estender essa conduta a lugares públicos, transformando-se num exemplo de fidelidade e respeito à Coroa (Cidade, 1961:21). Esse sucinto preceituário deixa claro o interesse monárquico em exercer um controle sobre o típico descomedimento que, caracterizando a atuação desses jovens, parecia se constituir num pré-requisito para o ingresso na carreira. Num momento em que se fazia necessário reforçar o poder do Estado, atuar sobre esses focos de desordem cujas consequências de longe ultrapassavam os já tão populares transtornos noturnos era fundamental. O cadete configurava um tipo social que deveria ser, se não eliminado, ao menos submetido, pois, quando do seu ingresso no Exército, levaria consigo os vícios da juventude, tornando-se refratário a medidas disciplinares e à obediência — o que muito expunha o poder real. Como diria Cidade (1961:22), a monarquia precisava de um "escudo protetor da nacionalidade no pandemônio europeu da época" e de "escoras do trono no campo interno".

Compondo quase uma regra geral de concepção das forças militares, são essas referências que estruturavam o Exército brasileiro pós-independência. A afirmação feita por Bloch (1987:322) de que o exército real dos recentes Estados nacionais encontrava-se dividido entre um oficialato recrutado na nobreza e um corpo de soldados integrado por camponeses ou mercenários é perfeitamente adequada para abordar tanto o exército português do século XVIII quanto o brasileiro de início do Oitocentos. Esse traço, sem dúvida, constitui um dos elementos definidores do que comumente se denomina um exército de "antigo regime", com todas as suas marcas aristocráticas.

No caso do Brasil, a colonização portuguesa não só nos legou um aparato estatal mais organizado e uma elite política ideologicamente mais homogênea, como boa parte de sua cultura aristocratizante. Sobre esta, os autores são unânimes:[53] apesar da precoce modernização em fins da Idade Média, as estruturas básicas da sociedade portuguesa permaneceriam praticamente inalteradas com a expansão da nobreza por todas as posições-chave da empresa comercial e colonial, que tinha por maior acionista o próprio Estado. De acordo com a análise de Falcon (1982:166 e 170), ocorreu uma mercantilização do Estado e da nobreza, forjando-se uma ordenação sistemática do aparelho público em novos moldes, o que promovia uma cristalização dos hábitos e das relações sociais em formas extremamente excludentes. Modelo que é diretamente transplantado para o reino das Américas, apesar das importantes adaptações que são realizadas.

Entre as várias leis e decretos baixados por d. João VI que persistiram no período pós-independência, destacaremos a provisão do Conselho

---

[53] Refiro-me especialmente a Boxer (1981) e a textos mais gerais como o de Novais (1983) e Prado Jr. (1977), além, é claro, do texto de Falcon (1982).

Supremo Militar de 26 de outubro de 1820, que regulamentava o decreto de fevereiro do mesmo ano na decisão de criar novos títulos militares que pudessem ser estendidos aos brasileiros excluídos do acesso à distinção de cadete.[54] A recorrência ao texto da provisão busca não só enfatizar a relação aristocrática que fundava o Exército brasileiro, como pôr em destaque os mecanismos legais de instituição de inúmeras e pormenorizadas distinções sociais que, longe de permanecerem restritas à letra da lei, difundiam valores que engendravam uma realidade cotidiana, vivida por cada indivíduo no conjunto da sociedade, mesmo por aqueles que juridicamente nela não fossem incluídos. Essa tarefa, no entanto, exige uma análise mais circunstanciada do referido texto e, por isso, será necessário reproduzi-lo na sua quase totalidade. Na provisão, o rei português determinava:

> Hei por bem, por minha imediata e Real Resolução de 6 de setembro último, tomada em consulta de meu Conselho Supremo Militar de 25 de agosto do mesmo ano, com o parecer do qual houve por bem conformar-me, determinar e estabelecer em regra o seguinte: 1º) Para a admissão dos segundos-cadetes e soldados particulares nomear-se-á no regimento a que pertencer a pessoa que pretender ser reconhecida [...] e perante um Conselho dará provanças de sua pessoa, as quais deverão consistir em fazer certa sua *filiação* e *idoneidade*. O Conselho julgará com o parecer de três oficiais como entender, remetendo-vos o processo para aprovardes ou desaprovardes, declarando as razões em caso de negativa [...] 2º) Os segundos-cadetes serão reputados em distinções como os primeiros-cadetes, mas usarão somente uma estrela no ombro direito, e serão tidos como habilitados para passarem a oficiais da mesma forma que os primeiros, *devendo estes ter preferência quando haja uma igualdade de merecimento*; porém *nem os primeiros e nem os segundos serão obrigados a ocupar os postos de oficiais inferiores*. Contudo os cadetes farão nos exercícios e guarda o serviço de sargentos, quando seja necessário, e mesmo como ensino, para se habilitarem ao comando

[54] CLB, decreto de 4 fev. 1820.

e responsabilidade. 3º) E querendo fazer mercê aos filhos dos oficiais de segunda linha possam igualmente ser reconhecidos segundos-cadetes, caso que por motivo das patentes de seus pais não estejam na classe de serem os primeiros; e que os filhos de sargentos-mores das ordenanças também possam ser segundos-cadetes. 4º) Como soldados particulares podem ser filhos de homens, que pelos seus empregos civis não sejam inferiores em representação na república aos oficiais de patente cujos filhos podem gozar da distinção de segundos-cadetes, não devem por isso ser privados das mesmas honras, e não convindo confundir as origens de distinção, os soldados particulares trarão no ombro esquerdo a estrela que vai designada para os segundos-cadetes no ombro direito. 5º) Como as formalidades de reconhecimento [...] têm por fim fazer ciente a todo o corpo a hierarquia a que pertence aquela praça, *para lhe serem guardados os privilégios e distinções competentes, o reconhecimento deverá ser feito na frente de todo o corpo* [...] 6º) *Os postos de oficiais inferiores serão ocupados por soldados particulares*, escolhidos por seus merecimentos, sem atenção à antiguidade, não deverão contudo dele ser isentos os cabos de esquadra, que se distinguirem, não obstante terem saído da classe dos soldados simples. E logo que os soldados particulares exercerem qualquer posto de oficial inferior serão considerados aptos para passarem a oficiais de patente se lhes competir, comparando-se o seu merecimento pessoal com os de outros das diversas classes, que tiverem acesso àqueles postos, tendo atenção a que com a igualdade de merecimento *devem ter preferência para o primeiro posto de oficial os primeiros-cadetes, depois os segundos, depois os inferiores que tiverem sido soldados particulares, e em último lugar os inferiores que tiverem sido da classe dos soldados simples* [...] 7º) Os soldados particulares nos corpos de segunda linha gozarão das distinções de cadetes e o seu uniforme ou distintivo será uma estrela no ombro esquerdo, porém *na segunda linha não passarão a exercer os postos de oficiais inferiores*, e tão somente servirão como tais em guardas, e exercícios quando convier; e desta classe sairão unicamente os promovidos para os postos de oficiais de patente. E quando suceda que indivíduos que procurarem o serviço nas milícias, tenham qualidades para na primeira linha serem primeiros

> ou segundos-cadetes, *na segunda serão apenas soldados particulares, e não poderão usar outros distintivos que o desta classe* [...].[55]

Como havia anunciado d. João no decreto de fevereiro, o documento procurava atender aos repetidos requerimentos que subiam até a sua "real presença" na intenção de obter o título de cadete. A ausência de uma nobreza definida por uma tradição familiar evidenciada pelas armas — que em Portugal dava origem a brasões e símbolos de distinção — reduzia em muito o direito ao título no Brasil. A maneira mais fácil de acessar a honraria, nesse caso, era por meio da tradição militar, sendo "filho de sargento-mor pago ou de mestre-de-campo dos terços auxiliares". O que significa dizer que só tinha direito ao título de cadete, afora uma ascendência nobre, os filhos de majores da ativa ou de coronéis da reserva,[56] critério bastante restritivo em vista da nova realidade social.

A situação expunha o anacronismo do sistema hierárquico português e reclamava a redefinição dos seus termos, realizada pela criação dos dois novos títulos. De acordo com a provisão, os filhos de oficiais subalternos seriam incluídos nesse novo sistema pela concessão do título de segundo-cadete, enquanto aos filhos de funcionários com alguma "representação na república" caberia a distinção de soldado particular. Mas o interessante é permanecer atento à maneira como essas discriminações atravessam o Exército e conformam o corpo de oficiais.

Primeiro devemos destacar que o ingresso na carreira militar não seguia um padrão único. A titulação demonstrava que as possibilidades abertas ao postulante eram definidas pelo nascimento. Cada qual partia de um lugar específico demarcado socialmente e que privilegiava os jovens "bem-nascidos", oriundos de famílias que, se não possuíam brasões, se distinguiam por participar dos círculos mais próximos ao imperador. Os distintivos que traziam no uniforme evitavam confusões e garantiam aos primeiros-cadetes um tratamento diferenciado, como a dispensa das tarefas mais árduas, comuns aos soldados simples, e o

---

55 CLB, provisão de 26 out. 1820.

56 A explicação encontra-se em Cidade (1961:19).

direito de serem tratados socialmente como oficiais, sem que para isso precisassem demonstrar qualquer aptidão particular (Schulz, 1994:206). Os postos de oficial inferior, dessa maneira, permaneciam reservados para setores específicos da sociedade, eram ocupados pelos filhos dos servidores civis — os soldados particulares — ou por aqueles que nem distinção possuíam, mas que também eram privilegiados diante do conjunto das praças — os cabos de esquadra.

A visualização dos postos que à época compunham o quadro hierárquico do Exército permite uma compreensão mais precisa do significado desses mecanismos restritivos:[57]

Quadro hierárquico do Exército (1831)

Oficiais generais	Marechal de exército Tenente-general Marechal de campo Brigadeiro
Oficiais superiores	Coronel Tenente-coronel Major
Oficiais subalternos	Capitão Primeiro-tenente Segundo-tenente
Oficiais inferiores	Primeiro-sargento Segundo-sargento Furriel
Baionetas	Cabos Anspeçadas Soldados

Como é possível notar, só a distribuição dos títulos já operava importantes fissuras no interior do Exército, segmentando-o em estratos que o sistema de promoções aprofundaria e cristalizaria pela ampliação das redes seletivas. À igualdade de merecimento entre os inferiores — termo que designava, no trato cotidiano, aqueles que ocupavam os

[57] Os dados foram retirados da CLB, cujos mapas do decreto de 4 de maio de 1831 trazem o quadro hierárquico da instituição.

três primeiros postos do oficialato (Cidade, 1961:27, n. 7) — se sobrepunham as condições de nascimento. Na aquisição de uma patente de oficial subalterno, tinham preferência os primeiros-cadetes, que, como já mencionamos, geralmente não passavam nem mesmo pelos postos anteriores, sua vida militar tinha início como oficial de patente.[58] Os segundos-cadetes, apesar de também estarem livres de passar pelos postos inferiores, seriam preteridos em função dos primeiros. Por último, viriam os soldados particulares, cuja possibilidade aberta pela lei era na prática puramente retórica; suas chances de ascensão para além dos postos inferiores eram diminutas. Dando prosseguimento ao raciocínio, parece não restar dúvidas quanto à origem social dos militares que alcançaram o generalato no início do século — em sua maioria eram primeiros-cadetes, ou seja, nobres, fidalgos ou filhos de militares de alta patente.

Por fim, d. João torna público o interesse que sustentava a distinção entre os dois novos títulos. O Exército, de acordo com a lei, não era lugar para os soldados particulares; o monarca desejava integrá-los às fileiras de segunda linha, às milícias. Caso para lá se dirigissem, obteriam várias vantagens legais, entre elas, o direito a todas as honras de cadetes, isenção do serviço de oficial inferior, além da preferência no momento de composição dos quadros de subalternos e superiores, enquanto os cadetes que resolvessem ingressar nesses corpos perderiam todos os seus privilégios e distinções.

De maneira geral, essa é a estrutura organizadora das patentes e da hierarquia militar do Brasil até as reformas conservadoras de meados do século XIX, quando podemos notar as primeiras alterações decorrentes da difusão de um discurso político que incluía valores modernos ligados a questões de racionalização administrativa.[59] Porém, não podemos deixar de lembrar outro fator que colaborava na ascensão hierárquica do militar de linha brasileiro — sua atuação política. Ser um oficial,

---

[58] O termo é utilizado por Cidade (1961) e Cunha (1966) para se referir ao grupo de oficiais superiores e generais.

[59] Esse ponto será objeto de análise do próximo capítulo.

conforme indica a provisão, era antes uma distinção que uma profissão. Caracterizadas por um baixo padrão de racionalização, as instituições imperiais, entre elas o próprio Exército, ficavam inteiramente sujeitas à autoridade real como agente produtor e distribuidor de símbolos e títulos de caráter nobiliárquico. Aqueles oficiais que ambicionassem uma posição de grande destaque no interior da sociedade deveriam somar aos privilégios de nascimento serviços que comprovassem sua dedicação e fidelidade à causa monárquica, que poderiam ser realizados no próprio campo militar, ou pelo ingresso no jogo político-partidário. De uma maneira ou de outra, essas atitudes seguramente se converteriam em promoções internas.

Um bom exemplo dessa dissociação, que torna indiferente para a ascensão na carreira a apresentação de aptidões específicas para os negócios da guerra, é a carreira do marechal Manuel Felizardo de Sousa e Mello. Para alcançar essa patente, não lhe foi exigido qualquer tipo de habilidade propriamente militar. Nem mesmo em obras como *Os generais do Exército brasileiro* (Silva, 1906/07), em que o enfoque são as realizações militares dos oficiais listados, foi possível encontrar referência a possíveis participações no combate a rebeliões, ainda que essa fosse a tônica da época. Brasileiro, nascido no Rio de Janeiro, Manuel Felizardo ingressou no Exército como capitão do corpo de engenheiros depois de completar seus estudos em matemática pela Universidade de Coimbra. Nesse posto, seria nomeado professor substituto da Academia Militar, iniciando, de forma paralela, uma carreira político-burocrática que lhe renderia várias promoções. Tomou parte da comissão liquidadora do primeiro Banco do Brasil, do exame do pessoal do Tesouro e de inúmeras outras repartições arrecadadoras da Corte, mas somente depois de exercer o cargo de presidente da província do Ceará assumiria o posto de capitão, sendo, em seguida, com apenas um ano de exercício na presidência do Maranhão, promovido a major. A circulação por cargos políticos mostrou-se uma constante. Ao então major do Exército caberia ainda administrar as províncias de Alagoas e Pernambuco, representar a província do Rio de Janeiro na Câmara dos Deputados e dirigir os ministérios da Marinha, da Fazenda e da Guerra. Sua última promoção, antes daquela que acompanhou a reforma, veio em função dos "serviços prestados à monarquia".[60] Em dezembro de 1860, quando assumiu a direção da Escola Central, foi promovido a brigadeiro, após deixar o cargo de ministro da Guerra.

A atuação política, nesse caso, tem por referente a condição de súdito. A ascensão ao generalato não era proporcionada necessariamente pela prestação de bons serviços na área militar, o que importava antes era a fidelidade à monarquia. A avaliação do publicista conservador Justiniano da Rocha é bastante precisa. Tratava-se de um *pacto* cujos termos buscavam, além de manter as redes hierárquicas que segmentavam todo o corpo social, estabelecer privilégios dentro do próprio grupo de elite. Os monopólios, inclusive aquele exercido sobre as forças militares, constituíam um bem privado, um bem que, pertencendo ao rei e sendo desejado pelo postulante, selava uma troca baseada no reconhecimento de uma subordinação e uma dependência. Nos decretos e cartas imperiais que sancionavam as promoções militares e concediam títulos honoríficos, a pessoalidade dessas relações fica evidente no próprio formato dos documentos: os *suplicantes*, após uma descrição dos feitos que os impeliam àquela atitude, apelavam para a *munificência* e *benignidade* real.[61] A prestação de serviços não implicava uma alteração do estatuto dos documentos, não configurava uma requisição pautada num direito, mas um apelo à benevolência e generosidade do rei ante as aspirações de um súdito suplicante que, humildemente, reconhecia sua inferioridade.

Nesse ponto, torna-se possível justificar nossa insistência em melhor definir o que tradicionalmente se chama um "Exército aristocrático" ou de "antigo regime". Um oficial de patente do Exército brasileiro de início do século XIX não integrava um corpo de profissionais da guerra, seus valores eram os mesmos do conjunto da sociedade — eram aristo-

---

60 Ver Silva (1906/07). A entrada é nominal: procurar Manuel Felizardo de Sousa e Mello.

61 Pesquisa realizada no Arquivo de Graças Honoríficas — AN. Apesar de a entrada ser nominal, efetuamos uma seleção das requisições por critérios cronológicos, concentrando a amostragem na primeira metade do século.

cratas. Da política dependia seu êxito, e, para nos aproximarmos dessa realidade, o sistema de promoções continua sendo a melhor estratégia. Além dos mecanismos previstos na lei, o processo de ascensão hierárquica era efetuado, na prática, com a sanção dos presidentes de província para as patentes até oficiais superiores (Schulz, 1994:27) e pelo próprio monarca quando se tratava da promoção de oficiais generais (Cidade, 1961:18). O perfil do Exército, portanto, não era propriamente *militar*, o que fazia da participação do alto oficialato nas disputas políticas um elemento não só bastante comum, como útil e necessário à manutenção da estrutura monárquica. À medida que a distribuição das patentes de oficial general constituía uma prerrogativa real, os altos postos do Exército transformavam-se claramente em cargos de confiança, estreitando os vínculos entre os generais que os ocupavam e o imperador. Como participante dos altos escalões da burocracia, o generalato, principalmente nos países de revolução burguesa abortada, como é o caso de Portugal, conformava o grupo de elite política.

Vejamos essa questão com mais vagar. Recorrendo ao esquema geral definido na primeira parte deste capítulo, em que o processo de constituição dos Estados modernos requer um acúmulo de poder estabelecido pela ampliação do aparato burocrático-administrativo via centralização política, a formação das elites políticas emerge como resultado de um processo de tensão polar, como expressão dos interesses de determinados grupos sociais dominantes em oposição ao poder dos funcionários reais pela representação política.[62] Conflito que, na conjuntura brasileira do início do século XIX, apresenta um arranjo particular às circunstâncias proporcionadas pela tradição política que a formava. Se o Regresso Conservador soube articular os descontentamentos da magistratura profissional com os interesses do emergente setor cafeeiro, também explorou com habilidade a incapacidade de organização das classes que poderiam influenciar o pêndulo da balança para o lado de um governo parlamentar-representativo. Nesse sentido, como já mencionamos, a

[62] Sobre o processo geral de formação das elites políticas e a particularização da discussão para o caso brasileiro, ver Carvalho (1981, cap. I).

experiência das revoltas regenciais cumpriu um papel fundamental, explicitando determinados temores e valores políticos que, a cada passo, contribuíam para a consolidação dos princípios conservadores. O receio diante dos impulsos do que consideravam ser a "canalha" transformava a recuperação da herança burocrática portuguesa na melhor estratégia de estabilização do regime: a ascensão de juristas e magistrados equacionava, a um só tempo, problemas relativos à constituição formal do Estado brasileiro e definia a direção do fiel da balança. Até a década de 1850, quando se encontrava em processamento a consolidação da política imperial, o elemento burocrático predominaria na composição da elite política. A homogeneidade necessária à constituição de um grupo de elite capaz de fazer frente às forças descentralizadoras obedecia, nesse caso, a fatores ideológicos e de treinamento (Carvalho, 1981:29). Tratava-se de uma elite treinada de modo sistemático principalmente por meio do ensino do direito na Universidade de Coimbra, mas também unificada pelo próprio trajeto que cumpria nos meandros da burocracia estatal.

A justificativa para esse tipo de formação política é referida à clássica tese de que quanto maior o êxito e a nitidez da revolução burguesa, menor o peso do Estado como regulador da vida social (Carvalho, 1981:26). Seguindo essa lógica, países como Portugal, onde a mercantilização do Estado aprofundou as distinções oriundas de uma ordem aristocrática, promoviam setores do funcionalismo que, sobrepondo-se às demais forças sociais, enraizavam e ampliavam os mecanismos régios de controle social e organização política. Essa é a tradição recuperada pelos conservadores quando de sua articulação como partido político. É claro que para o Império brasileiro outros elementos característicos da sua condição de ex-colônia forneceram à política que se construía tonalidades próprias (Carvalho, 1981:31). Por ora, basta destacar que, assim como a atuação dos magistrados definiria contornos próprios ao processo de constituição do Estado em formação, outros setores da burocracia também seriam atuantes. Da *igrejinha* saudosamente lembrada por Caxias participavam os altos setores da burocracia, fosse ela civil, eclesiástica ou militar (Carvalho, 1981:34) — os generais do Exército brasileiro eram parte integrante da elite política imperial.

As pesquisas realizadas por John Schulz (1994, cap. I) ajudam a comprovar com argumentos numéricos esse fato.[63] Com a expressão "uma carreira aberta ao talento", destaca justamente alterações que, ocorridas ao longo do Império, transformaram o antigo controle dos postos superiores do Exército por um grupo de elite em um sistema de bases meritocráticas que, a longo prazo, favoreceria a padronização da carreira, levando o oficialato a se afastar gradativamente dos círculos políticos imperiais — a abandonar postos que antes ocupava.

Na sua amostragem, a participação dos militares nos cargos da política nacional descreve uma curva decrescente que revela um aumento dos níveis de profissionalização e a consequente redefinição do papel social e político do Exército. Organizando esses dados, chegaríamos ao seguinte quadro:

Oficiais na Câmara Senatorial		
1822-31	1831-64	1864-89
12 senadores	8 senadores	3 senadores

Assim, entre o primeiro e o último período há uma queda de 75% na representação do oficialato no Senado. Os oficiais de d. Pedro parecem ter tomado parte nos postos senatoriais com mais frequência do que aqueles que alcançaram a alta hierarquia na década de 1860. Operando algumas alterações na organização do quadro, essas informações tornam-se ainda mais significativas. Na medida em que nosso interesse recai antes na participação dos "oficiais aristocratas" que na curva descrita pelas nomeações ao longo da história, reestruturamos o quadro procurando destacar o peso dessa representação em relação aos demais grupos sociais que tomaram assento no Senado. Somando aos

[63] No apêndice de seu livro, Schulz (1994) apresenta uma série de informações e gráficos com o objetivo de demonstrar que o Exército do final do século XIX tornou-se uma "carreira aberta ao talento". Nesse apêndice, podemos encontrar inclusive dados relativos à participação dos oficiais na política imperial.

dados anteriores informações fornecidas por José Murilo de Carvalho, teríamos o seguinte:[64]

Ocupação dos senadores no Império		
	1822-53	**1853-89**
Magistrados	45,11%	24,50%
Oficiais	12,03%	5,88%
Padres	9,77%	1,96%
Func. públicos	4,51%	2,94%
"Políticos"	3,75%	3,92%
Diplomatas	1,50%	–
Total	76,67%	39,20%
	(N=133)	(N=102)

O predomínio da burocracia de Estado nos cargos senatoriais no período de acúmulo de poder é praticamente absoluto, e os militares se destacam como o segundo grupo de maior representação. Comparativamente, a partir da década de 1850, há grandes alterações que apontam para o ingresso nessa câmara de novos grupos sociais estranhos à burocracia. Movimento que, de acordo com Schulz, comprova a crescente racionalização do aparelho de Estado, aumentando a participação dos profissionais liberais na política, principalmente dos advogados em substituição aos magistrados, e diminuindo significativamente a atuação dos militares de linha.

---

[64] Nesse quadro, efetuamos algumas adaptações em função dos objetivos da pesquisa. A escolha do ano de 1853 como marco para o novo recorte cronológico tem por orientação considerações comuns a Schulz e a José Murilo de Carvalho, que entendem que a partir de meados do século começa a ocorrer uma grande alteração no arranjo político que sustentou as reformas conservadoras da década de 1840, principalmente pelo ingresso de novos grupos sociais no interior da elite política. Quanto à eliminação de algumas das "ocupações" presentes no quadro original de José Murilo, nosso objetivo foi selecionar o grupo por ele denominado "governo", no qual se encontram os representantes das forças de linha, e que, ainda de acordo com o autor, predominaria durante toda a primeira metade do século.

Esses percentuais sobem consideravelmente quando passamos a analisar a composição dos gabinetes ministeriais. É possível observar as seguintes alterações:

Ocupação dos ministros no Império		
	1822-53	**1853-89**
Magistrados	40,77%	19,82%
Oficiais	33,98%	12,06%
Padres	0,97%	–
Func. públicos	4,85%	1,72%
"Políticos"	4,85%	3,44%
Diplomatas	–	0,86%
Total	85,43%	37,90%
	(N=103)	(N=116)

Além do aumento em quase 10 pontos percentuais na participação total de burocratas nos ministérios, o quadro revela um acréscimo significativo na representação de oficiais das forças de linha e uma grande queda no número de eclesiásticos na primeira metade do século. Os gabinetes são compostos basicamente por magistrados e oficiais, e, em relação ao Ministério da Guerra, especificamente, podemos afirmar que até 1865 todos os ministros que o chefiaram eram integrantes do alto oficialato, à exceção de dois civis que assumiram a pasta interinamente (Lopes e Torres, 1946). A queda da representação desses grupos no segundo período mantém o mesmo índice — entre uma e outra fase, a diminuição na participação de burocratas permanece em torno dos 50%.

Para o Conselho de Estado, as informações tornam-se mais raras, sendo possível calcular apenas a participação do oficialato. Inserindo os dados apresentados por Schulz no montante de nomeações, o quadro seria o seguinte:[65]

---

[65] A impossibilidade de mantermos o padrão do quadro anterior, com uma análise comparativa do peso da representação dos oficiais em relação aos demais grupos sociais,

Oficiais no Conselho de Estado	
1822-50	1850-89
37,9%	12,1%
(N=29)	(N=33)

O aumento da representação do Exército chega ao ponto máximo no Conselho de Estado e explicita os fortes e estreitos laços que uniam o alto oficialato ao monarca. Não podemos esquecer que essa foi a única instituição cujos membros foram durante todo o período imperial diretamente nomeados pelo imperador. Nela só tomavam assento pessoas de confiança comprovada, seja por uma longa tradição familiar, seja por uma história pessoal de dedicação à Coroa. A fidelidade dos conselheiros ao imperador era indiscutível, tanto que a regência incluiria sua extinção entre as primeiras medidas aprovadas pelo Ato Adicional.[66] Joaquim Nabuco, percebendo essa solidariedade, diria que o Conselho constituía o "cérebro da monarquia", e José Murilo de Carvalho (1981:47) completaria essa assertiva identificando seus integrantes como o "topo da elite política".

Apesar da impossibilidade de acessarmos com maior precisão os dados relativos à composição da Câmara dos Deputados nas primeiras legislaturas, é possível afirmar que seria entre seus membros que localizaríamos o menor número de oficiais de linha. Nesse caso, é preciso atenção. Os dados fornecidos pela publicação do barão do Javari[67] não permitem definir a patente e a instituição a que pertenciam os integrantes do grupo que amplamente denomina de militares, o que restringe o alcance dessa pesquisa. Mas, ainda que tomássemos todos os nomes assim referidos como de oficiais do Exército, registraríamos uma média de oito militares por legislatura, o que não ultrapassaria, em termos percentuais, 10% da composição de toda a Câmara a cada legislatura. Acredito ser possível afirmar que a razão para tamanho disparate não é outra senão

deve-se a uma limitação da fonte, que na relação dos conselheiros de Estado não fornece as informações necessárias a esse tipo de levantamento.

[66] Sobre as instituições políticas imperiais, ver Carvalho (1981:47).

[67] O trabalho do barão do Javari (1962) continua sendo a principal referência para esse tipo de pesquisa.

o processo de escolha desses nomes, que acaba por definir gradações ou níveis de participação da oficialidade. Tanto a composição da Câmara dos Deputados como a do Senado obedeciam a um processo eleitoral que, apesar de extremamente restritivo, exigia um mínimo de mobilização e de arranjos políticos por parte dos candidatos. A diferença, para nós bastante substancial, é que o resultado dessa eleição, para o Senado, configurava apenas uma das etapas do processo decisório. Compunha-se uma lista tríplice que era, ao final, submetida à sanção do monarca. O senador, devido a sua importância política e ao caráter vitalício do cargo, era escolhido pelo imperador — o que aumentava a representação das forças de linha. Já a escolha do conselheiro e dos ministros de Estado encontrava-se isenta até mesmo dessa seleção prévia. Como já mencionei, os conselheiros integravam o círculo dos "mais próximos" e, assim como os ministros, apesar de em 1847 a responsabilidade pela composição do gabinete passar para o presidente do conselho, expressavam a força do Poder Executivo. Esses quadros, portanto, revelam, além de uma grande homogeneidade da elite política das primeiras décadas pós-independência, a completa inserção do alto oficialato nesse grupo — integração articulada pela posição que ocupava no interior de uma burocracia de Estado característica do "antigo regime".

Esse trajeto permite redimensionar alguns elementos básicos que caracterizam o Exército de meados do século e, assim, melhor compreender o papel exercido pelo alto oficialato no conjunto das reformas conservadoras efetuadas pelo Regresso. O perfil social da geração que participou dessa reforma merece especial atenção. Um procedimento possível é o exame da relação dos oficiais do Exército inclusa nos relatórios do Ministério da Guerra de fins da década de 1830, mais particularmente do ano de 1839. De posse dessa listagem, procuramos realizar um levantamento dos dados biográficos dos oficiais superiores e oficiais generais por meio da consulta a dicionários biobibliográficos, a fés de ofício e a obras de referência como a de Pretextato Maciel.[68]

---

[68] Refiro-me, respectivamente, a Souza (1963), ao arquivo de fés de ofício do Arquivo do Exército e a Silva (1906/07).

O resultado da pesquisa para oficiais superiores ficou muito aquém do esperado: dos 196 nomes, apenas 55 foram localizados, justamente o grupo que em sua maioria ascenderia futuramente ao generalato.[69] Para a pesquisa dos oficiais generais, o resultado foi mais satisfatório: 22 oficiais dos 28 foram examinados. A amostragem é composta, portanto, ou de oficiais que já eram generais em 1839, ou dos que viriam a ser nas décadas seguintes, predominando, em sua totalidade, o que poderíamos denominar grupo de elite do Exército.

Com isso, apesar da limitação da investigação no conjunto dos oficiais superiores, ela revela características importantes desse grupo de elite que dirigiu o Exército durante as décadas de 1840 e 1850 do século XIX. O quadro seguinte organiza as informações coletadas.

	Títulos*	Cadete	Filho militar	Curso sup.	Port.	Bras.	Fran.	Político
Oficial gen. (22)	8	14	6	8	11	9	2	15
Oficial sup. (55)	11	31	30	28	18	36	1	24
Desconhecidos	–	17	26	–	–	–	–	–
Total (77)	19	62	62	36	29	45	3	39

* Refiro-me aos títulos de nobreza concedidos por ambos os imperadores. Dos 19 contemplados, apenas seis possuíam as armas de família, e dois deles pertenciam a uma única família — os Lima e Silva. Todos os outros adquiriram a honra pelos "bons serviços prestados à Coroa", engrossando a lista dos "nobres burocratas" brasileiros.

Os dados relativos à origem social são quase sempre incompletos. Os números referentes à profissão do pai e à posição hierárquica na qual os oficiais ingressavam na carreira revelam grandes lacunas decorrentes principalmente do alto índice de oficiais estrangeiros. Muitas vezes, as fontes registram apenas os fatos posteriores à sua chegada no Brasil. Ainda assim, entre os generais, podemos afirmar que 63,6% ingressaram no Exército com o título de cadete, nos postos de tenente ou de capitão. Dos oficiais superiores, 56,3% ingressaram com o mesmo título. Lembrando que constituíam o núcleo da futura geração de generais, essa informação permite especular sobre o aumento de "generais

[69] Dos 55 oficiais listados, 42 chegariam a oficiais generais, o que nos leva a crer que nessa amostragem está contida a próxima geração de dirigentes do Exército brasileiro.

cadetes" para as décadas subsequentes. É interessante observar ainda a equivalência quase absoluta entre o número de filhos de militares e o número de cadetes. Somando a essa informação o fato de que 65,4% dos superiores eram brasileiros e apenas 7,2% possuíam nobreza reconhecida pelas armas de família, a eficiência da provisão instituída por d. João fica evidenciada — se a maior parte do oficialato era constituída por cadetes, o era também por filhos de militares.

Quanto à formação, o quadro demonstra o predomínio de oficiais tarimbeiros no grupo de generais — 63,7% deles não completaram seus estudos;[70] e a queda desse percentual no segundo grupo deve-se à inclusão do corpo de engenheiros militares. Esses dados corroboram a afirmação anterior de que o oficial do Exército brasileiro da primeira metade do século não constituía um profissional da guerra. A ascensão ao generalato até 1839 também ocorreu independentemente da demonstração de qualquer tipo de habilidade específica, formalmente adquirida — o oficial, nesse período, se formava ao "arriscar a sua vida dormindo em barracas e comendo a rude ração dos soldados" (Motta, 1976:121, n. 1), costume que, sem dúvida, lembra as antigas tradições que estruturavam o perfil de um militar.

No grupo político, procuramos listar os oficiais que assumiram, ao menos, um dos quatro cargos políticos mencionados, além daqueles que tivessem sido nomeados para a presidência de províncias. Os dados para essa geração corroboram as estatísticas mais gerais sobre a participação do oficialato na política da primeira metade do século. Nada menos que 68,1% dos 22 oficiais generais examinados tomaram assento em alguma das esferas do poder instituído. Apesar das limitações apresentadas pelas fontes,[71] o caminho mais comum parece ter sido o exercício da função de presidente de província: oito dos 15 oficiais dirigiram pelo menos uma

[70] O termo "tarimbeiro" é utilizado aqui no seu sentido original, referindo-se àqueles oficiais sem formação acadêmica (Motta, 1976:120).

[71] Nem todas as fontes trazem informações completas sobre a carreira do oficial em sua totalidade, contando as funções técnicas diretamente associadas à atuação como militar e os cargos exercidos como político. As informações mais precisas continuam sendo aquelas referidas aos oficiais que ascendem ao generalato.

das 19 províncias brasileiras, e a preferência recaía sobre aquelas que se encontravam rebeladas. O outro percurso escolhido pelos generais tinha na Câmara dos Deputados sua etapa inicial — cinco deles foram eleitos para ocupar uma das cadeiras do Legislativo. Existem, ainda, aqueles que seguiam uma carreira propriamente militar, servindo como governador de fortalezas e/ou como comandante de armas, mas que finalizavam sua trajetória, assim como os companheiros que dedicavam uma parcela maior de tempo à política, com uma nomeação para o Conselho de Estado, tendo alguns passado pelo cargo de ministro da Guerra. No caso dos oficiais superiores, há uma variação quanto à disponibilidade para o exercício de funções políticas. Enquanto apenas dois generais de 1839 acumularam experiências no Legislativo e na direção das províncias, sete dos superiores que alcançariam o generalato na década de 1840 conjugariam essas experiências. Além disso, cinco deles seriam eleitos para mais de uma legislatura e por províncias diferentes — fenômeno observado em apenas um dos nomes relacionados entre os oficiais generais. Mas, fosse política ou dedicada a funções militares, a carreira continuou sendo, entre a nova geração, coroada com a chefia do Ministério da Guerra e/ou com uma vaga no Conselho de Estado. A partir daí havia intensa mobilidade e acumulação de cargos — o integrante do oficialato teria entrado para o clube,[72] os círculos internos da política nacional.

Esse fácil trânsito dos oficiais entre tarefas propriamente militares e cargos políticos, de acordo com José Murilo de Carvalho, constituiu a estratégia básica de organização dessa política de base burocrática. O Império resgatava a velha prática portuguesa de fazer circular seus funcionários a fim de que pudessem acumular uma vasta experiência de governo e, ao mesmo tempo, evitar a identificação do grupo com interesses regionais (Carvalho, 1981:93). A reeleição por províncias diferenciadas para o Legislativo e a nomeação para a presidência de

---

[72] José Murilo de Carvalho (1981:96) considera que a entrada para o que denomina "clube" — o círculo da política nacional — acontecia após a conquista de uma presidência, de um ministério ou de um lugar no conselho do imperador.

inúmeras províncias de oficiais do Exército evidenciavam os objetivos do governo. Nesse sentido, a trajetória do marechal Manuel Felizardo, já mencionada, foi exemplar, mas não é difícil encontrar outros militares dessa geração na mesma situação. Francisco José Machado de Oliveira, brigadeiro reformado em 1844 e nascido na província de São Paulo, além do cargo de membro do governo provisório do Rio Grande do Sul e cônsul-geral ao governo do Peru e da Bolívia, participou de duas legislaturas como representante das províncias de São Paulo e do Rio Grande do Sul e foi nomeado para a presidência de nada menos que quatro províncias diferentes: Pará, Alagoas, Espírito Santo e Santa Catarina. Já o tenente-general Henrique Marques Oliveira Lisboa, nascido em Porto Alegre, eleito por Santa Catarina e Alagoas para as legislaturas de 1835 e 1844, respectivamente, exerceu ainda o cargo de vice-presidente da província do Espírito Santo e presidente da província de Alagoas.[73] O ponto importante é que esse treinamento apostava na necessidade de levar o político a conhecer outras províncias além da sua. Num país geograficamente tão diversificado e tão pouco integrado, onde pressões regionalistas se faziam sentir com frequência, a ampla circulação geográfica e por cargos dos burocratas da elite política acarretava um forte efeito unificador, assegurando uma homogeneidade de atuação e de propósitos (Carvalho, 1981:96).

De qualquer maneira, mesmo os oficiais que não se envolviam diretamente na política apresentavam possibilidades de circulação particulares às exigências da carreira. Seja em serviços meramente burocráticos ou em missões de guerra, os oficiais constantemente eram levados a outras províncias. O brigadeiro e doutor em matemáticas pela academia militar, Antônio Manoel de Mello, depois de oito anos lecionando como lente substituto da Academia Militar, iniciou várias viagens pelo Brasil como integrante da comissão encarregada de examinar o *Atlas topográfico e administrativo das províncias do Império*, tendo percorrido ainda algumas capitais como diretor das obras civis e militares do

---

[73] Esses dados são resultado de uma vasta pesquisa em dicionários biobibliográficos e do livro *Os generais do Exército brasileiro* (Souza, 1963; Silva, 1906/07).

Ministério da Marinha.[74] Seu companheiro de farda, o tenente-general Manoel Jorge Rodrigues, teve uma longa trajetória iniciada nos campos portugueses e franceses quando da invasão napoleônica, que o fez combater e administrar várias localidades antes de embarcar em 1815 para o Brasil. Efetuada a travessia do Atlântico, foi encaminhado para o sul, onde auxiliou as tropas que combateram na Banda Oriental do Uruguai, permanecendo como governador da praça da colônia do Sacramento, posto em que foi condecorado com inúmeras medalhas. A Independência e, posteriormente, a Abdicação não interferiram no curso dos acontecimentos. Sendo promovido ao posto de marechal de campo em 1826, o oficial Manoel Jorge se destacou durante a década de 1830 por participar intensamente das "campanhas de pacificação": foi nomeado presidente e governador das Armas da Bahia e do Pará, encaminhando-se, em seguida, para o sul, onde combateu os farrapos. Por fim, finalizou sua carreira assumindo o cargo de governador das Armas da Corte em 1842, quando a província do Rio de Janeiro se encontrava revoltada (Silva, 1906/07).

Executando diferentes tarefas, as trajetórias desses oficiais unem-se no interesse de se destacar diante da Coroa. Como engenheiro militar, Antônio Manoel optou pela realização de serviços técnicos. Esse fato não exclui sua participação em campanhas militares; o que pode e deve ser ressaltado é que em sua carreira destacam-se as conquistas científicas. Nas viagens empreendidas, tinha a incumbência de definir fisicamente os elementos da nacionalidade brasileira — daí advêm as inúmeras pesquisas, tão comuns nesse período, de tratados e limites fronteiriços. As missões em defesa do interesse pátrio tal como foram realizadas por Manoel Jorge são óbvias: sua circulação pelo território buscava manter pela força a coroa dos imperadores.

Nesse constante movimento geográfico e funcional, a oficialidade alinhavava uma unidade intraelite e possibilitava a fixação e consolidação de certos traços de nacionalidade, reelaborando as bases de uma cultura

---

[74] Necrológio de Antônio Manoel de Mello na *Revista do Instituto Histórico e Geográfico Brasileiro*, 1866.

política que inviabilizava a organização de formas identitárias próprias ao meio militar. Os generais de 1839, assim como os que ascenderiam ao generalato na década de 1840, participavam ativamente das reformas políticas instituídas pelo Partido Conservador, numa atuação que, se por vezes tinha o Exército por referência, em muito ultrapassaria os limites dessa instituição, expressando com clareza sua inserção no grupo da elite política. Como diria Huntington, ao analisar a estrutura dos exércitos da primeira metade do século XIX: a "profissão militar simplesmente não existia". Somente "a emergência de um corpo de oficiais profissional criou a moderna questão das relações entre civis e militares" (Huntington, 1957, respectivamente p. 28 e 19, trad. livre).

O Exército como braço administrativo do Estado

Nos trilhos da ordem: as rebeliões e o Regresso Conservador

Acreditando-se na declaração do visconde do Uruguai segundo a qual a centralização era a unidade da nação, é quase desnecessário afirmar que o período de consolidação do Estado imperial caracterizou-se por uma série de reformas jurídico-administrativas que tinha por objetivo reestruturar as antigas instituições liberais, entre as quais o próprio Exército. Mas, diante da literatura disponível, esta proposta é original. Um primeiro ponto a ser revisto é o peso creditado às medidas liberais de início da fase regencial. Mesmo as reformas implantadas entre 1831 e 1832 não tiveram um caráter propriamente erradicador. A exposição de princípios do ministério de 23 de julho demonstra que a preocupação do governo se restringia a limitar, numa atitude semelhante à que desarticulou a magistratura profissional, a atuação do Exército, substituindo-o, no trato das questões internas, pela Guarda Nacional. "Um dia virá", profetizava o documento,

> em que os princípios farão por si a lei de todas as nações, mas hoje e talvez por longo tempo eles precisem escorar-se na força para manter o seu ainda combatido império [...] O governo, portanto, procurará dar aos corpos da força de mar e terra a instrução precisa para manterem com denodo a honra nacional e conservarem a subordinação e disciplina no regaço da paz [Motta, 1976:61].

Comentando as mudanças que ocorriam no Exército, o jornal liberal *Aurora Fluminense* ratificaria os princípios do gabinete, evidenciando seus objetivos: "Isto é que um povo para melhor defender-se do inimigo externo, deve dividir as suas forças, e *diminuir a ação central*".[75]

A nova orientação política apenas alterava a organização das forças de linha, assim como os conservadores o fariam ao final da década, tendo em vista seus propósitos. Mas, tradicionalmente, o movimento traçado por esses reajustes permanece completamente diluído, ganhando pouco ou nenhum destaque nos esquemas analíticos sobre a história militar do Império. Nesses casos, somente duas datas são observadas: 1831, pelo motivo exposto, e a década de 1870, pelo impacto da Guerra do Paraguai.[76]

Essa possibilidade de reinterpretação da trajetória do Exército devo, sem dúvida, às pesquisas realizadas no campo da história política sobre o processo de consolidação do Estado imperial brasileiro.[77] A reforma militar é uma das estratégias monopolistas, implantada pelas forças centralizadoras. Como havia mencionado no capítulo anterior, o elemento que possibilita essa inversão em direção à Coroa é a morte de Pedro I. A experiência de crise construída pelos liberais e por eles cuidadosamente alimentada a fim de manter o máximo de apoio e de coesão em torno das propostas descentralizadoras foi reelaborada pelos conservadores a partir de um novo referencial. Exorcizado o fantasma restauracionista, o partido em articulação capitalizaria a experiência das revoltas regenciais e reconduziria os temores sociais para que sustentassem, dessa vez, o discurso centralizador. O inimigo, transferido para dentro das fronteiras do Império, parecia ameaçá-las diretamente, e o receio diante de uma possível fragmentação territorial constituiria o eixo básico a partir do qual se desenvolveria a nova política.

Para a análise do processo de confecção do discurso reformista, uma boa estratégia é o exame das correspondências mantidas entre os

---

[75] *Aurora Fluminense*, n. 624, 4 maio 1832.

[76] O trabalho que mais se aproxima do período é a tese de Schulz (1994); ainda assim, as reformas são tratadas como medidas isoladas, resultado da atuação de alguns líderes militares. Não se cogita a hipótese de que sejam parte de um movimento político mais amplo, no qual o alto oficialato se encontrava inserido.

[77] Duas referências são obrigatórias para o estudo do processo de constituição do Estado imperial brasileiro: Carvalho (1981, 1988) e Mattos (1990).

presidentes das províncias rebeladas e o ministro da Guerra entre 1835 e 1842.[78] Por meio delas, é possível perceber como fatos cotidianos ligados às rebeliões vão sendo elaborados pelas autoridades governamentais, instituindo uma *fala* que orientaria as várias ações e medidas reformistas. Se é comum afirmar que a homogeneidade da elite política conservadora e a unidade de seus propósitos devem-se à experiência das rebeliões regenciais, meu objetivo é compreender *como* se processa essa relação no caso específico do Exército. Opero com a ideia de que as concepções políticas constituem estruturas de significado por meio das quais os homens dão forma às experiências sociais e cuja força decorre da sua capacidade de convencimento e de naturalização dessas experiências.[79] A mudança de referente na reconstrução do sentimento de crise foi resultado de um esforço de representação sobre os vários movimentos contestatórios que tiveram início na fase regencial, esforço que se concentrava, pela própria simplicidade das esferas de poder imperiais, entre aqueles que ocupavam cargos políticos (Carvalho, 1981:41) — daí a escolha das correspondências como fonte privilegiada para esse tipo de abordagem e de outras fontes oficiais com um caráter complementar.

Durante as revoltas, em diversos pontos do Império, as preocupações dos poderes legais eram as mesmas: a desarticulação das forças militares e a dificuldade de com elas combater a *desordem*. O fato de o governo ser exercido por liberais ou conservadores, em meados da década de 1830, era indiferente; nas mensagens que dirigiam ao ministro da Guerra, os presidentes de província demonstravam grande insatisfação com o desempenho da oficialidade na repressão à rebeldia. As primeiras reclamações partiram dos presidentes responsáveis pela organização das forças legais na província do Rio Grande do Sul. Nessa região, o maior desafio que enfrentavam era conter a deserção e os crimes de traição que se tornavam cada vez mais comuns, despejando nas fileiras rebeldes oficiais e tropas inteiras da legalidade. Com o objetivo de "refrear a

78 Essa documentação encontra-se no Arquivo Nacional (doravante AN), Fundo Ministério da Guerra, Correspondências: presidentes de província.

79 Utilizo como referencial teórico para essas discussões: Geertz (1978) e Bourdieu (1989).

anarquia", o presidente José de Araújo Ribeiro, ao assumir a direção da província no ano de 1836, mandou "dissolver os Corpos de 1ª linha que tomaram parte ativa nas sedições aqui manifestadas"[80] e tentou organizar instrumentos burocráticos que facilitassem o controle desses corpos: "Logo que me for possível [enviarei] mapas de toda a força de 1ª linha e Guardas Nacionais que nesta província sustentam o Governo Legal e uma relação dos oficiais que têm abraçado o partido rebelde e dos que tem sido fiéis a seus juramentos".[81] Mas seu esforço tinha um alcance reduzido, encontrando resistência na política repressiva desenvolvida no período, e que seu sucessor denunciaria ainda no primeiro mês de gestão: "Seria faltar aos meus deveres se deixasse de levar ao conhecimento do Governo pelo intermédio de V.Exª. o triste estado em que se acha esta província". O que explicou, linhas adiante:

> A tortuosa política que até aqui se tem guardado com os insurgentes, ora poupando-os a título de evitar a efusão de sangue, ora anistiando-os ainda mesmo os que já processados, são reconhecidos como perpetradores dos maiores atentados, dando-se a isto por motivo desconhecidos serviços, que se dizem prestados à Legalidade, de tal sorte que tem semeado o desânimo entre os *amigos da ordem*.[82]

A eclosão de novas rebeliões em outras províncias do Império revelaria a gravidade do problema. Designado para a presidência do Maranhão no ano de 1839, o então capitão Manuel Felizardo de Sousa e Mello, que havia ocupado o cargo exibindo grande otimismo, ressentia-se, meses depois, com a tomada da cidade de Caxias pelos balaios, da "extraordinária falta de oficiais que tal nome mereçam".[83] Reclamava do descompromisso da oficialidade, que, apesar de permanecer fiel ao governo, podendo, procurava escapar às obrigações do serviço.

---

80 AN, IG1 172, 24 jun. 1836.

81 AN, IG1 172, 27 jul. 1836.

82 AN, IG1 172, 9 jan. 1837.

83 AN, IG1 17, 13 ago. 1839.

Os relatos desse tipo são inúmeros e na maior parte das vezes os oficiais buscavam justificativa para o descumprimento das ordens em supostos problemas de saúde. A 10 de dezembro do mesmo ano, Manuel Felizardo escreveu ao ministro narrando um acontecimento do mês anterior que muito o desagradou e teria "concorrido para a indisciplina da tropa".[84] Segundo conta o presidente, após retornar vitorioso da frente de Icatu, o major Falcão — das forças de linha — teria sido por ele pessoalmente comissionado para a comarca do Brejo, onde deveria organizar e comandar as forças legais ali estacionadas. Preocupado com a reação das autoridades locais, o presidente Felizardo procurou agir com rapidez, "investindo-o logo para que obrasse sem encontrar embaraço ou conflito de jurisdição de todo o poder policial". Mas as resistências ao cumprimento da ordem tiveram início ainda em São Luís. O oficial não aceitou de bom grado a comissão e pediu ao presidente que consentisse no seu retorno a Icatu, para distribuir fardamento e soldos ao seu corpo, o que Manuel Felizardo permitiu "determinando-lhe que voltasse o quanto antes para seguir a diligência. Bem longe porém de dar pronto cumprimento a esta determinação, apenas voltou no dia 28 do mês findo, tendo partido a 18 do mesmo mês; e não se me apresentou, como lhe cumpria: mas deu a parte de doente". Manuel Felizardo procurava claramente evitar um confronto com o oficial, mas não conseguiria. Como informava ao ministro, por meio da correspondência, era "agora a segunda vez que este oficial dá parte de doente depois de avisado para diligências; notando eu que de todos os oficiais um só não existe em serviço por doentes, não posso deixar de acreditar que tais moléstias nada têm de reais".

A leitura dos anexos permite aquilatar melhor a situação do presidente. Pouco afeito à disciplina, cada oficial se arrogava o direito de avaliar o posicionamento militar das forças da legalidade e de traçar estratégias de defesa, recusando-se a tomar parte em comissões que fossem contrárias a seus planos. O major Falcão furtou-se ao comando das tropas sediadas na comarca do Brejo por considerar a defesa da região naquele

[84] Citações deste parágrafo em: AN, IG1 17, 10 dez. 1839.

momento uma tarefa inexequível, e, com isso, inviabilizava, junto com seus companheiros de farda, qualquer tipo de atuação coordenada por parte do governo. O problema só foi resolvido porque outro major do mesmo batalhão ofereceu-se para seguir em diligência, tornando notório o grau de autonomia de que desfrutava a oficialidade e a completa ausência de noções básicas de hierarquia e disciplina. Ainda que Manuel Felizardo desconfiasse dos motivos apresentados pelo major, era obrigado a se contentar com o parecer do médico, que, uma vez indagado sobre a natureza da moléstia que acometia o oficial, diria, sem maiores preocupações, que se tratava de simples "dores de cabeça e de mal do estômago".[85] O único consolo que restaria ao presidente Felizardo era poder comunicar ao ministro, depois de tantos transtornos, o sucesso do major voluntário na execução da missão, provando a legitimidade da direção que procurava empreender.

Pelo mesmo motivo, o visconde de Camumu, tenente-coronel oriundo de uma família de longa tradição militar, seria levado pelo presidente da província do Rio Grande do Sul, brigadeiro Elzeário de Miranda, a Conselho de Investigação. Tendo o brigadeiro expedido ordens para que se recolhesse à Corte, "ele evadiu-se de assim o cumprir pretextando achar-se doente", e respondeu à ordem de então internar-se no Hospital Militar com "expressões de insubordinação".[86] A ocorrência era comum, a atitude do presidente é que configurava uma novidade. Acostumados ao alto prestígio desfrutado pelo oficialato, poucas vezes as autoridades do governo reagiam. Mas, nesse caso, a situação foi diferente. A própria correspondência evidenciava a disposição do presidente Elzeário. Por meio dela, ele tentava se antecipar ao visconde de Camumu, esclarecendo o ministro dos motivos que orientaram sua atitude, e forçava, com isso, a adoção de uma medida punitiva. Ainda assim, não conseguiu ir além da organização de um conselho. Como havia previsto nas mensagens ao ministro, as "diferentes queixas feitas por ele [o visconde] e seus amigos" acabaram por definir a resolução

---

[85] Ibid. Anexo nº 2, de 3 dez.

[86] AN, IG1 173, 5 ago. 1838.

do conselho — o tenente-coronel foi absolvido por uma carreira de serviços prestados à monarquia.[87]

Apesar de frustrada, essa tentativa do brigadeiro em fazer submeter às regras disciplinares um oficial do Exército de grande prestígio punha a descoberto uma situação-limite. Se no caso do tenente-coronel visconde de Camumu o ato de insubordinação parecia ter poucas consequências, configurando antes um capricho pessoal do presidente Elzeário, o presidente assim procedia por já conhecer bem de perto, com menos de um ano de exercício no cargo, os possíveis desdobramentos dessa quebra de autoridade num estado de guerra. No mês de fevereiro do mesmo ano de 1838, contando apenas três meses de nomeação, assistira ao destroçamento das forças comandadas pelo coronel José Rodrigues, que teimou em seguir seu "estulto entusiasmo".[88] Desobedecendo a ordens oficiais de juntar-se em Santa Tereza com as forças do presidente-brigadeiro estacionadas nessa comarca, o coronel perdeu parte do seu efetivo e expôs a legalidade ante os rebeldes, que se encontravam bastante fortalecidos com a organização no ano anterior de um governo independente. É ao menos esse argumento que o presidente utilizaria para pedir em carta a interferência direta do ministro:

> Se a V. Exª. parecesse útil ordenar ao dito coronel positivamente que em tudo se sujeitasse às ordens dessa presidência [...] Essa política vem consumindo toda a província: o desmedido amor-próprio, não obstante a falta de cabedal científico, e o desejo de aparecer faz com que não haja a leal coadjuvação que cumpriria dar-se para as causas irem marchando regularmente.

Em seguida, continuaria:

> É também muito vulgar o desejo de empolgar a autoridade [...] e para evitar este *princípio de desordem* vi-me na precisão de também dispensar

[87] Sobre a sentença do Conselho, ver Silva (1906/07).

[88] AN, IG1 173, 17 fev. 1838.

> do Comando da Guarnição de Porto Alegre ao Brigadeiro Cunha, e não obstante ser ele um bom oficial tirar-lhe-ei do Comando, se porventura continuar a propender para a insubordinação e a intriga, para o que mostra decidida disposição [...].[89]

Comparativamente, as preocupações e medidas adotadas pelo presidente Elzeário no combate à indisciplina parecem extremamente radicais. Um tamanho grau de exigência só é observado na atuação de Honório Hermeto Carneiro Leão, quando no governo da província do Rio de Janeiro.[90] Não podemos esquecer, contudo, que ambos tinham sob sua responsabilidade pontos estratégicos do território nacional. Uma revolta na província-sede da Corte representava uma ameaça direta ao governo, enquanto no sul, além das antigas questões fronteiriças, o presidente enfrentava um poder que, uma vez instituído, recebia total cobertura das forças político-militares dos países vizinhos,[91] o que dificultava sua desarticulação.

Outro dado que deve ser lembrado é que as duas maiores lideranças do movimento farroupilha eram militares de linha que haviam abandonado o comando das forças legais para aderir à causa rebelde — evidenciando o total descontrole do governo sobre a oficialidade do Exército. Bento Gonçalves da Silva, que até 1835 era coronel-comandante da fronteira do Rio Grande, ainda teria sido rapidamente identificado na "proteção ativa e direta que prestava aos anarquistas orientais desde o ano de 1832",[92] mas o também coronel Bento Manoel Ribeiro circularia

---

89 Ibid.

90 AN, IG1 141, 1841-1844.

91 São inúmeras as correspondências que tratam da interferência das forças políticas de Oribe no movimento farroupilha. Ver principalmente: AN, IG1 173, 1838; AN, IG1 177, 1842; e AN, Coleção Caxias — Arquivo Público, caixa 810. Nessa coleção, foi agrupada toda a documentação assinada pelo duque de Caxias, sendo possível recuperar documentos relativos a diferentes fases da sua carreira político-militar. No caso específico desta pesquisa, foi dado destaque às correspondências que Luís Alves de Lima e Silva manteve com o Ministério da Guerra no período em que ocupava a presidência do Rio Grande do Sul e o cargo de comandante de armas da mesma província.

92 AN, IG1 172, 2 jan. 1835.

entre os rebeldes e a legalidade impunemente por quase todo o tempo de duração da guerra contra os farrapos. Em 1837, contrariado em suas pretensões políticas, Bento Manoel

> julgou-se ofendido em seu orgulho e premeditou vingar-se do novo presidente. Primeiro convocou todos os chefes do Exército para deporem por meio de uma representação dirigida ao governo; mas não podendo obter consentimento destes, licenciou o Exército todo, deixando expostos aos anarquistas os Distritos do Jaguarão e outros.[93]

Bem-sucedido no golpe que havia planejado, partiu para Alegrete, onde fez prisioneiro o presidente de província Antero José Ferreira Britto, e "ao último apuro de raiva se mancomunou em 20 de março com os rebeldes", entregando-lhes o prisioneiro.[94]

Ainda que os detalhes dessas narrativas surpreendam o leitor moderno, o estado de desarticulação das forças de linha pode ser facilmente deduzido das medidas liberais adotadas pela Primeira Regência e dos mecanismos de recrutamento da oficialidade. Por mais que as reformas de 1831 e 1832 não tenham sido movidas por uma intenção propriamente erradicadora, é impossível negar o amplo processo de desmobilização a que foi submetido o Exército nesse período. Os presidentes de província estavam operando, na luta contra as rebeliões, com um corpo de linha limitado em sua estrutura burocrática e prejudicado pela formação aristocrática de seus superiores, pouco acostumados às relações de autoridade-subordinação. Além do mais, o Exército prestava um serviço que, segundo a lei, caberia às milícias. A contrapartida de um Exército desprestigiado é o destaque dado à atuação da Guarda Nacional, por muito tempo publicamente reconhecida como "filha da revolução de 7 de abril".[95] A historiografia[96] ampliou o significado inicial

---

93 AN, IG1 172, 2 abr. 1837.

94 Ibid.

95 *Aurora Fluminense*, n. 803, 8 ago. 1833.

96 Ver, principalmente, Castro (1979), Sodré (1965) e o pequeno balanço historiográfico realizado por Brandão, Mattos e Carvalho (1981).

do regulamento de criação da Guarda, cujas pretensões limitavam-se à instituição de um instrumento de oposição dos liberais ao poder central, para transformá-la no símbolo máximo da democracia contra os princípios hierarquizadores, representados pelo Partido Conservador. Logo, o serviço prestado pelos guardas nacionais passava a ser considerado, por essa mesma historiografia, um serviço de grande qualidade, no qual primavam a organização e o esforço comum de todos os cidadãos na defesa e manutenção da boa ordem. Como afirmaria Nelson Werneck Sodré (1965:127), para suas fileiras eram conduzidos os mais robustos e bem preparados braços do Império, recrutados entre diferentes estratos sociais e que apresentavam um trabalho cuja eficiência era garantida pelo envolvimento direto dos grandes proprietários no seu comando e pelo treinamento específico que recebiam para substituir o Exército nas questões relativas à política interna.

Mas as correspondências revelam uma realidade bastante distinta. Se o primeiro termo da relação Exército-Guarda Nacional é verdadeiro, a eficácia da atuação da guarda como filha da revolução liberal e substituta das forças de linha nas questões internas é duvidosa. As dificuldades em que se viam envolvidos os presidentes de província eram as mesmas tanto no trato com os militares de linha quanto com os guardas nacionais. A resistência ao cumprimento de ordens e o apelo a atestados médicos para justificá-la eram práticas muito comuns também nos corpos de segunda linha. Em 1838, o presidente da província do Rio de Janeiro, Paulino José Soares de Sousa, escreveria ao ministro procurando antecipar-se, assim como o brigadeiro Elzeário de Miranda o fizera, às queixas que seguramente partiriam de um proeminente proprietário da região sobre o recrutamento:

> Como possa acontecer que Francisco Antônio Rodrigues intitulado Pai da Guarda Nacional, Honorato Francisco Rodrigues, residente nesta freguesia e alguns vizinhos, vá protestar a V.Exª a falta que este cometeu em não se apresentar para o destacamento tendo sido designado, chamado por edital, igualmente avisado; tenho por isso a confiança de antecipar a V.Exª o que verdadeiramente tem ocorrido a respeito.

O comunicado apenas iniciava uma narrativa rica em detalhes. Segundo Paulino José Soares de Sousa, no primeiro dia daquele mesmo mês, tendo ele incluído entre os 13 guardas nacionais designados para a 1ª Companhia do Batalhão do município o referido Honorato e seu irmão Marcos Antônio Rodrigues, assim que foi afixado o respectivo edital, Francisco Antônio, pai dos rapazes, procurou-lhe, insistindo na ideia de que "um dos designados não havia de destacar [...] o que não obstante lhe respondi, que não lhe fazia injustiça, visto ainda lhe ficarem dois filhos os quais não são guardas, porém não foi possível moderar o seu arrojo e se retirou furiosamente". Mas, curiosamente, passados poucos dias, espalhou-se a notícia de que Honorato Rodrigues estava doente e, mesmo sabendo "que moléstia alguma havia", o presidente Paulino José Soares foi obrigado a ceder. Para surpresa geral, "o dito Honorato se fingiu de louco andando pelas estradas a querer espancar a quem encontrava".[97]

Contrariando a tradicional imagem do "soldado-cidadão"[98] cumpridor dos seus deveres, o relato do presidente demonstra uma grande resistência por parte das autoridades locais em ver seus filhos servirem na Guarda Nacional, mesmo quando se tratava de um dos responsáveis pela organização da instituição no município. De "espírito arrojado" e indiferentes à lei, uma vez em postos de comando, esses representantes da política local acabavam por entrar em conflito com o governo. No Rio Grande do Sul, o presidente Elzeário, um ano depois do ocorrido no Rio de Janeiro, abriu um longo processo contra o comandante superior da Guarda Nacional, João da Silva Tavares, por este ter-se recusado a passar o comando da arma de cavalaria para o coronel de linha Felipe Neri, incitando ainda seus subordinados à indisciplina.[99] Narrado minuciosamente pelo presidente, o acontecimento revela uma particularidade da organização das forças militares que muito contrariava os chefes da guarda: os corpos em destacamento da Guarda Nacional, "convocados

---

[97] AN, IG1 140, 2 out. 1838.

[98] A expressão é muito utilizada por uma vertente da historiografia que vê a Guarda Nacional como uma força política democrática, uma das responsáveis pelo encaminhamento do processo de expansão da cidadania. Ver, principalmente, Castro (1979) e Sodré (1965).

[99] Informações e citações deste parágrafo em: AN, IG1 174, 14 jan. 1839.

pela autoridade civil competente, ficavam sujeitos a autoridade militar". No caso, autoridade militar é sinônimo de oficiais do Exército. Destacadas as forças sob seu comando, João Tavares perdia o direito ao posto, devendo passá-lo, conforme prescrições legais, para um oficial de linha, o coronel Felipe Neri. Buscando estar "em boa inteligência com o guarda nacional cuja dobrez em muitas causas era conhecida", o presidente tentou ainda uma última cartada e ofereceu outro posto de comando a João Tavares, subordinado ao de Felipe Neri. A revolta foi ainda maior e o problema transformou-se num escândalo que, tomando conta dos jornais locais, foi coroado com uma rebelião dos soldados e um abaixo-assinado dos oficiais da Guarda Nacional do primeiro corpo da primeira brigada de cavalaria, por meio do qual vieram "submissa e respeitosamente à presença de Vossa Excelência representarem que a nenhuma confiança que tem no Coronel Felipe Neri de Oliveira, os torna desgostosos de servirem debaixo de suas ordens".

O caso já havia ido longe demais. Consultado pelo ministro sobre as providências que melhor conviriam aos negócios públicos, o presidente diria:

> A representação, que contra o Brigadeiro Graduado Felipe Neri de Oliveira, e contra mim o fizera o Comandante Superior da Guarda Nacional João da Silva Tavares, e que tem corrido impressa nos periódicos, fez uma tão grande brecha na disciplina, e quebra na autoridade do presidente, e Comandante das Forças Militares, que eu não vejo modo de restaurar a disciplina sem que eu seja dispensado destes meus empregos, e que ao mesmo tempo tenha um corretivo tal o dito Comandante, que sirva de escarmento a todos os outros militares, que se lembrarem de ultrapassar os seus deveres.[100]

Quatro meses depois, o presidente Elzeário de Miranda teria sido afastado do cargo, mas a punição de um homem de posses, como o comandante Tavares, continuava sendo uma tarefa bastante complicada.

---

[100] AN, IG1 174, 13 mar. 1839.

Não há informação precisa sobre o que lhe teria ocorrido, porém por notícia de outro ofício, anexo à correspondência do dia 25 de abril, pode-se afirmar que pouco foi feito: "Como se poderia bem depreender do silêncio guardado para com tal representação, deu asa [sic] aqui a mais alguns militares se desvairarem do *trilho da ordem*".[101] O episódio demonstraria que os oficiais do Exército não eram os únicos que se recusavam a reorientar sua conduta, reduzindo sua atuação a orientações definidas por poderes que lhes eram estranhos. O restabelecimento da ordem esbarrava também num traço cultural mais amplo, arraigado na tradição aristocrática e na cultura do localismo político, herdadas de Portugal.

Um argumento bastante plausível, e que durante algum tempo conduziu os rumos desta pesquisa, apontava para a possibilidade de inserir esses casos de insubordinação no debate mais geral que opunha os princípios centralizadores à política localista dos liberais. Dessa maneira, a recusa dos comandantes da Guarda Nacional seria interpretada como parte da estratégia de "guerrilha burocrática" organizada pelos partidários da descentralização. Os liberais se recusavam a aceitar um tipo específico de autoridade, que retornava com o gabinete de 19 de setembro de 1837 — uma autoridade de base centralizadora. Mas uma análise cuidadosa das correspondências provinciais endereçadas a ministros de gabinetes liberais prova que esses problemas existiam mesmo para os políticos do Partido Liberal. Em abril de 1837, portanto dois anos antes da ocorrência descrita anteriormente, desnorteado pela facilidade com que o coronel Bento Manoel teria desestruturado as forças legais, o presidente interino Américo Cabral de Mello já constatava o forte poder de persuasão dos comandantes militares, e acreditava que ele era mais sensível entre as tropas da Guarda Nacional:

> A força principal que tem estado em operações é ou da Guarda Nacional ou de Paisanos [...] A maior parte dessa gente segue o prestígio de seus comandantes e com frequência se dissolvem sem que a isto

[101] AN, IG1 174, 25 abr. 1839.

> possam opor-se-lhes obstáculos, de qualquer natureza que eles sejam. Daqui procede muita *desordem*, porque tais indivíduos retiram-se em numerosos grupos.[102]

Desordem que, de acordo com o presidente, é resultado da falta de autoridade e do estado em que permanecem as tropas "sem intervenção de muitos oficiais", que as deixam à vontade "*sem método nem ordem*, abrindo assim uma franca porta a horrorosas dilapidações".[103]

Em meio aos transtornos causados pela rebelião, Américo de Mello, um presidente liberal, esquecia os princípios da liberdade e sugeria ao ministro da Guerra a intervenção e o método como possíveis estratégias para a organização das tropas e o restabelecimento da ordem; discurso a que aderia Feliciano Nunes Pires, poucos meses depois. Seguindo a orientação do brigadeiro-comandante da guarnição de Porto Alegre, o mais recente presidente recomendaria ao ministro "a escolha dos oficiais superiores que devem trazer a infantaria que para aqui destacar; pois muito convém que sejam oficiais experimentados, a fim de coadjuvarem e cumprirem religiosamente as ordens do General encarregado das operações, quem quer que ele seja".[104] Requisitava ainda, em menos de uma semana, "mandar-se para aqui armamentos e munições, e [...] tropas de linha, a fim de que o serviço se torne mais eficaz, e menos dispendioso mesmo em dinheiro".[105]

Apesar de a falta de subordinação constituir um tema recorrente nos documentos pesquisados, por sugestão do próprio relato descrito anteriormente, pode-se perceber que os presidentes conviviam no dia a dia com outros problemas não menos sérios. A guarda em combate no final da década de 1830 e início dos anos 1840 não desfrutava nem mesmo das vantagens materiais que a ela comumente se atribui pelo fato de não depender economicamente do Estado, aparecendo em muitas das descrições realizadas pelas autoridades provinciais inteiramente

---

102 AN, IG1 172, 13 abr. 1837.

103 Ibid.

104 AN, IG1 172, 23 ago. 1837.

105 AN, IG1 172, 28 ago. 1837.

sucateada. Preocupado com a segurança dos municípios fluminenses que faziam fronteira com São Paulo e Minas Gerais, o presidente Honório Hermeto Carneiro Leão assim descreveu as condições físicas e materiais dos soldados dos batalhões da Guarda Nacional neles estacionados: "Dos guardas nacionais reunidos separei 30 de Cavalaria comandados por um oficial para com eles se fazer o serviço da polícia; e dos guardas nacionais de infantaria pude separar 140 homens que, costumados a andar pelos matos e apresentando algum vigor e saúde, poderão fazer parte da expedição". Mas, como afirmaria linhas adiante, todos "os homens estão completamente desarmados e esfarrapados, reduzidos a tal estado que não aparecem em forma, para não ofenderem a decência".[106] Quatro meses depois, o coronel Feliciano de Morais Cid comunicava ao mesmo presidente o agravamento das circunstâncias: "Consta-me que alguns guardas têm tentado sanar a sua miséria vendendo os armamentos que recebem do governo [...] tenho procurado indagar quem sejam a fim de requisitar das autoridades civis a sua prisão".[107]

Contar com a Guarda Nacional para restabelecer a ordem constituía uma tarefa bastante embaraçosa. Seguindo a descrição do presidente da província do Rio de Janeiro, os soldados que integravam essas forças "mal se aguentam de pé" e o desempenho da oficialidade responsável pelo comando dos corpos ficava muito aquém do desejado: "São homens casados e alguns com fortuna, mas incapazes de debelar os rebeldes que julgando-se comprometidos atacam com coragem, e expõem-se". Para o presidente Carneiro Leão, a diferença de atuação residia no grau de envolvimento dos guardas nacionais que, apesar de demonstrarem "grande patriotismo" e "prestarem de boa vontade" o serviço militar, não possuíam treinamento específico nem sofriam qualquer tipo de coação. Um rebelde sabia que, uma vez derrotado, seria processado e preso, mas um guarda, como "voluntário", nada perderia. Ao contrário, retornaria para sua família e para sua rotina diária.[108] Foi a necessidade

106 AN, IG1 141, 22 jun. 1842.

107 AN, IG1 141, 17 out. 1842.

108 AN, IG1 141, 4 jul. 1842.

de alterar esse quadro que levou o presidente Carneiro Leão a escrever para o ministro. Responsável por guardar a província-sede da Corte, o presidente tentava buscar auxílio, mantendo o ministro informado:

> Esteja V.Exª. certo que todos esses homens improvisados não resistem a uma descarga de balas; fogem vergonhosamente [...] o Coronel Henriques conta-me que quando o fogo se tornava mais vivo alguns oficiais largavam as armas e fugiam: *assim esteja certo V.Exª. que os guardas nacionais apenas podem auxiliar a primeira linha, mas não substituí-la completamente.*[109]

O vexame era tanto que o presidente completaria: "Achei melhor não dizer estas coisas a V.Exª. em ofício, por isto envio esta carta".[110]

* * *

À exceção das cartas da Coleção Caxias,[111] nenhuma outra fornece dados ou remete ao ministro avaliações sobre manobras e conflitos militares. Ao contrário do que poderíamos esperar, e confirmando as preleções do presidente Elzeário, o *princípio de desordem* parecia estar localizado antes nas próprias forças da legalidade. A Guarda Nacional, tanto quanto o Exército, não apresentava condições mínimas de combate, e, por momentos, é possível até mesmo esquecer que existia um inimigo, um grupo externo às forças do governo que as ameaçasse formalmente. É claro que essa ameaça existia, mas não sendo o objetivo deste trabalho discutir o valor militar dos movimentos contestatórios ocorridos no período, mesmo porque a pesquisa realizada não o permitiria, o que procuro destacar é a maneira como esses movimentos são abordados nas correspondências oficiais. Nelas, a desordem é um fator interno, decorrente da inoperância do sistema militar oficial, e é justamente a

109 Ibid.

110 Ibid.

111 Coleção Caxias, Arquivo Público.

partir desse sentimento de desgoverno que começam a ser elaboradas as primeiras sugestões de reforma. Ao final de cada ocorrência, os presidentes acrescentavam algumas linhas com o objetivo de ressaltar os motivos pelos quais as rebeliões continuavam a fazer adeptos. Para que o presidente Carneiro Leão concluísse pela incapacidade de a Guarda Nacional, sem apoio das tropas de linha, dar combate aos rebeldes, bastou, além do ofício do coronel Henriques, que um simples panfleto de autoria não identificada anunciasse a iminência da vitória rebelde em Minas Gerais.[112] A falta de confiança nas forças que comandava era tanta que o presidente escreveria ao ministro informando: "Creio que nos cumpre fortificar já e já a passagem para a província, pois é muito de recear que, conseguida a vitória em Minas, como se deve esperar, os rebeldes venham sobre a Corte para deporem o Governo Imperial e sua Majestade o imperador". Não se tratava de uma batalha perdida ou de informações seguras sobre o estado e a posição do inimigo; foi necessário apenas um panfleto anônimo para que o presidente Carneiro Leão reclamasse a presença de tropas de linha e a urgência de alterações na organização da Guarda Nacional. No dia 6 de julho, menos de 10 dias depois de tomar conhecimento do panfleto, enviou ao ministro uma resolução, pronta para publicação e por ele assinada, implementando algumas reformas nos corpos da Guarda:

> Convém dar-lhes uma outra organização, para que o serviço se torne mais *regular*: ficam criados dois Batalhões de Infantaria, que constarão de cinco Companhias cada um, contendo cada Companhia oitenta praças. Da Cavalaria organizar-se-á um Esquadrão com cento e sessenta praças, o resto armar-se-á de Infantaria. Estes corpos se considerarão destacados, e por isso sujeitos ao regulamento de linha.[113]

O objetivo do documento é claramente regularizar o serviço, submeter os guardas aos oficiais de linha e, com isso, evitar desgastes internos.

---

112 Informações e citações deste parágrafo em: AN, IG1 141, 28 jun. 1842.

113 AN, IG1 141, 6 jul. 1842.

O receio de um insucesso recaía na incapacidade de organização das forças da legalidade, e não, como se poderia imaginar, no poder de fogo do inimigo, apesar de esse, no caso das revoltas liberais, ser bem maior do que aquele apresentado pelos movimentos do período regencial. Mobilizado com os sucessivos atos de insubordinação do coronel José Rodrigues, o presidente Elzeário formularia, ao final da correspondência mencionada, um discurso semelhante ao pronunciado por Carneiro Leão, porém bem mais direto: "A exemplo de todas as nações cultas, o Brasil não pode existir bem sem um *Exército regular* [...] ainda resta a questão do limite entre esta Província e o Estado vizinho que não poderá ser bem decidida sem a presença de tropa numerosa e disciplinada".[114]

Essas críticas ao estado das forças militares da legalidade e o reclame por "prontas e enérgicas medidas"[115] vão gradativamente se construindo à medida que as rebeliões provinciais se difundiam pelo território nacional e a incapacidade do governo em dar-lhes combate tornava-se cada vez mais notória. Lembrando que esses movimentos se distinguiam dos anteriores pela presença, em suas lideranças, de proprietários e membros da "boa sociedade", fica mais fácil entender a generalização do medo e do discurso da ordem, mesmo entre os integrantes do "partido da liberdade". Pela primeira vez, as elites locais se aproximavam da "canalha" para expressar seu descontentamento, ameaçando romper os termos do pacto sobre o qual se fundava a sociedade política brasileira. Desde 1835, o número de províncias rebeladas vinha num crescente que culminaria nos acontecimentos de 1838, quando o governo teria que combater em quatro frentes distintas: além dos cabanos e dos farrapos, que completavam o terceiro ano de sublevação com a formação de repúblicas independentes, a capital da Bahia e os balaios do Maranhão também se insurgiam. Tudo isso sem contar os pequenos levantes de negros livres e escravos, que, apesar de proporcionalmente oferecerem

[114] AN, IG1 173, 17 fev. 1838.

[115] Expressão utilizada pelo vice-presidente do Rio Grande do Sul Américo Cabral de Mello quando da prisão por Bento Manoel do presidente Antero Britto. AN, IG1 172, 20 abr. 1836.

pouca resistência, contribuíam em muito para a proliferação desse sentimento de descontrole no cotidiano de pacatos lugarejos, para os quais essas pequenas ocorrências soavam como o prenúncio de distúrbios maiores, como os que eram noticiados pela imprensa local.

Um retorno ao ano de 1837 permite mapear as regras de ação e expressão embutidas no campo político constituído pelo conjunto dessas correspondências. Abrindo as discussões na Câmara dos Deputados relativas à fixação das forças de mar e terra, o ministro da Guerra, coronel José Saturnino da Costa Pereira, um político de tradição liberal, pronunciaria um discurso a favor do incremento das Forças Armadas, que pouco se diferenciava das formulações da oposição:

> A província do Rio Grande de São Pedro reclama hoje, mais do que nunca, toda a vossa solicitude, e, quanto antes o emprego de todos os recursos, ainda com algum sacrifício, para ser arrancada das *garras da rebelião*, que desola infrene a maior parte do seu território; e para que com ela se sustente a *integridade do império*. Embora a legalidade ocupe ali três importantes pontos fortificados, embora haja ali muita gente sinceramente devotada a forma do nosso governo monárquico representativo, votos nada valem, se os homens e se as leis não são protegidos pela força armada, único objeto de sua criação e manutenção.[116]

E continuaria na sessão de 21 de junho:

> Se nós pudéssemos contar que os *espíritos sediciosos* não tentariam mais revoluções, que o gênio do mal poderia ser repelido de todo o Brasil, só pelo esforço de alguns cidadãos pacíficos [...] poder-se-ia dispensar a existência de tropas em alguns pontos; mas ela é destinada principalmente a fazer respeitar a lei, para prevenir as *desordens* que porventura possam aparecer.[117]

---

[116] ACD, sessão de 29 maio 1837.

[117] ACD, sessão de 21 jun. 1837.

As circunstâncias da guerra no Rio Grande do Sul — uma rebelião liderada por estanceiros e que vinha demonstrando um grande poder de organização — também levariam o ministro a assumir o discurso da ordem, reclamando maior força armada a fim de sustentar a integridade do Império. Ainda que, posteriormente, esses elementos discursivos (desordem — força armada — integridade do Império) venham a ser identificados como princípios políticos da reação, é importante atentar para o fato de que até os primeiros anos da maioridade eles serão utilizados indiferentemente por conservadores e liberais. O solo do qual partiam era comum a ambos: o descontentamento com a atuação das Forças Armadas no combate às rebeliões e o temor de uma possível diluição das antigas fronteiras sociais. As diferenças entre eles começariam a ser definidas em meio às sessões parlamentares, quando cada grupo não só avaliava o desempenho da legalidade, como traçava estratégias de desmobilização dos movimentos de rebelião.

Os poucos meses de governo do ministro Saturnino da Costa e do gabinete liberal de 16 de maio são, nesse sentido, esclarecedores. Em torno do discurso mencionado, de autoria do ministro liberal, os deputados que integravam o Partido Conservador organizariam contrapropostas com um alto nível de articulação interna. Se o predomínio de um "sentimento aristocrático" e o desejo de livrar as províncias das "garras da rebelião" aproximavam os liberais do ideal de ordem, logo os conservadores tratariam de incutir-lhe um significado bastante particular, que decididamente os distinguiria dos opositores.

O tema em questão era a necessidade, reclamada pelo governo, de ver autorizada pela Câmara a remessa de mercenários para engrossar as fileiras da legalidade e, com isso, oferecer maior combate às forças rebeldes. Essa proposta não era inovadora, seguia uma prática antiga entre os liberais. Era uma maneira de aumentar o poderio da força armada, sem precisar reorganizar o Exército, o que comprometeria em muito a política descentralizadora que o "partido da liberdade" tanto havia lutado para implementar: o exército de mercenários constituía uma força meramente circunstancial. Terminado o contrato, perdia suas prerrogativas, e a maioria dos soldados se retirava do país.

Uma vez convertida em projeto de lei, a proposta entra em discussão e levanta as vozes conservadoras. O primeiro a se pronunciar é o deputado Estevão de Carvalho, que interpela continuamente o ministro sobre a "verdadeira necessidade" destas forças, inquirindo se o problema era "a pouca força que ali existe ou a *má direção* que tem tido".[118] Dando continuidade ao discurso do colega, o sr. Vianna exige do ministro "uma exposição detalhada do estado do Exército, isto é, qual a sua força atualmente, e como está distribuída". Claramente os reclames por ordem vão ganhando contornos mais nítidos. Mediante uma maioria liberal emudecida, os conservadores tecem ponto a ponto um significado específico para a impressão geral de anarquia: "O inimigo do Rio Grande não está tão poderoso como se inculca [...] foi a falta de meios que reduziu o Rio Grande ao estado em que se acha, ou foi a rebelião do Comandante de Armas quem transtornou o progresso da legalidade naquela província?". A que o próprio deputado responderia:

> Se a anarquia tivesse levantado seu hediondo colo em todas as províncias do Brasil; se todas as fortunas, todas as garantias, todas as vidas corressem risco, eu não estranharia a lei; mas quando aparecem duas províncias revoltadas, uma já subjugada, *mais dependentes da habilidade, da direção dos negócios, do que da força* estão as circunstâncias do país.[119]

Como a análise das correspondências já havia demonstrado, foi por meio da experiência das rebeliões que as autoridades provinciais iniciaram o processo de crítica às forças militares, exigindo do ministro atitudes que tornassem mais organizadas e ágeis as frentes legalistas; mas, nessas críticas, é possível notar também que a atuação dos representantes do Partido Conservador tinha um objetivo definido: arrematar estes descontentamentos num projeto político. Enquanto os presidentes, nomeados por gabinetes liberais, reclamavam medidas enérgicas e eficazes que facilitassem a atuação das forças do governo, os conservadores

---

[118] Citações deste parágrafo em: ACD, sessão de 20 jun. 1837.

[119] ACD, sessão de 21 jun. 1837.

traçavam com precisão o sentido que deveria orientar essas medidas. Deslocando a desordem para dentro das próprias forças do governo, o deputado Bernardo Pereira de Vasconcellos daria origem a uma formulação discursiva que, mais tarde, na gestão conservadora, conduziria a atuação dos políticos que viessem a assumir a presidência das províncias rebeladas. Não foi por outra razão que o presidente Elzeário, no ano seguinte, em 1838, se sentiria tão à vontade em escrever ao ministro sobre o "desejo de empolgar a autoridade" dos militares de linha, recomendando de forma tão audaciosa a regularização das tropas num Exército numeroso e disciplinado. A diferença para as queixas redigidas por presidentes partidários dos ideais liberais estava na própria forma de apresentação do problema. O presidente Carneiro Leão encontrava-se tão mobilizado quanto o presidente Antero José Ferreira de Brito diante do estado de desorganização das forças militares na repressão aos movimentos rebeldes, só que o temor do presidente do Rio de Janeiro efetivaria uma reforma na Guarda Nacional dos municípios que faziam fronteira com Minas Gerais — uma reforma dirigida, que tencionava trazê-la para os *trilhos da ordem*.

Ainda que a execução das medidas do governo encontrasse resistência, às vezes intransponível, na estrutura política local, o interesse da reação em implementar a reforma facilita o acesso do pesquisador às dificuldades experienciadas por políticos e militares durante as rebeliões, fato que justifica a preferência conferida nesse item às cartas que circulariam no período conservador de governo. À medida que a intenção do Regresso era expor ao máximo os políticos e as fragilidades dos governos liberais, elas transformam-se numa fonte privilegiada para o exame da atuação das Forças Armadas. Nelas, é possível perceber com maior nitidez parte do cotidiano das forças militares em ação. Críticas e descontentamentos, que anteriormente não eram mencionados, até porque as queixas dos presidentes liberais pouca atenção recebiam do governo, quase paralisado diante da difusão dos movimentos de rebelião, começam a ser ampla e minuciosamente revelados. Interrompendo o discurso do ministro liberal José Saturnino, que defendia na Câmara a contratação de mercenários, o deputado Vasconcellos afirmaria em tom irônico: "Para este serviço se chame a Guarda Nacional!". A que o ministro retrucaria, meio contrariado: "Não sei se poderá servir. A Guarda Nacional não tem por sua instituição aquela disciplina necessária para mover com rapidez a tropa, quando é necessário empregá-la".[120]

O deputado Vasconcellos, ao lado de Carneiro Leão, atraía todas as atenções dentro e fora do plenário pela força de suas proposições. A provocação, atravessando intencionalmente a fala ministerial, tentava impor um sentido para os últimos acontecimentos militares, arrancando da maior autoridade em assuntos militares daquele momento um reconhecimento público de que para o atual estado das províncias muito teria contribuído a má administração. O ministro simplesmente confirmava, ante toda a Câmara, os limites da Guarda Nacional, a maior representante dos ideais liberais, e a instituição responsável — é sempre bom lembrar — pelas questões relativas à política interna. Um episódio que ajuda a entender a falta de reação da representação liberal, apesar de constituir a maioria na Câmara. Só que, ao silenciarem, os liberais não estavam deixando apenas de lançar sua versão dos acontecimentos; colaboravam para que, sendo praticamente a única disponível, a leitura conservadora instituísse uma realidade, que, em seguida, justificaria as inúmeras reformas que pretendiam implantar. Longe de constituir uma surpresa, o brilho dos discursos conservadores é decorrência da atuação, ou melhor, da omissão dos liberais diante dos progressos das rebeliões, ao longo dos anos em que estiveram no poder. Não foram raras as vezes em que as correspondências enviadas ao ministro da Guerra, durante os governos liberais, recebiam, em suas margens, observações como: "Guarde-se — Diga ao presidente que o Governo tendo tomado em Consideração a Proposta, julga conveniente esperar"[121] ou "Responda-se reprovando a despesa para o orçamento futuro",[122] sendo possível verificar, em muitas outras, margens em branco, como se o documento não tivesse provocado qualquer reação no ministro. O silêncio dos liberais

---

[120] Ibid.

[121] AN, IG1 172, 9 nov. 1836.

[122] AN, IG1 115, 4 mar. 1835.

na Câmara em princípios de 1837, portanto, representa, em plenário, o branco das correspondências oficiais dos anos anteriores. Mas aos conservadores não faltariam palavras nem disposição para preenchê-lo.

* * *

O episódio Bento Manoel constituiu uma peça-chave na transformação da relação de forças que dava conformidade ao campo político instituído. A articulação entre desordem e má administração realizada pelos conservadores, que deslocaria o eixo discursivo para o interior das próprias forças da legalidade, só ganharia expressão ao encontrar um acontecimento que lhe fornecesse bases concretas, que se transformasse num símbolo da legitimidade da proposta regressista, sintetizando seus princípios básicos. A preocupação dos presidentes liberais, descrita nas correspondências oficiais, não encontra justificativa apenas nos transtornos propriamente militares que o crime de traição teria desencadeado; mas também na grande repercussão que teve o acontecimento na Câmara dos Deputados. As sessões relativas à discussão sobre a fixação de forças no ano de 1837 estariam marcadas por constantes referências ao "ato de insubordinação", referências iniciadas com um pronunciamento ainda muito discreto — reproduzido anteriormente, do deputado e principal articulador regressista Bernardo Pereira de Vasconcellos — mas que ganharia forma acabada meses depois, num discurso parlamentar inflamado:

> Ora, eu já perguntei, em outra ocasião, e o repito hoje, se a guerra do Rio Grande do Sul tem sido fatal à legalidade por falta de forças ou pela *desgraçada direção* que elas têm tido? O ilustre deputado Sr. Paranhos disse que a rebelião do comandante de armas Bento Manoel apenas nos custou Caçapava [...] Creio que o nobre deputado não está bem inteirado dos negócios do Rio Grande do Sul, e que não sabe que a rebelião deu aos rebeldes toda a campanha, e que Bento Manoel dispersou a Guarda Nacional que tinha a sua disposição [...] deve confessar também o nobre deputado, que só a *má direção*, o desleixo com que os ministros trataram a guerra podia ser causa desta fatalidade.

> Sr. Presidente, *eu atribuo esta última calamidade da província a administração que acabou*. Ela não podia ignorar o caráter de Bento Manoel [...] E dirão depois que a minoria não procura esclarecer a causa da administração e nem zela pela causa da ordem [...]
>
> Vê-se, portanto, que também sobre este objeto deve haver alguma proposta do ministro [...] Se o nobre ministro quer alguma *reforma importante no Exército*, entendo que deve cuidar da Academia Militar, e que deve cuidar da organização dos corpos.
>
> Quisera também que atendesse muito ao soldo das praças que formam o Exército, que fizesse distinção entre as praças que servem por estado, que tomam a vida militar como profissão, das que servem temporariamente, e que vão para o Exército pagar uma dívida à pátria. Quisera que se restabelecesse a disciplina no nosso Exército; e que se reformasse lentamente, digo lentamente porque já não posso voar com o progresso.[123]

A mudança do eixo discursivo em direção a questões administrativas permite que, a um só tempo, o deputado condene os princípios políticos liberais, como incapazes de domar um caráter como o de Bento Manoel, e lance as bases do projeto reformista conservador. Para debelar as rebeliões não basta aumentar a força militar, muito menos com a contratação de mercenários. Nessa política, os partidários do conservadorismo localizarão, como poderá ser visto adiante, uma intenção de militarização do Império. As circunstâncias exigiam uma reforma militar, que restabelecesse a disciplina e a ordem no interior do Exército. Os regressistas não estavam muito longe de alcançar seus propósitos. O deputado Araújo Ribeiro, que um ano antes exercia a presidência do Rio Grande do Sul, num governo liberal cuja principal missão já era reprimir os farrapos, utiliza sua experiência para corroborar a proposta reformista da oposição: "Há outro ponto que eu julgo, sobre todos, importante de manter-se, e mais essencial do que os pontos militares da província, e vem a ser o *proceder franco e leal da administra-*

[123] ACD, sessão de 30 jun. 1837.

ção provincial". Advertência que completaria com uma explicação: "É essencial que o presidente da província faça *cumprir as leis à risca*, e se não torne o instrumento de um partido feroz [...] É necessário que o sr. presidente imponha silêncio a esses homens, que fale a *linguagem da razão* aos insurgidos".[124]

A 18 de setembro do ano de 1837, os acontecimentos se precipitariam, e, uma vez no governo, os conservadores saberiam ampliar suas bases políticas, precisando e difundindo, no próprio exercício do poder, os princípios de ordem e civilização até então dispersos na sensação geral de anarquia e desgoverno, gerada pelas rebeliões provinciais.

A precisa unidade do Exército: a reforma no parlamento

O ano de 1838 iniciaria sob o signo da reforma. Em maio, completando oito meses de governo, o ministro da guerra Sebastião do Rego Barros apresentava na primeira sessão de discussão sobre a fixação das forças de mar e terra um relatório extremamente minucioso, por meio do qual encaminhava a proposta conservadora de reorganização das forças de linha. Na introdução do documento, que se converteu no discurso de abertura das sessões relativas à fixação das forças de mar e terra, é possível observar a presença de todos os elementos forjados nos anos em que os regressistas eram oposição:

> Cumpre-me relatar-vos, que suposto o governo esteja na convicção de que em breve cessarão os efeitos da *vertigem revolucionária*, que tanto tem impedido o progresso da nossa civilização e prosperidade, e tenha bem assim a esperança de ver em pouco tempo ligadas por um *vínculo indissolúvel* todas as partes do Império, única condição de felicidade, que nos asseguram as experiências do passado, e o conhecimento do presente; todavia o estado ainda convulsivo de algumas localidades e as circunstâncias especiais de outras reclamam altamente a presença

124 ACD, sessão de 23 jun. 1837.

> de Forças mais ou menos consideráveis. E sendo certo que algumas das nossas províncias confinam com estados estrangeiros, e que a grande extensão das nossas fronteiras se acha toda em aberto, indispensável se torne que se proporcionem ao governo os precisos meios de força, seja para manter a *ordem interna* do país, seja para repelir qualquer invasão estrangeira [...] Acresce ainda, que havendo-se criado em algumas províncias Companhias Provisórias, que não fazem parte de corpo algum do Exército, e tendo-se chamado em outras a Guarda Nacional [...] para suprir *a falta da tropa de 1ª linha*, em último resultado sucede maiores, todos os gravames, que indispensavelmente o acompanham; resultando de um tal estado de coisas, que nem todas as províncias se acham suficientemente guarnecidas, nem tampouco a força existente apresenta, nem pode apresentar aquela unidade, que lhe vigora a ação, e aquela *disciplina e organização*, que lhe é mister [...] torna-se urgentíssima a *face do desmantelamento em que se acha o Exército*, e da necessidade, por todos sentida, de se lhe dar uma *nova organização*.[125]

Certo de que a vertigem revolucionária provinha do estado de desmantelamento do Exército, o ministro transformava as sugestões e indicativos de reforma dispersos nos pronunciamentos conservadores num projeto político de linhas bem definidas. Não se fará a seguir uma análise propriamente do conteúdo desse projeto, o propósito deste item é entender a nova "economia do poder"[126] que entrava em circulação com a implantação da reforma. A disputa pelos instrumentos de produção de uma representação dos movimentos de rebelião, explicitada anteriormente, demonstrou que as relações políticas não podem se dissociar, se estabelecer nem funcionar sem uma produção, uma acumulação e um funcionamento de estruturas discursivas (Foucault, 1979:179). Nas próximas linhas, farei o percurso inverso. Procuro destacar como o

---

[125] Relatório do ministro da Guerra de 1838, proposta e abertura da segunda parte.

[126] O conceito refere-se a uma série de procedimentos que as monarquias da época clássica desenvolveram, paralelamente aos grandes aparelhos de Estado, e que permitiam fazer circular os efeitos de poder de forma ao mesmo tempo contínua, ininterrupta, adaptada e individualizada em todo o corpo social (Foucault, 1979, cap. I).

discurso conservador engendrou uma nova realidade pela implantação de reformas jurídicas como a que recuperou as forças de linha, e que, a um só tempo, tornariam estéreis os princípios liberais e reestruturariam o Exército como um dos principais braços administrativos do Estado imperial. Desde já, é importante deixar claro que a opção por esquemas analíticos organizados a partir da experiência de unidades políticas europeias não implica uma transposição do modelo clássico de racionalização burocrática para o conjunto das reformas conservadoras. A abordagem das particularidades da ordem legal brasileira reservo ao próximo capítulo.

O ministro Sebastião do Rego Barros foi um importante nome regressista neste embate inicial pela implementação das medidas reformistas no campo militar. Apesar de não ter sido citado claramente na primeira parte deste capítulo, ele se constituiu no principal interlocutor dos presidentes de província que se mostravam mais audaciosos em suas queixas, como o presidente Elzeário de Miranda. A biografia de Rego Barros é a de um típico "oficial aristocrata". Nascido em Pernambuco a 18 de agosto de 1803 e filho do coronel Francisco do Rego Barros, aos três anos de idade assentou praça no Exército com o título de cadete. A única experiência propriamente militar de toda a sua carreira, registrada em dicionários biográficos (Souza, 1963), é a pacificação dos "revolucionários pernambucanos" de 1817, também bastante precoce para os padrões atuais. O jovem cadete, com apenas 14 anos, tomou parte no conflito como tenente da arma de infantaria. Logo em seguida, viajou para Portugal a fim de prosseguir nos estudos, mas sua estada na Universidade de Coimbra foi rápida. Em pouco tempo, após envolver-se em conflitos de rua com estudantes portugueses, seguiu para a França e recebeu o grau de bacharel em ciências matemáticas na Universidade de Göttingen, na Prússia, por causa de novos problemas disciplinares. Regressando ao Brasil em 1826, passou a servir no corpo de engenheiros, mas se destacou na política. Foi eleito em todos os pleitos a que se submeteu, ocupando uma vaga na Câmara dos Deputados desde 1830 até o seu falecimento, com exceção das 6ª e 7ª legislaturas. No ano de 1837, a nomeação para o Ministério da Guerra consolidaria a imagem de Rego Barros na política nacional, quando, aos 34 anos, assegurou definitivamente seu lugar no grupo da elite política.

Mas se para o padrão aristocrático de formação militar a rápida ascensão aos postos de comando era comum, o mesmo não se verificava na política. O gabinete de 19 de setembro, assim como os demais gabinetes regressistas, seria amplamente criticado pelos políticos mais antigos por contar com uma maioria de recém-egressos dos bancos universitários na direção dos ministérios. Gilberto Freyre reproduziu algumas destas críticas. Entre elas, destacou o discurso de um deputado que, indignado com a fácil escalada dos jovens políticos na carreira, ocupou a tribuna para afirmar que não passavam de "criançolas, saídas das escolas de direito, sem conhecimentos e nem experiências [...] na presidência de províncias, nos ministérios, na Câmara foram aparecendo bacharéis de vinte e poucos, vinte e tantos, as suíças e barbas mal conseguindo dar a impressão de idade provecta" (Freyre, 1977a, v. 1, p. 141 e 142). Os ministros do gabinete de 19 de setembro não estavam mais na casa dos 20 anos, mas, além de Sebastião do Rego Barros, dois outros ministros — Rodrigues Torres e Antônio Peregrino Monteiro — não tinham mais que 35 anos.

A idade na verdade era apenas um álibi. Os políticos mais antigos estavam assustados com a disposição demonstrada por essa nova geração, que decididamente se solidarizava com Bernardo Pereira de Vasconcellos e aderia aos princípios conservadores. Jovens e com uma longa carreira a cumprir no serviço público, tanto bacharéis quanto militares do Exército possuíam grande interesse no discurso centralizador de Vasconcellos, que vinha demonstrando, desde que abandonara os ideais liberais, especial capacidade para a organização desses grupos, utilizando de sua influência para submetê-los a um verdadeiro treinamento.[127] A 19 de setembro, Vasconcellos compartilharia as três principais pastas do novo gabinete com Miguel Calmon du Pin e Almeida, outro político de experiência

[127] De acordo com José Murilo de Carvalho (1993:38), entre 1837 e 1839 Bernardo Pereira de Vasconcellos teria exercido informalmente o papel de primeiro-ministro, tamanha a sua influência.

reconhecida. Enquanto ele acumulava os ministérios do Império e da Justiça, Miguel Calmon, futuro marquês de Abrantes, exerceria a direção do Ministério da Fazenda; porém, três nomes da nova geração estariam incluídos na composição do gabinete, dirigindo as três pastas menos nobres — dos Estrangeiros, do Exército e da Marinha[128] —, onde trabalhariam com afinco.

A atuação de Sebastião do Rego Barros no Ministério da Guerra oferece um bom exemplo do que seria essa disposição regressista. Se o projeto conservador se construía em oposição à administração liberal, considerada desorganizada e anárquica pelas forças centralizadoras, o primeiro passo do ministro foi apresentar um relatório que se tornasse símbolo da ordem que pregavam. A orientação era do próprio Bernardo de Vasconcellos. Quando os conservadores ainda eram oposição, em junho de 1837, o então deputado pressionaria o ministro da Guerra Saturnino Pereira, exigindo dele a apresentação de outro tipo de relatório: "Eu acusei o relatório do ministro da guerra de muito magro; o relatório deste ano ainda requinta em laconismo [...] Por minha parte não posso votar quantia alguma para o material do Exército sem que saiba o que existe, o que possui".[129] Uma exigência que o ministro Rego Barros levaria muito a sério, reformulando inteiramente o padrão pelo qual eram elaborados os relatórios do Ministério da Guerra.

A primeira medida adotada alterava o próprio formato do documento. Comparativamente, o relatório produzido por Sebastião do Rego Barros em nada se assemelhava ao que até então era apresentado à Câmara com esse nome. Um levantamento de todos os relatórios emitidos pelo Ministério da Guerra desde o ano de 1834 indica um aumento de até quatro vezes no número de páginas, isto tomando-se como medida o ano de 1836, que foi o ano em que os liberais dedicaram maior atenção ao Exército pelas dificuldades de administração da Fábrica de Pólvora.

---

[128] Até o ano de 1823, o Império tinha as seguintes pastas no Poder Executivo: Império e Estrangeiros, Fazenda, Justiça, Guerra e Marinha. Em 12 de outubro daquele ano, a pasta do Império e Estrangeiros foi desmembrada, dando origem ao Ministério dos Estrangeiros.

[129] ACD, sessão de 30 jun. 1837.

Uma leitura mais atenta poderia sugerir que essa desproporção deve-se ao fato de se considerar o ano da reforma e, portanto, um documento que obrigatoriamente seria volumoso. Mas, mesmo com um rearranjo desses dados, partindo da média dos relatórios emitidos entre 1838 e 1846 e mantendo o ano de 1836 como medida para o período anterior a 1838, é possível assinalar uma diferença no número de páginas. A média dos anos subsequentes a 1838 apresenta o dobro do número de páginas do relatório de 1836. Tudo isso se explica por outra inovação do ministro Rego Barros, que a partir de 1838 seria incorporada por praticamente todos os demais ministros, transformando-se em sinônimo de zelo pelos negócios públicos. O ministro desmembrou o relatório em duas partes: a "Proposta", em que apresentava um texto sobre o estado geral dos negócios da Guerra, e o "Relatório" propriamente dito, espaço destinado a uma minuciosa descrição sobre cada uma das repartições do Exército. Para facilitar o entendimento, essa seção era disposta em tópicos, com os títulos devidamente destacados. Além disso, ao final do relatório era possível encontrar uma série de anexos, entre tabelas, gráficos e ofícios; todos com o claro objetivo de comprovar a veracidade das informações fornecidas.

Na construção do texto, o ministro incorporava uma linguagem de eficiência administrativa, com a qual buscava afirmar a autoridade conservadora no trato das questões militares e capitalizar adesões que acelerassem as votações na Câmara. Dessa vez, seguia as instruções prescritas meses antes pelo deputado Carneiro Leão. A execução de uma boa administração dependia do cumprimento circunstanciado da lei:

> Cumprindo com o *dever que me impõe a Lei*, venho apresentar-vos o Relatório da Repartição da Guerra, hoje a meu cargo; e para melhor desempenhá-lo tratarei em primeiro lugar do estado das Repartições e Estabelecimentos Militares, tanto no que diz respeito a sua *organização* e *andamento*, como no que pertence ao seu pessoal, justificando ao mesmo tempo as alterações introduzidas nas *Tabelas de Orçamento*; e depois passarei a informar-vos das providências que tenho dado para a melhor execução dos encargos, que me incumbe desempenhar, não só a bem

da organização e *disciplina do Exército e fiscalização dos dinheiros públicos*, como também para fazer manter a tranquilidade pública, e acabar de uma vez com a guerra fratricida, que tem conflagrado algumas das nossas mais importantes províncias.[130]

Mantendo como referencial as rebeliões provinciais, o ministro da Guerra colocava em circulação novos princípios discursivos que, fiéis ao modelo conservador, se construíam em oposição ao governo anterior, caracterizado como o "império das paixões desordenadas".[131] Nessa disputa por uma acumulação de capital político, ao gabinete regressista caberia a imagem do controle administrativo e da imparcialidade oriunda do respeito às leis. Uma imagem que seria a cada passo ratificada por meio de uma repetição sistemática das expressões particulares à estrutura discursiva que buscavam forjar. Seguindo a disposição por tópicos, já mencionada, e tendo a organização por base, o relatório repassava todas as instituições do Exército a partir de um mesmo modelo. À Secretaria de Estado dos Negócios da Guerra, o ministro solicitava uma reforma pela qual se pusesse fim aos defeitos de sua organização e se distribuísse "o trabalho *com mais igualdade e classificação, atendendo com mais justiça* ao merecimento especial dos seus empregados".[132] A fim de comprovar a legitimidade das reformas que encaminhava, ao final, anexava a "*Tabela nº 1*", indicando o número total de empregados da repartição e as despesas realizadas com sua manutenção. No caso específico, seguem ainda alguns esclarecimentos quanto a um aumento de despesas indicado pela tabela, que é justificado minuciosamente.

Preocupado com a "*precisa unidade do Exército*",[133] o ministro também submetia à apreciação do parlamento os corpos irregulares. Essas forças, compostas pelas divisões de pedestres e pelas companhias de ligeiros

---

[130] Relatório do ministro da Guerra de 1838, introdução (primeira parte).

[131] A expressão é do então deputado Rodrigues Torres, pronunciada na sessão de 11 jul. 1841.

[132] A expressão é do então deputado Rodrigues Torres. Ibid., tópico "Secretaria de Estado".

[133] A expressão é do então deputado Rodrigues Torres. Ibid., tópico "Divisões do Rio Doce [...] e Companhias de Ligeiros do Maranhão e Goiás".

de diversas províncias, sempre tiveram uma atuação meramente local, sendo expressamente proibida sua circulação pelas províncias. Mas, agora, estavam sendo transferidas para a administração provincial. A medida preocupava Rego Barros, que procurava inviabilizá-la, alegando que esses corpos "só precisam de uma *boa organização*" para "guarnecer convenientemente as Províncias do Império", e que uma reorganização só seria possível caso "continuassem sob a direção da Repartição da Guerra".[134]

No tópico relativo ao Comando de Armas, antes de apresentar as alterações reclamadas pela reforma, Rego Barros faz uma breve exposição sobre o estado e a importância dessa repartição. O objetivo não se restringia a questões de entendimento. O ministro procurava demonstrar em cada atitude e a cada texto, por menor que fosse, o domínio que possuía das informações e números relativos ao ministério que coordenava. Tudo que ele queria era autorização da Câmara para que o governo pudesse com ampla liberdade criar comandos de armas em províncias onde elas ainda não existissem e, para isso, elaborou um pequeno parecer sobre os órgãos que estavam em funcionamento, justificando o motivo do seu estabelecimento em cada uma das províncias. Também segue, ao final, uma tabela designando "o pessoal empregado neste ramo da administração pública, e a despesa com ele feita".[135]

Essa linguagem e os cuidados revelados pelo ministro no encaminhamento da reforma podem parecer pouco significativos para os padrões atuais. Mas é importante destacar o dado de novidade contido nesses procedimentos. Eles caracterizam, na virada da década de 1830, um marco da administração conservadora. Aspectos básicos da organização das forças de linha eram repensados e apresentados como um problema, e mais, como fatores diretamente responsáveis pela difusão dos movimentos de rebelião pelo território nacional. Criando um tópico específico para discutir o corpo de oficiais do Exército, Rego Barros

---

134 A expressão é do então deputado Rodrigues Torres. Ibid., tópico "Divisões do Rio Doce [...] e Companhias de Ligeiros do Maranhão e Goiás".

135 A expressão é do então deputado Rodrigues Torres. Ibid., tópico "Comando de Armas".

reclamava do deslocamento que se fazia de oficiais para a instrução da Guarda Nacional e para os corpos policiais, relacionando o fato com os grandes embaraços vividos pelo governo para "satisfazer as nomeações de importantes Comissões".[136] Outro ponto abordado foi a reorganização dos estatutos da Academia Militar. A reforma empreendida pelo ministro, e que lhe legara o título de "grande reformador" (Motta, 1976:74; Lopes e Torres, 1946), pela primeira vez traçava um paralelo entre instrução e disciplina. Recorrendo à ajuda da Congregação da Academia, de cujos membros havia exigido a apresentação de um juízo sobre a instituição, Rego Barros afirmaria:

> Nesta Academia têm sido admitidos todos os oficiais que têm solicitado permissão, concedendo esta faculdade mesmo a alguns, que se achavam no Teatro de Guerra, pela convicção em que está o Governo de que *a instrução é a primeira mola da disciplina* dessa classe de cidadãos, a quem a nação cometeu a sua defesa e segurança.[137]

Essa associação é o princípio básico de formulações como a que no ano de 1850 legitimaria a regularização do acesso ao quadro hierárquico. A lei de promoções, como ficaria conhecida a medida, prescrevia, 12 anos mais tarde, como requisito para a aquisição da patente de capitão, o curso completo de estudos da sua respectiva arma — uma alteração que se transformaria num marco do processo de profissionalização da carreira militar (Motta, 1976:120).

Por fim, vale mencionar a existência de uma série de ofícios encaminhados pelo ministro Rego Barros aos presidentes de província, em resposta às correspondências por eles enviadas. O ministro não só formalizava a proposta de reforma, como acompanhava toda a evolução das rebeliões em cada uma das províncias. À omissão dos gabinetes liberais, os conservadores antepunham uma série de pequenas medidas que, apesar das suas limitações práticas, seguiam cuidadosamente

---

[136] A expressão é do então deputado Rodrigues Torres. Ibid., tópico "Oficiais Empregados".

[137] Relatório do ministro da Guerra de 1838, tópico "Academia Militar".

discriminadas nos ofícios. No relatório do ano de 1838 estão anexados cinco ofícios: três destinados ao presidente da província da Bahia, um para o presidente Manuel Felizardo de Sousa e Mello, que administrava a província do Ceará, e outro para o presidente de Pernambuco. Ao presidente da Bahia, cuja capital havia um ano encontrava-se em poder dos revoltosos, o ministro autorizava a dissolução de corpos de linha rebelados e orientava a movimentação das forças militares, enviando tropas e organizando as campanhas. Já nos outros dois ofícios, o ministro enviava ordens para que os referidos presidentes cedessem tropas a fim de reforçar as fileiras da legalidade no combate à "República baiana".

No ano de 1839, Rego Barros chegaria a ir pessoalmente ao Rio Grande do Sul com o objetivo de percorrer os pontos mais vulneráveis à ação rebelde e estabelecer "um exato juízo sobre o estado político e militar da Província em questão".[138] Era a última viagem que faria como ministro da Guerra e, pelo relato que apresentou à Câmara ainda no ano de 1839, é possível definir com maior precisão os motivos da viagem. A certa altura, menciona no documento "a discordância de vistas entre os leais habitantes daquela província", e nessa dissidência localizaria a "atuação arteira de alguns descontentes e despeitados, ou mesmo de alguns disfarçados inimigos da Ordem Pública". Retomando as correspondências do presidente Elzeário de Miranda, que então administrava o Rio Grande do Sul, é possível encontrar, nesse mesmo período, o polêmico episódio do comandante da Guarda Nacional João Tavares da Silva. A 13 de março, diante dos escândalos que corriam impressos nos jornais, o presidente Elzeário tinha escrito ao ministro solicitando sua própria demissão e aconselhando que se aplicasse ao comandante um rígido corretivo. O desfecho do caso nós já conhecemos. O que não sabíamos é que o acontecido levou o ministro a se deslocar até a província. Oito dias depois da data da correspondência, Sebastião do Rego Barros chegaria à cidade do Rio Grande e, no seu relatório, anunciaria a demissão do presidente Elzeário.

---

[138] Citações deste parágrafo em: relatório do ministro da Guerra de 1839, tópico "Província do Rio Grande de São Pedro do Sul".

Como afirmou o jovem ministro em outro trecho do relatório de 1838, essas medidas tinham por objetivo "levantar o brio desta classe".[139] Mas apesar de toda a dedicação, o processo de implementação das reformas era demorado. Durante a fase regencial, principalmente por força da atuação de deputados como Bernardo de Vasconcellos, o Império viveu um autêntico parlamentarismo, e o governo permanecia dependente da votação da Câmara caso quisesse dar continuidade aos projetos do gabinete. Para aprovar a proposta que autorizava a elevação das forças de terra em circunstâncias extraordinárias para até 15 mil homens,[140] o ministro teve que acompanhar durante dois meses as sessões parlamentares e enfrentar pronunciamentos bastante hostis. Uma das estratégias da oposição consistia em desmoralizar o ministro Rego Barros e seu irmão, Francisco do Rego Barros, à época deputado por Pernambuco. Para isso, buscaram organizar informações sobre a trajetória de cada um dentro do Exército. O projeto de reforma administrativa, de acordo com alguns deputados,[141] era decorrente do desprezo de Rego Barros pela classe militar, que considerava incapaz e despreparada para os serviços da guerra. O deputado Montezuma, no dia 14 de julho, subiria à tribuna e pronunciaria um discurso extremamente pessoal e agressivo, direcionado ao deputado pernambucano, mas a que Rego Barros responderia como se tivesse sido diretamente atingido. No pronunciamento, Montezuma indagaria:

> Ora, se o nobre deputado na qualidade de militar tivesse passado por todas as classes de forma que reunisse conhecimentos práticos e teóricos, e tivesse o prestígio necessário, não podia ser contestado em semelhante juízo, [mas] estando num posto tão subalterno, e querer julgar de maneira tão ampla e lata toda a oficialidade do Exército do Brasil, não será uma temeridade?[142]

---

139 Relatório do ministro da Guerra de 1838, introdução (segunda parte).

140 ACD, sessão de 9 jul. 1838.

141 Ver, principalmente, os pronunciamentos dos deputados Montezuma e Limpo de Abreu nas sessões de junho e julho do mesmo ano de 1838 (ACD).

142 ACD, sessão de 9 jul. 1838.

A intenção era criar uma crise que opusesse o corpo de oficiais ao ministro e, por conseguinte, às reformas.

A tensão e as dificuldades experienciadas pelo governo nessa etapa das votações eram tantas que, ao final da sessão, sendo aprovada a proposta, o próprio taquígrafo, após registrar o acontecimento, acrescentaria, entre parênteses, a expressão: "É uma sensação!".[143] O mais interessante é que todo esse clima ocorria numa Câmara majoritariamente conservadora. O êxito do governo era indiscutível. O ministro conseguiu a vitória com uma diferença de 22 votos. Porém, ainda que não seja possível precisar a proporção entre liberais e regressistas[144] na composição da Câmara, pode-se contabilizar, ao menos, 32 deputados que eram contra o aumento das forças militares do Império. Um número alto, que denuncia a existência de uma forte reação ao projeto reformista mesmo entre os deputados favoráveis ao governo.

Foi sobre essa resistência que o deputado Carneiro Leão se pronunciou uma semana depois:

> Em muitas circunstâncias se tem tentado reformas para muitas instituições; mas o corpo legislativo sempre se tem convencido da impossibilidade de se fazer as reformas completas, porque o nosso regimento estabelece discussões tão intermináveis, que desanimam as maiorias que querem apoiar o governo.[145]

Como articulador do movimento regressista, o representante da província de Minas Gerais mostrava-se impaciente com a atuação da Câmara, que titubeava no momento de aprovar as reformas. Ter a maioria no parlamento era, sem dúvida, um fato que fazia diferença, mas não era decisivo na definição da política imperial. A falta de solidez e disciplina partidária fazia das dissidências, de caráter ideológico ou

---

[143] Ibid.

[144] No quadro elaborado por José Murilo de Carvalho (1988:153), são explicitados os limites das fontes para a reconstituição da composição da Câmara dos Deputados nos anos anteriores a 1842.

[145] ACD, sessão de 14 jul. 1838.

pessoal, uma constante, capaz de desestabilizar qualquer gabinete.[146] Essa era uma das justificativas para tantas dificuldades. Imputando ao regimento os percalços vividos na implementação do projeto, o deputado procurava escapar às duras críticas da oposição. Abordava a questão, sem ter que reconhecer, em público, a fragilidade de suas bases políticas.

Especificamente, é possível encontrar nos debates parlamentares outros motivos para essas dissidências. As fissuras no grupo conservador, reveladas a cada sessão, não se reduziam a simples esquemas partidários, tampouco encontravam explicação nos limites do regimento, como queria fazer crer o deputado mineiro. O problema extrapolava questões relativas à influência ou à capacidade de cooptação dos liberais, enquanto partido político, para explicitar um traço político mais geral relacionado com o peso da "cultura liberal brasileira", que muito receava o que, na época, se vulgarizava sob a denominação de "militarização do Império". Os oposicionistas apenas aproveitavam essas discussões intermináveis, mencionadas por Carneiro Leão, para revolver esse temor. Limpo de Abreu, que, ao lado do deputado Montezuma, daria maior combate às propostas governistas, dirigia-se ao plenário acusando o governo de "agravar mais o espírito público", ao incrementar o Exército: "Sr. presidente, parece que, pelo terror, se querem arrancar da Câmara tais medidas. Eu não considero, entretanto, que as circunstâncias do Brasil sejam extraordinárias, como as quer figurar o ministério de 19 de setembro; embora se faça recrutamento em massa". Prosseguia: "Embora se não ouçam senão o barulho das armas, eu estou persuadido de que um ministério pacificador, um ministério que não tenha estas tendências militares poderá mais facilmente conciliar os ânimos e dar ao Brasil a paz e ordem que deseja a população sensata do país".[147] No mesmo tom, inúmeros outros discursos eram pronunciados, tentando lembrar aos deputados que a índole do povo brasileiro era avessa a grandes esforços — "As massas desejam sossego, fazendo o menor

[146] Sobre o funcionamento do sistema eleitoral do Império, ver Carvalho (1988:150).

[147] ACD, sessão de 15 jun. 1838.

número de sacrifícios possível"[148] — e que em breve a tranquilidade retornaria às províncias; que o ministério, ao insistir nestas reformas, só demonstrava uma desmedida prepotência e a pouca fé que depositava nas instituições brasileiras.[149] Em meio à pressão, os liberais tentavam claramente reverter os fatos, transformando a experiência política que detinham num instrumento capaz de reordenar suas forças internas e oferecer o mínimo de resistência às propostas conservadoras. Assumiam um ar professoral em seus depoimentos. A legitimidade que requeriam era proporcionada pelo tempo e nela procuravam fixar-se a fim de intimidar, com sutis ameaças, a Câmara. De acordo com um deputado liberal, os "meninos" que pouco sabiam de política, e em todo canto viam revoluções, nenhuma consideração tinham com a liberdade. Isto não deveria ser esquecido: tudo tentariam resolver pela armas, daí o empenho em reativar as forças de linha.[150]

Independentemente dos ideais políticos professados pelos deputados, o núcleo liberal buscava com esse discurso atingir os interesses estritamente pessoais de cada um dos representantes presentes na Câmara. Nesse contexto, como já foi visto, estar contra a liberdade significava se opor ao domínio dos "poderes da casa" e, possivelmente, o mesmo que se opor aos jogos hierárquicos que delimitavam de forma tão clara as fronteiras sociais — pelo menos assim acreditavam os liberais e outros tantos homens que acompanhavam a política da época.

A força dessas ideias e a dificuldade conservadora em passar os projetos de lei no parlamento podem ser observadas com maior precisão a partir da elaboração de uma relação das leis aprovadas ao longo desse primeiro período do governo conservador. Até o ano de 1841, somente a reforma da Secretaria da Guerra e a da Academia Militar teriam sido aprovadas, e ainda assim sem os seus estatutos. Afora isso, as conquistas eram isoladas e apenas tangenciavam as grandes propostas reformistas.

---

148 ACD, sessão de 23 jun. 1837.

149 Entre esses discursos é possível destacar o pronunciamento do deputado Francisco Gé Acaiaba de Montezuma. ACD, sessão de 18 jun. 1838.

150 Ver o pronunciamento do deputado Montezuma na sessão de 18 de junho (ACD).

A concessão de tenças a militares pela Câmara é bastante representativa do esforço do governo e do tipo de medida que a Câmara autorizava.[151] A tença era uma espécie de pensão, temporária ou vitalícia, concedida a alguém como "prêmio de serviços" (Silva, 1858). Nos anos anteriores a 1834, o governo concedia pensões. A diferença de termos, nesse caso, é significativa. A pensão era um benefício previsto pela lei, a que o indivíduo tinha direito em determinadas circunstâncias, enquanto a tença era um prêmio. No ano de 1834, a Câmara aprovou cinco pedidos de tenças para oficiais do Exército, no ano seguinte são distribuídas 27. Mas no ano de 1838 a concessão do prêmio atingia um número surpreendente: são registradas 67 tenças, na sua maioria distribuídas entre oficiais generais. Uma vez que a Câmara não autorizava o aumento salarial, a concessão do benefício, assim como das gratificações, era uma forma de aumentar os rendimentos dos militares de linha, isoladamente. Ao final, transformada em lei, a requisição era assinada pelo ministro da Justiça, Bernardo Pereira de Vasconcellos, e o aumento incorporado ao salário, o que explicitava, uma vez mais, a lógica que regia a sociedade imperial — sem dúvida, uma ordem de base aristocrática.

* * *

O ano de 1842 constituiria o segundo marco da trajetória conservadora. Depois de Sebastião do Rego Barros, nenhum outro ministro conseguiu empreender uma direção tão firme no Ministério da Guerra. Até mesmo porque nenhum dos quatro ministros nomeados para o cargo[152] nele permaneceria por tanto tempo. Num espaço de pouco mais de um ano, entre o fim do gabinete de 19 de setembro e o retorno liberal em julho de 1840, os gabinetes conservadores foram substituídos três vezes. Nesse período, as medidas reformistas não dariam mais um passo na Câmara, pondo em evidência os limites da ação regressista e

---

[151] Todas as tenças concedidas estão registradas na CLB.

[152] Um deles, o ministro Rodrigues Torres, assumiu a pasta interinamente por um período de 41 dias, até a organização do ministério de 16 de abril de 1839.

confirmando a resistência dos deputados ao projeto de reorganização das forças de linha.

No relatório de 1840, assinado pelo conservador João Vieira de Carvalho, a antiga disposição retórica dos primeiros documentos cedia lugar a um texto monótono que, mantendo o modelo de organização instituído por Rego Barros, procurava insistir, já sem a mesma verve, na necessidade de implementação das reformas. Os trechos eram repetitivos e, a cada tópico, lembravam a indisposição da Câmara para votar as propostas. A declarações como "Subsistem ainda as mesmas questões que vos foram apresentadas nos Relatórios anteriores", seguem-se frases como "O Governo ainda insta pela vossa autorização" ou um quase redimido: "Enquanto não merecer a vossa atenção".[153] Misturando descrença e humildade, os relatórios do Ministério da Guerra estavam irreconhecíveis, e assim permaneceriam ainda no ano de 1841, quando os conservadores reassumiam o governo no gabinete de 20 de março.

As revoltas liberais de 1842 alterariam o curso dos acontecimentos, abrindo a sociedade para as propostas regressistas. Todas as reformas que esperavam aprovação parlamentar foram instituídas, de uma só vez, ao longo desse ano. Tratava-se de uma série de novos fatos que os conservadores, como no ano de 1837, articulariam com muita astúcia a fim de comprovar a fragilidade do discurso antirreformista liberal.

Esses fatos têm início com a mudança de gabinete por ocasião da Maioridade. O golpe que havia antecipado a coroação de d. Pedro II também levou ao governo os liberais. Desamparados politicamente, e afastados do poder desde 1837, os integrantes do novo gabinete procuraram garantir maioria na Câmara interferindo nas eleições, que ganhariam, por isso, a alcunha de "eleições do cacete". Essas eleições seriam, num futuro breve, amplamente exploradas pelos conservadores, mas tiveram também consequências ainda mais imediatas. Dela os conservadores lançaram mão para levantar suspeitas sobre a legitimidade do governo liberal e retornar, num curtíssimo prazo, ao governo, pedindo a dissolução da Câmara. Utilizaram-se para isso de uma antiga atribuição

---

[153] Relatório do ministro da Guerra de 1840, segunda parte.

do Poder Moderador.[154] Em uma Câmara de maioria liberal, com 66% de representantes da bancada oposicionista, é óbvio que as reações às propostas conservadoras, comuns nos anos anteriores à Maioridade, cresciam. Recorria-se então ao imperador para que interferisse na crise que opunha o governo ao Legislativo: com a eclosão das rebeliões de São Paulo e Minas, a Câmara permaneceria fechada durante todo o ano de 1842, e, na legislatura seguinte, graças aos novos mecanismos centralizadores que dispensavam o emprego de métodos violentos (Carvalho, 1988:146) e ao protesto liberal contra o encerramento da Câmara anterior,[155] o Partido Conservador alcançaria a unanimidade, fazendo 100% dos deputados.

Nessa sequência de acontecimentos, cuja estrutura básica é de conhecimento geral, chamo atenção para o fato de que essa reviravolta no meio político não só devolve ao Partido Conservador o poder, como cria uma dupla via de superação dos obstáculos à política de reforma do Exército. A primeira delas é que, isenta das formalidades parlamentares, a reforma passava a depender apenas da autorização do imperador para sua instituição, o que ocorreria por meio dos decretos-lei baixados durante o ano de 1842. A segunda tinha pretensões mais duradouras. As revoltas liberais em duas importantes províncias do sul forneceriam capital político para que os conservadores aprofundassem suas críticas às proposições liberais e confirmassem suas avaliações sobre os últimos acontecimentos da política nacional. Avaliações que sustentavam as medidas reformistas até então rejeitadas.

Por ora vejamos apenas a segunda via. Ela nos remete novamente aos debates parlamentares e à luta pela produção de uma representação vigorosa das experiências sociais, que no caso das discussões de 1843 constituía uma retomada da atuação regressista, principiada nos tempos da Regência Araújo Lima. Estabelecendo uma continuidade, os conser-

---

[154] Pelo art. 101 da Constituição, era-lhe atribuída total liberdade para nomear e demitir ministros e podia dissolver a Câmara "nos casos em que o exigisse a salvação do Estado". Ver Carvalho (1988:121).

[155] Consultar os dados fornecidos na tabela XV. Ver Carvalho (1988:151 e 153).

vadores aprimoravam o discurso da ordem e iniciavam a desmobilização da "cultura da liberdade".

Na abertura da primeira sessão da 5ª legislatura, a "Fala do Trono" real explicitava o impacto das rebeliões ocorridas no ano anterior. O objetivo desses pronunciamentos do imperador, na abertura de cada ano legislativo, era apresentar os temas básicos a partir dos quais se desenvolveriam os debates realizados em plenário e revestir de autoridade a política do ministério. Para o ano de 1843, ficava definida a necessidade de objetivar o sentimento de repulsa da "nação" pelos movimentos de rebeldia que sublevaram Minas Gerais e São Paulo, sintetizado na mágoa da Coroa:

> A profunda mágoa que me causou a rebelião declarada em Sorocaba e Barbacena foi apenas mitigada pelas provas que deram os brasileiros de sua dedicação às instituições do império, e de afeição a minha augusta pessoa. Recordo-me com gratidão do entusiasmo e presteza com que acudiram, ainda de províncias distantes, a *defesa da ordem pública* e das prerrogativas da minha coroa. A esta eficaz coroação de meus fiéis súditos, e ao *valor da Marinha e do Exército*, auxiliado pela briosa Guarda Nacional debaixo dos auspícios do Todo Poderoso, deve o meu governo o ter podido reduzir à obediência em curto espaço de tempo, os rebeldes das províncias de São Paulo e Minas Gerais.[156]

O ressentimento do imperador merecia destaque aberto no pronunciamento. Mas nele vinha agregada, sub-repticiamente, outra intenção do governo — a de reconhecer o valor dos serviços prestados pelos seus "fiéis súditos". A contrapartida da mágoa é a sua mitigação. A "Fala do Trono" abria uma série de exercícios parlamentares que se esforçavam por fixar e difundir uma leitura dicotômica dos acontecimentos. Ou se era rebelde, ou se estava a favor da ordem pública. Uma alternativa que reduzia as possibilidades de resistência dos parlamentares que discordassem da política que era instituída pela bancada conservadora ligada à cafeicultura fluminense — os saquaremas.

---

[156] ACD, abertura dos trabalhos do ano de 1843, "Fala do Trono".

A primeira grande discussão, que consumiria pelo menos todas as sessões do mês de janeiro do ano que se iniciava, abordava um problema de nomenclatura: a palavra que seria oficialmente adotada para se referir aos movimentos de 1842. A proposta do governo sugeria o termo "rebelião". Porém, nem mesmo a unanimidade da Câmara em torno do Partido Conservador garantia votações mais tranquilas. Como nos anos anteriores, os conservadores teriam que enfrentar as dissensões internas. Entre os deputados que se destacariam na defesa da proposta governista, estavam Rodrigues Torres e o mais recente nome a ingressar formalmente na política, Justiniano José da Rocha. Por meio dos seus discursos é possível entender como o referido exercício parlamentar produzia um sentido específico para os movimentos liberais e, com ele, estreitava passo a passo o campo de possibilidades de atuação da oposição.

Trabalhando desde 1836 pelo Partido Conservador na imprensa, Justiniano José da Rocha elegeu-se em 1843 deputado pela província de Minas Gerais, e sua presença no parlamento constituiu um grande reforço para o governo. Considerado "um homem de ideias",[157] levaria para o plenário toda a prática adquirida como jornalista. Produzia discursos bastante elaborados nos quais se pode identificar a recorrência a pequenos detalhes da história política recente e a pontos referenciais tanto do passado liberal como do discurso administrativo organizado por Vasconcellos e Carneiro Leão na década de 1830.[158] Acreditava que o trono ainda não tinha raízes no Brasil e transformou essa crença numa meta política. Sem jamais abandonar as redações dos jornais, assim se pronunciaria num artigo publicado no *Brazil*, periódico que mantinha com ajuda do partido: "O espírito público está em plena tendência para a monarquia, mas essa tendência, filha da razão, inspirada pelo amor da ordem, *não é coadjuvada nem por nossas leis, nem por nossos costumes, nem pelos nossos hábitos*: o trono não tem pois alicerces" (ap. Carvalho, 1988:16).

---

[157] Ver, entre os vários dicionários biobibliográficos, o *Ano biográfico brasileiro*, de Joaquim Manoel de Macedo. Todos podem ser acessados em Souza (1963).

[158] Ver principalmente os discursos pronunciados ao longo do mês de janeiro de 1843 (ACD).

Contando apenas 31 anos em 1843, o deputado jornalista fazia parte da nova geração que compunha os quadros regressistas. Ele também chegaria à política pelas mãos de Vasconcellos e demonstrava ter um amplo conhecimento dos princípios aos quais se filiava. Joaquim Manoel de Macedo veria a atuação de Justiniano da Rocha nos jornais como um complemento dos embates dirigidos por Vasconcellos no parlamento. Segundo Manoel de Macedo (1876, v. II, p. 367), ambos formavam, juntos, a "grande alavanca do partido conservador". Parceria que se completaria com o ingresso de Justiniano da Rocha na Câmara dos Deputados.

Lançada a proposta de discussão do termo a ser adotado para designar os movimentos de rebelião, o deputado por Minas logo tomaria a palavra. O primeiro ponto que observou foi a desorganização da sociedade brasileira: "Sr. presidente, para qualquer lado que considere a sociedade brasileira, em quaisquer relações que a examine, eu a vejo em ruínas".[159] Essa desorganização, continuava Justiniano, "não data de ontem. É necessário ter em consideração os 300 anos já percorridos e que nunca primaram pela ordem". Mas esse era apenas o início do discurso. Seguindo a linha conservadora, o deputado procurava fundamentar suas ideias em estatísticas administrativas. Fazia uso de sua experiência profissional para organizar um texto detalhado sobre o estado da instituição pública, da imprensa e do judiciário, para resumi-los numa única expressão: encontravam-se "sem centro e sem nexo".

A recorrência à história não era gratuita. Não podemos esquecer que os conservadores se encontravam no poder, salvo os curtíssimos oito meses da administração liberal, desde 1837. Como escritor, Justiniano da Rocha conhecia os perigos de uma frase mal-empregada e os estragos que uma ideia mal desenvolvida poderia causar num quadro político ainda instável. Tanto que imediatamente emendaria, nesse mesmo discurso, suas considerações: "Para julgar o procedimento deste ministério na triste época a que ela se refere [1842], é preciso recordarmo-nos, nós que estávamos no Rio de Janeiro, dos sentimentos da população nestes

---

159 Citações deste parágrafo em: ACD, sessão de 13 jan. 1843.

dias [...] do pavor que ia-se difundindo".[160] As dificuldades do ministério, segundo Justiniano da Rocha, eram decorrentes do predomínio de antigos costumes, herdados de um passado colonial, dos 300 anos de que falara anteriormente. Com esse tipo de formulação, o deputado mantinha a desordem como uma contradição inerente aos princípios políticos liberais, e abolia qualquer possibilidade de o seu discurso voltar-se, após uma releitura liberal, contra o próprio partido que representava. O ano de 1842 — e quanto a isso não deveriam existir dúvidas — era resultado de uma cultura política específica, cultivada por séculos entre os habitantes do Império.

Outra estratégia utilizada por Justiniano da Rocha procurava articular, de forma ainda bem simples, ante os discursos que os conservadores elaborariam no final da década, os elementos históricos de seu pronunciamento com aqueles mais próximos ao cotidiano do grupo social a que pertencia. Assim como recorreu a elementos do discurso administrativo conservador, buscaria também, para compor seu texto, pequenos fatos que lembrassem de maneira negativa os anos do governo liberal. Produzia um encadeamento para os acontecimentos, que posteriormente viria a ganhar *status* de verdade como memória histórica:

> Sinistros boatos circulavam; dizia-se — há clubes, neles se tem decretado o assassinato, o extermínio — e o pavor ia-se difundindo. Nessas circunstâncias, chega-nos a notícia da sublevação em Barbacena! Os *adversários da ordem* de coisas existentes, os indicados clubistas exultam; não sei como *não se lembraram de receber esta sinistra notícia com foguetes e luminárias!* Nós tínhamos visto em junho de 1840, o que valiam seus *respeitos a representação nacional*, ainda ouvimos as vaias de suas galerias; tínhamos visto em outubro do mesmo ano o que valiam os seus *cacetes*; uma proclamação indigitando vítimas, chamando o povo às armas [...] O governo salvou-nos de ver os seus punhais! Sim, sinto a necessidade de proclamá-lo: *o governo salvou o país — Honra ao governo!*[161]

---

[160] Ibid.

[161] Ibid.

Se em 1837 a desordem era identificada nos princípios políticos liberais, os movimentos de 1842 fornecem aos conservadores instrumentos simbólicos para que pudessem dar um passo à frente em suas críticas. Agora, os próprios liberais são identificados como adversários da ordem. Com a articulação que ele promove entre os fatos, parecem restar poucas dúvidas. Nesse momento, mais do que em qualquer outro, Justiniano revela sua habilidade. Primeiro, é importante perceber o traço de continuidade que estabelece entre os últimos acontecimentos da política imperial. O Golpe da Maioridade, as "eleições do cacete" e os levantes de 1842 ganham, na narrativa que organiza, uma relação e uma conformidade até então inéditas, e que se assentam numa visão processual da história. É como se os fatos descrevessem uma curva evolutiva. A princípio, Justiniano da Rocha localiza o Golpe da Maioridade, que, apesar do reconhecimento geral, tinha-se constituído a partir de um desacato à decisão da representação nacional, contrária a que se antecipasse a investidura de d. Pedro como imperador. Depois, assinala o aviltamento das eleições, que configuraria um segundo desacato, desta vez "à soberania popular". Por fim, chega às rebeliões.

Em meio a tudo isso, não faltaria uma fina e bem articulada ironia. Justiniano da Rocha recorre nesse trecho a uma imagem que à época era símbolo da representação liberal para consagrar o desrespeito do partido pela "nação" e pelos seus representantes, inclusive pelo próprio imperador. Conta Ferreira de Resende (ap. Mattos, 1990:142) que, naqueles tempos, "quando se tratava de manifestar o regozijo geral por qualquer ato político ou público, apenas a noite começava a escurecer, toda a vila tratava logo de iluminar-se", servindo-se de lanternas e luminárias: era o que se chamava uma alvorada. Quando voltaram à direção do Executivo, os liberais foram às ruas e, na comemoração que promoveram, acenderam luminárias e soltaram foguetes. Essa comemoração foi registrada por diversos periódicos e ficaria na memória popular como um marco da Maioridade. E foi a essa tradição que o deputado recorreu para finalizar a composição da imagem liberal que os conservadores pretendiam instaurar. Se por ocasião do golpe puderam festejar, quem garantiria que não o fariam novamente, pela sublevação de Barbacena? Afinal, como gostava de afirmar a reação, o partido da liberdade só tinha em vista a si mesmo.

Completando o raciocínio, o governo aparece como herói. Dono de um heroísmo que se baseava numa subordinação. Ter salvado a "nação" era uma consequência. A positividade da ação conservadora residia na capacidade demonstrada pelo grupo de colocar os interesses da nação acima das disputas regionais ou mesmo pessoais. Nas palavras do deputado, "cumpre que as paixões se sujeitem ao jugo salutar do regime representativo".[162] E, como herói, seu comportamento deveria inspirar uma nova conduta no meio político, transformando-se num ideal a ser perseguido por aqueles que pretendessem servir ao país. Sem maiores constrangimentos, encerraria sua primeira participação na casa parlamentar pregando essa exemplaridade da ação conservadora:

> *Imitassem-nos*: os representantes do *partido da reorganização social* ainda há muito pouco tempo que dominam pela opinião nacional, muito tempo estiveram fora do poder; esperaram, não se revoltaram, confiaram na opinião nacional [...] É incutindo nas massas o amor do trabalho, moralizando-as, tornando impossíveis estes movimentos revolucionários em que os ambiciosos as precipitam; é na consolidação da ordem que a Câmara vê o remédio heroico aplicável às finanças do Estado. *Trabalho, moralidade e ordem!* e serão aproveitados os inexauríveis mananciais de opulência com que dotou a natureza o abençoado torrão da América. Isto porém não é obra de um dia, nem de um ano: na atualidade, pois, a Câmara procurará na possível economia e no melhoramento do sistema de impostos achar os recursos que de momento são indispensáveis.[163]

Como a obra não era de um dia e nem mesmo de um ano, o deputado votou pela proposta governista que qualificava os movimentos de 1842 como rebelião.

---

[162] Ibid.

[163] Ibid.

Na sessão seguinte, Joaquim José Rodrigues Torres pedia a palavra. Rodrigues Torres não é um personagem estranho a essa narrativa. Ele foi um dos bacharéis que ascenderam na política em 1837. Assumiu a direção do Ministério da Marinha e consolidaria sua posição no grupo de elite política desposando uma das filhas de João Alvares de Azevedo, um proeminente cafeicultor fluminense. Em 1843, ele encontrava-se novamente à frente do Ministério da Marinha e atuaria simultaneamente na Câmara, como representante da província do Rio de Janeiro.

O pronunciamento de Rodrigues Torres seguia outra linha. Como relator da comissão encarregada de formar o projeto de resposta à "Fala do Trono", o deputado mostrava-se impaciente com as emendas, que, propostas em grande número no plenário, retardavam seu trabalho. Entre essas emendas, uma o irritava particularmente. Peixoto de Brito, representante da província de Pernambuco eleito pelo Partido Conservador, mesmo após a definição de metas pelo imperador, insistia em propor a substituição da palavra "rebelião" "por outra menos expressiva".[164] A insistência do colega era incompreensível para Rodrigues Torres, e o levaria a sintetizar na Câmara de maneira tópica, e numa fala agressiva, questões que se encontravam diluídas na exposição de Justiniano da Rocha. Sua intenção era conduzir o plenário a opções cada vez mais polarizadas.

Nesse jogo, proclamava a necessidade que havia de assentar as razões pelas quais a palavra devia ser conservada. Na primeira delas mencionou o direito que tinha o governo "pela Constituição de *classificar* o crime".[165] Ora, com esse tipo de argumento o deputado abria uma verdadeira luta contra a "oposição". Uma luta propriamente simbólica que utilizava os cargos e instrumentos políticos de que dispunha como "situação" para exercer legalmente uma censura, limitando o universo do discurso político e daquilo que é pensável politicamente. Mas para afirmar a legitimidade desta classificação e apartar qualquer relação que pudesse se fazer entre a medida e atitudes consideradas arbitrárias, além de

---

[164] ACD, sessão de 14 jan. 1843.

[165] Ibid.

lembrar a constitucionalidade da proposta, Rodrigues Torres destacava o fato de ela fundamentar-se em ocorrências verídicas. A classificação, completaria o deputado, foi efetuada "em função dos fatos que ocorreram e das informações que se obtiveram, não antecipamos qualquer juízo que houvéssemos de emitir posteriormente se se verificasse [...] que não se tinha realizado a hipótese de que partíramos".[166] Dessa forma, preservava-se a imagem de neutralidade competente que o governo procurava manter em um momento tão instável.

Se a guerra nos campos sublevados tinha por objetivo reprimir os revoltosos, na Câmara esse jogo parlamentar procurava estabelecer uma subordinação, reinscrevendo as antigas relações de força que organizavam o campo político. A experiência de governo adquirida pelos conservadores ao longo dos anos em que estiveram no poder demonstrou que a resistência às reformas centralizadoras eram muito maiores do que poderiam imaginar. E essas dificuldades tornavam-se mais explícitas à medida que nem mesmo a unanimidade no plenário e as revoltas em São Paulo e Minas conseguiam assegurar votações menos polêmicas. Uma situação que perturbava o deputado Rodrigues Torres, levando-o a interferir constantemente nas sessões relativas à matéria. Enquanto Justiniano da Rocha criava estratégias que tinham uma orientação a médio e longo prazos, e que tencionavam erguer uma cultura favorável aos princípios monárquicos, Rodrigues Torres era mais imediatista, definindo alvos mais precisos. Procurava intimidar, a todo custo, os deputados que se mostrassem pouco convictos em seus propósitos e titubeassem no momento das votações. Uma postura que se desenvolvia em função do que apresentava como a segunda razão para a defesa do termo "rebelião".

De acordo com Rodrigues Torres, "depois de ter o discurso do trono usado desta palavra", só existiam duas posições possíveis: ou "duvidamos que tenha havido com efeito este crime", e então responde-se pelo "acoroçoamento às facções", ou se vota junto com o governo e prestigiam-se aqueles que "sustentaram à custa do seu sangue e à custa

---

166 Ibid.

de seus bens a ordem".[167] Traçava, portanto, uma fissura que tinha em vista constranger diretamente os deputados que até então criticavam com certa facilidade as medidas apresentadas pelo gabinete. Para não deixar dúvidas quanto à eficácia das suas palavras, o deputado-ministro promovia ainda, ao final do seu discurso, uma requalificação do conceito de liberdade, que o apartava definitivamente dos ideais liberais: "Eu digo — liberdade — e entendo que sem Constituição, sem leis, sem ordem, não pode haver liberdade".[168] O termo, que até então definia os princípios do partido liberal, constituindo a base da sua identidade, era incorporado ao vocabulário conservador. Pela primeira vez, ordem e liberdade não apareciam como ideias excludentes. Mas a eficácia da formulação de Rodrigues Torres residia menos na conciliação que na dependência que promovia — a ordem transformava-se na própria condição de existência da liberdade.

A pressão do núcleo de deputados solidários à política do governo era grande, e, rapidamente, surtiria os efeitos esperados por Rodrigues Torres, explicitando as divisões internas do Partido Conservador. Na sessão do dia 16 de janeiro, Barros Pimentel, eleito pela província de Sergipe, protestava contra a nomeação de militares de linha para a presidência das províncias que estivessem rebeladas ou sob suspeita de conspiração: "Desejaria que se nos dissesse se porventura se receia ainda alguma coisa para se mandar presidir a quase todas as províncias a oficiais militares. Nós vemos no Rio Grande um militar, em Santa Catarina, em São Paulo, em Minas, em Espírito Santo, em Pernambuco e no Ceará presidentes militares". E indagaria sobre a habilitação da oficialidade para "ocupar convenientemente esse emprego".[169]

A intenção de Rodrigues Torres era levar os deputados mais recalcitrantes a se exporem, o que facilitaria, dadas as circunstâncias, o trabalho de desmoralização das suas ideias. A atuação, inclusive, ultrapassava as fronteiras do parlamento. Contando com o engajamento de

---

[167] Ibid.

[168] Ibid.

[169] ACD, sessão de 16 jan. 1843.

Justiniano da Rocha, os conservadores podiam utilizar, nessa operação de eliminação das dissidências internas, os jornais do deputado. É o que, ao menos, se pode deduzir dos pronunciamentos parlamentares. Apenas alguns dias depois do discurso mencionado anteriormente, o representante de Sergipe pediria a palavra na Câmara e assim se pronunciaria:

> Ser-me-á lícito procurar desvanecer um preconceito que se pretende introduzir na população, e é que alguns deputados se recusam a conceder ao governo os meios indispensáveis para restabelecer a ordem e o sossego público. *Se nós combinarmos alguns discursos pronunciados na tribuna com os artigos de alguns jornais que defendem o ministério*, fácil será conhecer que é hoje o empenho maior dar a entender que alguns deputados se recusam a prestar estes meios ao governo.[170]

A prática era a mesma que nos anos anteriores utilizaram contra os representantes do Partido Liberal,[171] em minoria no parlamento.

Os movimentos que sublevaram parte das províncias de São Paulo e Minas Gerais eram convertidos no grande trunfo conservador. Eles possibilitaram o retorno do partido à direção do Executivo, garantiram a unanimidade na Câmara dos Deputados e forneceram o que parecia ser o mais importante para os integrantes do "partido da ordem": capital político para que pudessem minar as bases do que denominavam "cultura da liberdade". Essa tarefa era, sem dúvida, a mais trabalhosa. Mas contavam, agora, com uma pequena fórmula que, auxiliada pelo punho de Justiniano da Rocha, rapidamente difundiria os princípios centralizadores não só entre os parlamentares, como por toda a sociedade. Essa fórmula foi definida com precisão pelo deputado Joaquim José Pacheco. Magistrado, eleito por São Paulo e contrário à política do gabinete, Pacheco, como era conhecido entre os políticos, num momento de raiva sintetizou aquela que seria, por muito tempo, a estratégia básica dos conservadores saquaremas para impor seus propósitos

---

170 ACD, sessão de 23 jan. 1843.

171 Ver, entre outros, o depoimento de Alvares Machado na sessão de 12 de junho de 1838.

à sociedade política. Uma denúncia que lhe valeu um afastamento dos assentos parlamentares por duas legislaturas consecutivas. De acordo com o deputado:

> Tem-se querido, ou tem-se pretendido de certo modo coagir aqueles deputados que julgam conveniente ao país fazer alguma censura ao atual gabinete, *dizendo-se que esta oposição confunde-se com a antiga oposição, com a oposição que se diz rebelde ou cujos membros lançaram mão das armas para fazer valer os seus princípios ou os seus desejos*. Eu declaro que não pertenço a esta oposição, declaro que fui inteiramente avesso à rebelião de São Paulo, que sou eminentemente ordeiro, que desejo para o meu país um governo forte, enérgico, mas não opressor, antes amigo da Constituição, amigo das leis; mas não posso achar conveniente, senhor presidente, um governo cuja política tem sido sempre dúbia, sempre incerta, sempre tergiversadora, desde que subiu ao poder.[172]

A luta pelo reconhecimento do termo "rebelião" extrapolava, portanto, os limites dos movimentos de 1842. Se, a princípio, a palavra é utilizada para estigmatizar, por meio de uma generalização, o Partido Liberal, com o passar do tempo, ela é transformada em adjetivo e passa a classificar todo tipo de comportamento ou de pensamento que se opusesse àqueles prescritos pelo governo. Dela os conservadores se serviram para impor uma subordinação aos partidários do liberalismo e a ela o grupo conservador saquarema também recorreu para impor uma segunda subordinação, que os distinguisse do restante do partido. Como afirmaria o deputado Paulino José Soares de Sousa, em janeiro de 1842, num pronunciamento que seria lembrado por boa parte da historiografia,[173] para exercer uma "direção proveitosa" era necessário que a "*Câmara se pronunciasse*" sobre todos os fatos importantes que viessem a abalar a política e a sociedade. Que tivesse e demonstrasse

---

[172] ACD, sessão de 16 jan. 1843.

[173] Para ter acesso ao discurso na íntegra, ver ACD, sessão de 23 jan. 1843. Partes dele podem ser encontradas em Mattos (1990:129 e 130).

"uma vontade decidida e firme", capaz de deslocar os princípios monárquicos do campo da convicção racional para transformá-los em práticas cotidianas ou, para seguir a orientação de Justiniano da Rocha, num hábito — um hábito que atravessasse continuamente todo o corpo social, dando-lhe nova forma.

Para garantir uma eficácia real sobre essas forças, os saquaremas coordenaram uma ação que incidiu sobre os instrumentos de administração.

* * *

Uma leitura mais cuidadosa da *Coleção de Leis do Brasil* permite ver o tipo de intervenção que o discurso da ordem promoveu no Exército de meados do século XIX. Participando de um modo de pensamento específico, de base científica, a linguagem jurídica é composta por elementos invariáveis retirados da língua comum e que se destacam apenas por acusarem sinais de uma retórica da impessoalidade e da neutralidade. Nota-se, com certa facilidade, que esses efeitos discursivos são proporcionados por um conjunto de características sintáticas que, repetidas ordenadamente, criam a ilusão de que o sistema jurídico é a própria revelação do justo e, portanto, não só neutro e impessoal, como universal (Bourdieu, 1989).

Toda essa estrutura, contudo, possui um sentido e um significado que são históricos. O sistema jurídico é resultado de um pacto articulado em torno do princípio do corpo social e da delegação de poder, e, como tal, expressa os interesses e as relações de força que dão forma à sociedade política na qual se insere, com a vantagem de apresentar-se ao senso comum como norma ou, como preferem alguns, como regra naturalizada. Nesse sentido, ele é capaz de reduzir a variabilidade comportamental e instituir, com grande eficácia, novos hábitos e costumes. Não foi por outro motivo que Justiniano da Rocha, ao declarar que sua meta era criar alicerces para o trono imperial, reclamou a necessidade de realizar uma ampla reforma das leis brasileiras. Uma reforma essencialmente administrativa, porque, como acreditava Paulino José Soares de Sousa — o ideólogo do movimento regressista —, o poder administrativo constituía um poder "secundário e subordinado ao Poder Político [mas que] organiza o pensamento deste e o põe por obra" (ap. Mattos, 1990:197).

Com a eclosão dos movimentos de 1842, é possível perceber na Coleção de Leis um considerável acréscimo de circulares, decretos e regulamentos que indicavam, depois de tantas lutas, a vitória da proposta conservadora de reorganização do Exército. Nesse sentido, a análise de alguns desses dispositivos jurídicos configura uma estratégia para melhor se compreender o significado da obra a que Paulino José Soares se referia, e que tanta força vinha mobilizando desde fins da regência do senador Diogo Feijó. Para efeito de análise, consideramos as leis e medidas votadas (ou decretadas) entre os anos de 1840 e 1860. Esse recorte obedece à clássica periodização de Capistrano de Abreu (1969:115-130) e procura satisfazer o interesse da pesquisa por cobrir um largo trecho da trajetória do grupo político e da instituição enfocados. Com ela, examinamos a fase considerada de "consolidação" do poder político conservador. Evitamos, como pode ser visto, incluir a década de 1860 pelas óbvias alterações que ocorrem na política militar conservadora com a Guerra do Paraguai — um tema que foge aos propósitos deste trabalho.

Um primeiro elemento que chama atenção para o conjunto da documentação é a unidade de princípios que organiza os enunciados. Ela indica com clareza a implementação da reforma. Poucos são os textos em que o leitor não encontrará expressões como "o governo organizará", "ordeno que se crie", "mando dar nova organização", ou ainda um "convém regular". O objeto de que tratam é dos mais variados. Em apenas um ano, 1842, verifica-se a existência de um grande número de decretos e circulares relativos ao Ministério da Guerra, quando a reforma reestruturou quase todo o Exército — o Arsenal de Guerra, a Pagadoria das Tropas, a Escola Militar, a Contadoria Geral e o Comando de Armas — e tratou de pequenas questões referentes ao Terceiro Esquadrão de Cavalaria Ligeira, aos Batalhões de Caçadores da Primeira Linha do Exército, ao fornecimento de "etapes e comedorias", às "contas da Guerra" e aos "uniformes de oficiais e praças", que foram regulamentados.[174]

---

[174] Esses itens podem ser observados no próprio índice do documento. CLB, ano de 1842.

Muitas das críticas que tinham sido realizadas uma década antes, ao final da última regência liberal, e que intensificaram o fluxo de correspondências entre os presidentes de província e o ministro da Guerra, eram reconhecidas oficialmente nessa série de circulares subscritas pelo imperador nos anos 1840. Como pudemos ver, em fins da década de 1830, os articuladores do movimento regressista deslocaram o "princípio de desordem", antes atribuído às forças rebeldes, para a administração empreendida pelos liberais. O movimento consistia numa estratégia indiscutivelmente casuística e pragmática, e, uma vez consolidado na estrutura política imperial, o "partido da ordem" demonstrava que a disposição dos anos anteriores não era apenas retórica. Tratava com determinação de erguer o que denominava um Estado forte e, por isso, empreendia uma reforma tão ampla. Na concepção do partido, o descontrole do governo liberal era decorrente da falta de uma estrutura administrativa que proporcionasse os meios necessários para que o Estado pudesse, nas palavras de um dos seus líderes, "olhar pelos interesses da sociedade",[175] por isso investiria na expansão da sua capacidade regulatória.

As circulares e decretos marcam, assim, a concretização dos princípios conservadores. Coerente em seus propósitos, e ascendendo ao poder, o partido dava início em 1841, quando ainda enfrentava as resistências da Câmara, a um exercício que tinha por objetivo aproximar as vistas do Estado das inúmeras irregularidades que corriam indiscriminadamente pelos meandros da burocracia, utilizando-se para isso dos meios que, apesar de precários, tinha a sua disposição. Incitadas pelos próprios conservadores, as denúncias eram muitas e desproporcionais aos mecanismos regulatórios de que dispunha o Estado. Na Circular nº 34, de 13 de outubro, os limites da atuação do governo aparecem de forma clara. Mesmo depois de comprovado que muitos oficiais do Exército continuavam recebendo benefícios relativos a comissões das quais já tinham sido afastados, o governo era obrigado a reconhecer publicamente que "não havia meios legais de se prevenir semelhantes

---

[175] O pronunciamento é de Rodrigues Torres (ap. Mattos, 1990:193).

inconvenientes e de os mandar indenizar por falta de regulares participações". A única medida ao seu alcance era suspender o direito de a família receber os benefícios em nome do oficial, posto que essa prática facilitava os abusos, e isso foi feito. Sem dispor dos mecanismos apropriados, a ação do governo procurava apenas dificultar a proliferação desses procedimentos. Em dezembro desse mesmo ano, os escândalos tomaram tal proporção, que, em outra circular, de nº 353, do dia 3, o ministro determinou ao presidente de Sergipe, província mais vilipendiada por esse tipo de ação, que se suspendesse o pagamento dos vencimentos de vários oficiais. O governo havia conseguido elaborar, contrariando todas as expectativas, uma criteriosa relação dos oficiais que vinham "recebendo benefícios não previstos por lei", e com isso não só viabilizava a punição dos acusados, como marcava posição, acenando com procedimentos inesperados, que surpreendiam toda a sociedade.

A falta de discernimento e controle do Estado, em alguns casos, beirava o absurdo. Em 1842, o governo se viu obrigado a comunicar formalmente, após o recebimento de vários requerimentos, que "os oficiais reformados, que estiveram no serviço da rebelião, ainda quando anistiados, não têm direito aos soldos relativos ao tempo que estiveram na rebelião".[176] A solicitação, que aos nossos olhos configura um disparate, era habitual entre os contemporâneos. Os oficiais do Exército apostavam na desorganização e na curta memória do governo. Esperavam passar alguns anos e tentavam estender seus direitos. Decorridos alguns dias, o governo ainda teria que reafirmar sua decisão declarando, em um aviso, "que os oficiais militares anistiados não têm direito ao pagamento de soldos pelo tempo que estiveram ausentes do serviço por *crimes políticos*".[177] O recurso a um termo mais forte talvez tenha sido utilizado para definir a situação. Mas os "vícios" eram muitos. Outra prática também muito difundida e que o governo teria que combater era o costume, existente entre muitos oficiais, de apresentar recibos duplicados ao prestarem contas dos gastos realizados com guarnições e

---

[176] CLB, Decreto nº 31, de 30 mar. 1842.

[177] CLB, Aviso nº 48, de 28 abr. 1842.

corpos do Exército. Esse procedimento aparece em vários avisos que circularam ao longo do ano de 1842,[178] e o descontrole sobre essas atitudes era proporcional às necessidades militares do governo. Quanto mais o Exército se movimentava e combatia, quanto mais o governo reclamava sua presença e seus serviços, maiores eram as chances de burlar a lei e cobrar diversas vezes uma única despesa. Isso demonstrava a total falta de meios do governo para fazer valer sua autoridade e produzir uma interferência eficiente no cotidiano da sociedade, fosse ela a sociedade política ou o conjunto dos habitantes do Império.

Era momento, portanto, para que decisões mais firmes fossem tomadas. A reforma vem em resposta a essa necessidade. Parafraseando Paulino José Soares de Sousa, poderíamos afirmar que: o poder político era a cabeça do Estado e a administração os braços que lhe forneciam meios eficazes para examinar a sociedade e prescrever medidas mais precisas, a serem cumpridas e difundidas. A leitura da documentação permite definir algumas das estratégias que seriam adotadas em relação ao Exército, que o governo pretendia reestruturar a fim de ampliar seu poder de ação. A medida mais visível era a organização de procedimentos técnico-administrativos básicos, que prescreviam a elaboração de livros de assentamento, conselhos administrativos, mapas estatísticos, ordens do dia, entre outros. Seria pouco exato afirmar que essas técnicas eram desconhecidas pelos governos anteriores ou que se constituíam numa novidade em termos administrativos. A grande questão que se colocava para o núcleo de dirigentes conservadores era reativar e operacionalizar esses dispositivos fornecidos pela técnica considerada imprescindível aos países civilizados — a administração.

Os mapas e tabelas que, como vimos no início deste item, eram apresentados pelo ministro da Guerra ao parlamento só se tornaram realidade à medida que vários regulamentos passaram a transformá-los numa exigência do governo. Os regulamentos, como sugere o próprio nome, pretendiam organizar o funcionamento tanto das instituições que eram criadas quanto das antigas, herdadas do governo liberal.

---

178 Ver os avisos que circulam principalmente nos meses de maio e junho de 1842 (CLB).

Procurando regularizar o acesso dos oficiais ao quadro hierárquico do Exército, um dos pontos mais polêmicos da reforma, o governo mandava criar na Secretaria da Guerra um "*livro mestre*, no qual se matriculem todos os Oficiais do Exército, lançando-se nele suas promoções, e notas do seu bom ou mau serviço, segundo as instruções que com esta se baixam".[179] A medida parecia ser tão eficiente que no regimento da Contadoria Geral da Guerra, aprovado pelo Decreto nº 210, de 3 de agosto do ano subsequente, é possível encontrar, no segundo artigo, a seguinte determinação:

> Haverá na Contadoria os seguintes livros:
> 1º *Diário* e *Livro mestre*, nos quais se lançará a receita e a despesa geral da Repartição da Guerra;
> 2º *Livro auxiliar* do crédito do Ministério da Guerra;
> 3º *Livro de contas-correntes* com os diversos ministérios, repartições e pessoas particulares, que com o Ministério da Guerra tenham contas;
> 4º *Livro de registro dos avisos* e ordens expedidas para pagamento de despesas do Ministério [...];
> 5º *Livro de assentamento geral* dos empregados do Ministério da Guerra [...].

Tempos depois, na década de 1850, novos detalhes vão sendo inseridos nesses regulamentos. A intenção era aumentar a capacidade de controle do Estado, que, por vezes, se encontrava extremamente distante das repartições cujas atividades deveria coordenar. Tentando regular o modo como proceder com as praças dispensadas do serviço por problemas de saúde, o governo destacaria "que a elaboração dos mapas relativos à inspeção de saúde serão todos de *modelo uniforme*, dado pela repartição do Ajudante General, contendo nomes, filiação e idade, naturalidade, tempo de praça, qualidade da moléstia ou circunstância que produziu a impossibilidade absoluta para o serviço".[180] Procurava-se

---

[179] CLB, Decreto nº 72, de 3 abr. 1841.
[180] CLB, Aviso nº 159, de 7 maio 1858.

garantir, com isso, as *regulares participações* de cuja ausência o gabinete de 23 de março de 1841 ressentia-se na circular relativa aos benefícios recebidos pelos oficiais comissionados.

Ocorria, no entanto, uma mudança. Esses livros, mapas e relatórios eram aprimorados por uma segunda técnica, que buscava uniformizá-los segundo um padrão definido por uma repartição do Exército indicada oficialmente. O aperfeiçoamento da técnica buscava ampliar a visão do Estado para que pudesse com mais facilidade fazer a sociedade sentir sua presença. Com ela, procuraria se aproximar de cada uma das praças, conhecendo e manipulando as informações obtidas a seu respeito. Os avanços técnicos mostravam o quanto eram também políticos.

A primeira fase destas reformas é dedicada às dificuldades orçamentárias. Os livros e mapas prescritos pelo governo tencionavam organizar as despesas do Estado, e toda essa sistematização administrativa fundava-se em preocupações econômicas. O motivo que justifica essa determinação é simples. Para que pudesse constituir um aparelho administrativo de expressão, o Estado deveria, além de deter o monopólio sobre o sistema tributário, ampliar seus recursos financeiros. Esse seria o princípio básico do mecanismo gerador da hegemonia (Elias, 1993, v. 2, p. 90). A consolidação ou enraizamento da monarquia dependia da capacidade demonstrada pelo governo de aumentar a receita da nação. Por isso, podem-se encontrar na documentação medidas econômicas de diferentes níveis. Num plano mais geral, observa-se, por exemplo, a tentativa de instituir-se uma regra para as compras efetuadas pelos estabelecimentos do Exército, como mostra o Aviso nº 131, de maio do ano de 1843:

> Tanto nesta ocasião, tanto nas futuras em que se tiver de fazer compras por meio de anúncios, *se procederá do seguinte modo*: o Arsenal marcará o dia para o recebimento das propostas, fechadas e lacradas, em que se designe a qualidade [do produto], seus preços e qualidades justificadas com as amostras; e nesse mesmo dia, às duas horas, se abrirão as propostas na presença dos concorrentes, que ouvirão o preço de todos; praticando-se depois que os concorrentes se retirarem, os exames necessários, que subirão à Secretaria d'Estado com as amostras e informações.

Por outro lado, o Estado não deixa de lançar suas vistas sobre despesas de menor porte. É possível identificar, em meio à massa documental, circulares dirigidas aos presidentes de província com ordens para remeter regularmente ao governo as contas de *pólvora fornecida* pela repartição da Guerra, ou ainda determinações para que se apresentasse, à saída de cada corpo de tropa, o *inventário dos móveis e demais pertences do quartel*.[181] Segundo o governo, apesar de pequenas, essas práticas abusivas eram também responsáveis pelo esvaziamento dos cofres públicos e, por consequência, pelo déficit orçamentário.

Mas, para que o Estado conseguisse detectar e atuar sobre todas essas irregularidades, os mapas e relatórios eram insuficientes. Eles constituíam apenas o primeiro passo de uma série de outros procedimentos. Caso objetivasse uma ação mais duradoura, o governo deveria utilizar métodos administrativos mais sofisticados, que reorganizariam, num movimento de *feedback*, esses documentos mais simples. As informações, sem uma orientação, de pouco valiam. Os olhos da Coroa instituíam uma "visibilidade organizada" (Foucault, 1979). Como cérebro em relação à administração, o poder político deveria dispor dos dados que obtinha de maneira a que se convertessem numa realidade institucional e viessem a interferir no cotidiano dos seus súditos, organizando-os — produzindo identidades. O art. 1º do Decreto nº 72, de 3 de abril de 1841, já citado, instrui sobre a necessidade de estabelecer uma distribuição racional dos oficiais:

> Art. 1º: O Livro Mestre para a matrícula dos Oficiais do Imperial Exército será dividido em cinco tomos, devendo servir o 1º para a matrícula dos Oficiais do Imperial Corpo de Engenheiros; o 2º os de Artilharia; o 3º para os de Cavalaria; o 4º para os de Infantaria; o 5º, finalmente, para todos os empregados do Exército que não forem combatentes.

A leitura desse artigo torna-se mais significativa se a relacionarmos com o conjunto dos valores sobre os quais se assentava o Exército nesse

---

[181] CLB, respectivamente Circular nº 106, de 15 mar., e nº 67, de 7 mar., ambas de 1843.

período. Um detalhe que não pode passar despercebido é que a organização desses tomos segue o *status* de cada um dos corpos dentro da organização. A numeração não é aleatória. Ela reproduz a "hierarquia militar" em termos administrativos. Assim como hoje, os engenheiros e artilheiros desfrutavam na época de um grande prestígio fundado no domínio que possuíam da ciência matemática, e que se expressava no próprio termo como eram designados seus corpos — a engenharia e a artilharia constituíam os "corpos científicos" do Exército.[182] Por mais que a imagem do militar da primeira metade do século XIX evocasse sinais naturais relacionados com a valentia e o vigor físico, e que, como já tivemos oportunidade de ver no primeiro capítulo deste trabalho, a formação acadêmica não fosse pré-requisito para a ascensão ao oficialato, os indivíduos que a possuíam, nem que fosse pelo grau de especialização dos serviços que prestavam, adquiriam certas distinções. Dessa forma, numa escala de valores decrescentes, aos engenheiros seguem-se os artilheiros; a estes, os cavalarianos; para só posteriormente virem os infantes. A administração, portanto, organizava hierarquias. O último livro permanecia reservado àqueles que nem militares eram — os funcionários públicos que trabalhavam no Exército.

Distribuídos os oficiais por tomos, iniciava-se a organização das páginas. O decreto não determina apenas as informações que deverão ser registradas, mas a maneira como se estruturavam espacialmente essas informações, a fim de evitar determinados "vícios":

> Art. 2º: Em cada página dos respectivos livros se inscreverá unicamente o nome de um indivíduo, seguindo-se sem intervalos em branco, nem entrelinhas, raspaduras, ou qualquer outro defeito que indique *vício*, as datas de suas promoções, e as notas dos seus bons ou maus serviços, segundo constar de suas fés de ofício relativamente ao pretérito, até a data da organização definitiva do livro.

---

[182] O termo já era utilizado nos estatutos da Academia Militar do Império, fixado pelo decreto de 22 de outubro de 1833. CLB, Título II: "Do comandante da Academia Militar e do seu ajudante".

A "visibilidade organizada" garantia também a lisura das informações enviadas ao governo. Não podemos esquecer que o Partido Conservador ergueu-se como símbolo da competência e da eficiência administrativa e, como tal, não poderia, pelo menos teoricamente, admitir fraudes. Todas estas regras determinavam o futuro dos oficiais que integravam os corpos do Exército e foram instituídas com o propósito de pôr fim às preterições e aos descontentamentos decorrentes dos antigos sistemas de promoção. Dando continuidade ao processo de classificação, e portanto a um processo seletivo, elas fornecem ao governo instrumentos para exercer um tipo específico de poder, que, assentado em procedimentos técnicos, se arvorava uma neutralidade a qual o isentava de qualquer suspeita — consolidando suas bases. A ordem era assegurada pela imparcialidade que procurava se atribuir ao "olhar da Coroa".

Mas as medidas prosseguiam. Procurando evitar ainda as tão preocupantes rasuras e emendas, o art. 3º decretava que, antes de qualquer escrituração nos ditos livros, "será publicado um Almanak Geral de todo o Exército, contendo fés de ofício de todos os Oficiais, marcando-se prazo razoável para que dentro dele se possam apresentar as reclamações que se lhe oferecem" e que, desde que apresentadas formalmente, seriam julgadas por uma Comissão de oficiais generais, ou superiores das respectivas armas.

Fica claro nesse conjunto de regulamentos que às prescrições de ordem financeira vão somando-se outras que procuravam aumentar o poder do Estado sobre os militares. A organização do corpo de oficiais facilitava, por exemplo, o trabalho dos comissários fiscais adidos às tesourarias das províncias, que tinham por tarefa fiscalizar as despesas que eram feitas por conta do Ministério da Guerra.[183] Tornava mais rápido também o serviço do Arsenal de Guerra, que deveria lançar em livros apropriados as "faltas de dias inteiros e de horas" da oficialidade, para no final do mês realizar os respectivos descontos salariais.[184] Mas permitia ainda que o registro das "faltas de subordinação e de obediência

---

[183] CLB, Regulamento nº 112, de 12 out. 1841, art. 10.

[184] CLB, Regulamento nº 115, de 7 jan. 1842, art. 6º.

aos superiores" fosse mais eficaz e "mais justo".[185] Ou que se procedesse a um controle mais circunstanciado das correspondências emitidas por estes mesmos oficiais quando na direção das repartições.[186] Entre todas essas medidas técnicas, as regras que em nome da ordem eram instituídas para gerar um Estado habilitado a gerenciar com competência os negócios do reino estabeleciam também uma fiscalização sobre a ação dos homens que coordenavam esses negócios, determinando condutas e hábitos que tendiam a se difundir por todo o corpo social.

Um bom exemplo para este tipo de relação é o art. 11 do regimento da Contadoria Geral da Guerra. Nele anuncia-se que "o exame das contas se fará *moral e arithmeticamente*". A ideia baseia-se no princípio de que o controle do governo sobre as despesas realizadas pelo Estado depende diretamente tanto do cumprimento das regras ditadas por lei quanto da índole do funcionário. Portanto, cabe ao governo, além de instituir "boas leis", cuidar para que os funcionários não "cometam omissões e prevaricações". Parte dos recursos orçamentários do Estado, nessa perspectiva, provém da organização administrativa, da capacidade de as autoridades públicas exercerem um controle efetivo sobre a conduta dos funcionários em serviço. Não é por outra razão que entre as atribuições do fiscal da fazenda do Arsenal de Guerra encontram-se as seguintes tarefas:

> *Fazer conferir* os resumos mensais das despesas de gêneros dos Livros do Almoxarifado [...], *mandar reexaminar* e conferir todos os documentos de despesa, informando sobre as contas que tiverem preços reconhecidamente excessivos [...] e remeter no princípio de cada mês ao Contador *balanço da receita e despesa*.[187]

O exercício dessa forma de domínio só é possível porque o Estado pode submeter os próprios oficiais por meio desses procedimentos

---

[185] Ibid., art. 8º.

[186] Ibid., art. 2º.

[187] CLB, Decreto nº 210, de 3 ago. 1842.

administrativos. Para tanto, basta que os critérios que orientaram a distribuição da oficialidade pelos livros de registros sejam estendidos para o cotidiano dos quartéis, instaurando uma série de segmentações e reagrupamentos que facilitem a circulação contínua do poder por cada um dos corpos em atividade. Nesse contexto, a regularização dos uniformes é fundamental. Foi por isso que, mesmo com todas as grandes preocupações políticas que envolviam o gabinete de 23 de janeiro de 1843 — o primeiro depois dos movimentos de São Paulo e Minas —, o governo não relaxou a votação do regulamento sobre as atribuições do comandante de armas, nem deixou de incluir entre elas detalhes relativos a esse objeto. No art. 8º, o comandante é instruído a exercer uma inspeção apurada sobre os uniformes utilizados pelos indivíduos que estejam sob seu comando. E a prescrição permite entrever o interesse do governo nessas minudências. De acordo com o texto, não se pode consentir que os oficiais "imponham maior graduação do que aquela de que gozam, usando de bordados, galões, canotilhos, ou distintivos de postos superiores, e nem que se apresentem nos quartéis-generais, ou em atos de serviço, senão com os uniformes estabelecidos". Esses emblemas, continuaria o documento: "Possibilitam distinguir o lugar de cada um deles nos corpos e evitam abusos".[188]

Ainda no mesmo regulamento, o governo reclama de "outro abuso" que se "tem introduzido entre os militares": o costume de "se darem uns aos outros tratamentos que lhes não competem por lei". Se a medida anterior procurava individualizar os corpos, para melhor os observar, esse artigo demonstra que essa identificação instituída pelos bordados e galões não tem por objetivo imobilizar os oficiais, mas, ao contrário, permitir a sua circulação — uma circulação controlada por uma rede de relações. Em função disso é que o referido artigo manda cessar também as "irregularidades de assinar o Superior o seu nome abaixo daquele do súdito, na correspondência oficial, exigindo que o Oficial de superior graduação ou autoridade assine sempre acima do nome daquele

---

[188] As referências sobre as atribuições do comandante de armas encontram-se, sem distinção, em CLB, Decreto nº 293, de 8 maio 1843.

a quem se dirige, o de igual na mesma linha, e o de inferior abaixo". Era preciso, na verdade, anular os efeitos das repartições ineficientes e do aparecimento descontrolado dos indivíduos às vistas do governo. A movimentação dos oficiais também deveria ser submetida, assim como seu comportamento, a uma ordem.

Para coadjuvar a atuação dos comandantes de armas no controle da oficialidade, é instituído um novo personagem nessa rede burocrática — o inspetor dos corpos. Sua função consistia em estabelecer a comunicação entre os comandantes e o governo, visitando cada um dos corpos existentes nas províncias do Império e preparando relatórios e mapas "tanto a respeito da sua organização e da administração militar, como sobre a disciplina e economia respectiva". O mais curioso, contudo, é a descrição realizada pelo decreto sobre a maneira como deveria ocorrer o ato de inspeção propriamente dito. Uma vez "formado o corpo com o primeiro uniforme em linha com fileiras abertas, e em ordem de revista", o inspetor deveria percorrê-lo e checar os dados relacionados nas fichas e tabelas enviadas ao governo nos anos anteriores, cumprindo um duplo percurso — a princípio, deveria ver nos números e informações que detinham os homens que se encontram enfileirados diante de si, para em seguida, atualizando os dados, convertê-los novamente em uma série de algarismos e tabelas. Até mesmo "os figurinos relativos ao dito fardamento" eram conferidos pela inspeção, tendo por base os modelos fixados pelo governo. Do inspetor dependia a concretização dos planos e construção de uma classificação racional para essa massa de homens: observando-a, regularizando sua circulação, constatando sua presença e sua ausência — sujeitando-a a uma nova ação política.[189]

Na década de 1850, esta rede de relações de poder tende à verticalização. Consolidado politicamente, o Partido Conservador pouco a pouco substitui o tema da ordem pela necessidade de difundir uma civilização. É claro que ambos os termos organizam uma mesma equação política. A manutenção da ordem exige dispositivos administrativos que não controlam apenas documentos e estruturas burocráticas, mas,

---

[189] Todas as citações encontram-se em CLB, Decreto nº 998, de 12 jun. 1852.

como vimos, definem normas de comportamento, investindo e coordenando a atuação da oficialidade. Dessa maneira, os anos do ministério da conciliação caracterizam-se por direcionar esses mecanismos de poder para um campo político até então menos sistematizado — o campo disciplinar.

Criar a Repartição do Ajudante General foi a maior expressão desse esforço do governo. A intenção, claramente demonstrada em diversas memórias, era de instituir no Exército um departamento que respondesse por sua organização e que estivesse a salvo das disputas políticas. A esse respeito, assim se pronunciaria Afonso de Carvalho (ap. Lopes e Torres, 1946:71 e 72) ao organizar a biografia de Caxias:

> Na época todos os negócios da guerra eram dirigidos direta e exclusivamente pelos ministros da guerra, figuras geralmente políticas, flutuantes e, por isso mesmo, na maioria dos casos, pouco conhecedoras dos problemas militares. O novo ministro [Caxias], reconhecendo todos estes inconvenientes, cria uma repartição estável, incumbida, realmente, da direção do Exército. Que os ministros passem e que tenham a missão precípua de defender os interesses do Exército no parlamento, e que ela fique, mantendo-se à revelia da política, e assegurando ao Exército a *unidade de ação e de doutrina*.

É possível perceber com certa facilidade que a questão colocada pela criação da Repartição do Ajudante General era de fundo burocrático. Ainda que fosse uma missão precípua e que, por isso, a política se constituísse numa atividade respeitada entre os militares, representada pela importante figura do ministro da Guerra, essa medida tinha um apelo que procurava definir uma identidade específica para o Exército, distanciando-o da sociedade para reerguê-lo como corporação. Como autoridade responsável pela coordenação das atividades militares, o ajudante general só poderia estar subordinado a regras e a um poder que fosse de origem militar; somente a separação dessas esferas de poder conseguiria assegurar a unidade de ação e de doutrina do Exército reclamada pelo regulamento.

O próprio objetivo exposto por Rodrigues Torres explicita o que há de novo nas preocupações do governo. A reforma orçamentária não era o ponto de chegada, mas um pré-requisito para que se pudesse continuar o processo de expansão da capacidade regulatória do Estado, até que as funções, regras e cargos criados ganhassem corpo em avançados "monopólios de controle" (Elias, 1993, v. II, p. 105).

Vejamos em que consistiam exatamente esses monopólios analisando algumas das atribuições do ajudante general, regulamentadas pelo Decreto nº 1.881, de 31 de janeiro de 1857:

> § 1º Fiscalizar o movimento, disciplina, abastecimento e administração de todos os corpos oficiais e das três armas de que o Exército se compõe; e exercer *ação disciplinar e administrativa* [...] ação que se estenderá ao Hospital Militar da mesma guarnição e às enfermarias dos quartéis, fortalezas e estabelecimentos militares [...]
> § 2º Organizar, à vista das *informações de conduta* dos corpos e dos documentos, [...] o acesso dos oficiais e praças do Exército às escalas de promoção [...]
> § 5º Propor ao governo imperial a adoção das providências necessárias para modificar, simplificar, uniformizar e regularizar o *sistema de administração e disciplina* dos corpos do Exército.

O termo "disciplina", que só aparecia de forma marginal nos textos oficiais, torna-se um elemento básico na composição do regulamento da Repartição do Ajudante General. É preciso lembrar que, no momento em que antigas funções sociais relativamente independentes vão sendo substituídas por outras formalmente subordinadas, começam a ocorrer também mudanças na "estrutura social da personalidade" (Elias, 1993, v. II, p. 100) ou nas atitudes sociais das pessoas. As técnicas disciplinares são implantadas como um complemento das técnicas administrativas e econômicas. Assim, explica-se o jogo de articulações minuciosas implantado pelo governo e que é explicitado pelo regulamento. Se a administração organiza documentos, a disciplina regulariza condutas, mas no fim ambas participam de um mesmo processo — o estabelecimento de monopólios de controle. A disciplina não é mais simplesmente uma técnica de distribuir homens, de extrair e acumular o tempo deles, mas de compor forças para obter um eficiente aparelho de Estado.

Em 1854, essa "sofreguidão normativa" (Mattos, 1990:215) do núcleo de dirigentes conservadores atingiu níveis surpreendentes e provocou reações na sociedade. Na sessão do dia 14 de agosto, a Câmara dos Deputados passou por momentos de grande tensão. Grupos de alunos da Escola Militar ocuparam suas galerias e promoveram fortes manifestações que seriam relatadas no dia seguinte por vários jornais da Corte.[190] O motivo para o tumulto foi uma emenda, enviada pela Comissão de Marinha e Guerra, que vinculava o casamento dos oficiais, exceção feita aos oficiais superiores e generais, a uma anterior autorização do governo. Prosseguindo em sua investigação social, o "olhar da Coroa" tentava regulamentar e, por consequência, subordinar até mesmo a vida particular dos militares dos baixos escalões do Exército. A empreitada foi difícil. A emenda teve que enfrentar uma enxurrada de depoimentos de fundo moralista-religioso e não chegaria a ser aprovada. Mas de qualquer forma é interessante destacar os argumentos apresentados pela defesa, ou seja, pelo governo, ao tentar aprová-la:

> Não se proíbe o casamento dos oficiais militares [...] o que se exige é que eles peçam e obtenham licença do governo para o fazerem. É uma ideia de *disciplina militar* [...] o Estado tem e deve ter o direito de *vigiar* sobre ele, de regularizar-lhe o casamento porque a família do militar é a família do Estado [...] É uma ideia consignada em todas as legislações das *nações modernas e civilizadas*.[191]

A recorrência a uma palavra como "vigiar" é reveladora. Ao defender a emenda, o deputado Pereira da Silva utiliza uma série de expressões que, se isoladamente não eram novas no vocabulário político, com

---

[190] Ver, principalmente, os artigos publicados no jornal *Correio Mercantil*, em que o acontecimento daria origem a uma série de discussões que se estenderiam até o mês de setembro. O primeiro artigo foi publicado no dia 15 de agosto de 1854.

[191] ACD, sessão de 14 ago. 1854.

certeza dão origem a uma fórmula discursiva que era desconhecida. Pelo depoimento do deputado, é possível perceber que o exercício da disciplina supõe um dispositivo que obriga pelo jogo do olhar. Uma sujeição que não é obtida pela violência e que, apesar de ter um momento de instituição, é tão mais eficiente quanto mais sutil — aí reside sua modernidade. Um homem civilizado é um homem com conduta e afetos modelados, organizados a partir de regras que lhe são exteriores, ainda que aspirem à naturalização (Elias, 1993, v. II, p. 100).

A reprovação da emenda em 1854 — mais por pressões do conservadorismo popular, cuja compreensão entendia que a emenda era um incentivo à libertinagem — não impediu que a proposta de exercer um controle sobre o casamento dos militares retornasse, ainda que suavizada, dois anos depois na forma de circular. O dispositivo recomenda que nos livros mestres se faça o assentamento do dia do casamento dos oficiais e praças do Exército:

> Convindo notar de maneira bastante explícita a respeito de tal estado que se advertem a vista de *certidões legais e autênticas de casamento*, de batismo e de óbito, o dia de casamento dos oficiais ou praça, o nome da família da mulher, e o que ela segundo o costume, tomar depois de casada, o dia de nascimento e o nome de *cada filho legítimo* [...] e o falecimento de qualquer dessas pessoas que morrer durante a vida [dos oficiais].[192]

A determinação não deixa de ter uma base econômica. Quando o deputado Pereira da Silva dizia que a família do militar é a família do Estado, referia-se a todos os encargos sociais que sua ampliação representava para os cofres públicos, como as "pensões de reforma" e os cuidados com "a sua família depois da sua morte".[193] Mas essa preocupação não invalida o caráter disciplinar da medida. Ao contrário, fornecia uma boa justificativa para os gastos realizados pelo governo

---

192 CLB, Circular nº 36, de 18 jan. 1856.

193 ACD, sessão de 14 ago. 1854.

na organização e armazenamento desses documentos. Os indivíduos são, ao mesmo tempo, objeto e instrumento da ação do Estado. Como objeto, interessam-lhe por razões econômicas; como instrumento, por difundir normas e costumes, porque se transformam num símbolo da moral que se tem em vista instituir. Não devemos esquecer que, nesse contexto, moral e aritmética são faces distintas de uma mesma moeda — a moeda civilizatória.

Mas, para que o poder disciplinar se exerça, é necessário especificar a vigilância (Foucault, 1987:156). Vários são os documentos que, principalmente nos anos 1850, procuram construir uma rede contínua e funcional de autoridades com o objetivo de organizar uma vigilância hierarquizada. A própria recorrência ao termo "autoridade", que na linguagem textual vem acompanhado do complemento — competente —, pode ser datada desse período. Nos regulamentos da década de 1840, a expressão só aparece raramente. Não afirmo com isso que o jogo de subordinações hierárquicas não existisse, mas apenas que perde muito do seu efeito quando se identifica a autoridade a quem se está submetido. A eficácia das redes de vigilância aumenta quando o poder não é nomeado, permanecendo como uma entidade que, se não pode ser vista e diretamente identificada, é claramente sentida no cotidiano das relações sociais.[194] Na verdade, a força desse jogo é proporcional à complexidade da estrutura administrativo-burocrática na qual se exerce. O poder do ajudante general, por exemplo, dois meses depois de regularizado, é reforçado pela regulamentação das atribuições do assistente do ajudante general. De acordo com o art. 16 do referido documento:

> O assistente do Ajudante General, logo que assumir o exercício de suas funções, remeterá ao mesmo Ajudante General uma relação nominal dos oficiais [que servem debaixo de suas ordens]; com declaração de sua residência, a razão de sua estada na província, a permissão que para isto teve, e de que *autoridade*.

[194] O tema é desenvolvido por Foucault (1987, cap. II).

Ao mesmo tempo que era vigiado, o assistente vigiava uma terceira pessoa, que, por sua vez, só podia ali se encontrar porque havia sido encaminhada por um quarto indivíduo, investido de autoridade.

Em alguns casos, essas autoridades permanecem completamente ocultas, como na Circular nº 267, de 11 de agosto de 1857. Nela, o governo determina que "pelas repartições sujeitas ao Ministério da Guerra não se faça contrato algum estipulando isenção de direitos sem prévia autorização do *poder competente*". Sabemos que se a circular fixa a necessidade da autorização, é porque esse poder foi regulamentado em algum outro momento e encontra-se registrado em uma das milhares de páginas da *Coleção de Leis do Brasil*. Em termos práticos, a pessoa interessada deverá procurar instruir-se sobre o modo como adquirir essa autorização. Talvez seja um procedimento até óbvio para os contemporâneos. Mas o importante é destacar a autonomia que o termo vai adquirindo, com a complexificação do código jurídico. Ao final, parece tratar-se de uma força indeterminada que, no entanto, faz-se presente ao interferir diretamente na vida de cada um dos habitantes do Império.

Já em outras circunstâncias, a ação disciplinar procura instituir um poder relacional que se autossustenta. Preocupado em definir áreas de influência — o que pertence à esfera civil e aquilo que é de interesse das autoridades militares —, o art. 11 das atribuições do assistente do ajudante general tece o que Elias (1993, v. II, p. 105) denominaria uma configuração humana interdependente:

> A correspondência do Assistente do Ajudante General acerca de objetos que devam subir ao conhecimento do governo imperial, e que dependam da solução deste, será por intermédio do Ajudante General do Exército, quando este objeto versar sobre administração, economia dos corpos, sua disciplina e a dos oficiais, e praças que existirem na província, ou por ela transitarem. Quando versarem, porém, sobre objetos que não tenham relação com aqueles será feita por intermédio do presidente de província.

Um dispositivo que se completa com a determinação fixada pelos arts. 9º e 10, respectivamente:

> O Assistente do Ajudante General remeterá por cópia ao presidente da província toda a correspondência que tiver com o Ajudante General [...] para que o mesmo presidente faça ao Governo Imperial sobre o objeto desta correspondência as observações que achar convenientes. [...] remetendo também ao Ajudante General, sempre que houver oportunidade, *extrato fiel* da correspondência oficial que tiver com o presidente de província a respeito de objetos relativos a oficiais e praças da respectiva guarnição.

Todos esses olhares têm um único objetivo: impedir que se quebre "a homogeneidade e a uniformidade na disciplina, administração e instrução"[195] do Exército. Nesse sentido, resta analisar apenas um ponto relativo à reforma e que pouco foi abordado na época — os mecanismos de punição colocados em prática pelos poderes políticos. Enquanto os regulamentos, em termos administrativos e disciplinares, davam largas passadas em direção à ampliação da capacidade regulatória do Estado e garantiam, com isso, o ingresso do Império no "mundo civilizado", o sistema penal permanecia muito aquém do padrão civilizado. Mesmo com tantos projetos e decretos sendo elaborados e aprovados pelo governo, apenas em 1859 conseguiu-se intervir em alguns dispositivos do código militar de justiça, e ainda assim da maneira mais simples possível. O Aviso nº 77, do dia 13 de abril, instituía a conveniência de se estabelecerem:

> Regras que substituirão o arbítrio na aplicação de pranchadas evitando-se abusos que têm, em grande parte, origem na maneira pouco razoável por que se tem entendido esse arbítrio, facultado pelos nossos códigos militares; resolveu sua majestade o Imperador [...] que quando qualquer praça delinquir por forma a presumir-se [...] nomeará *Con-*

195 CLB, Aviso nº 93, de mar. 1857, art. 18.

selho peremptório para julgar o fato denunciado, e decidir se tem lugar a aplicação do castigo.

Longe de ser reformado, o governo procurava, por meio desse aviso, apenas controlar os arbítrios que se difundiam indiscriminadamente entre as autoridades militares e civis que tinham sob suas ordens praças do Exército. Em nenhum trecho do documento se questiona a validade da aplicação de castigos corporais, a utilização da pranchada como corretivo é um dado. O que o poder político procurava fixar era a regulamentação do processo penal para que a pranchada só fosse aplicada após o caso ter sido submetido a um conselho organizado pelo comandante do corpo a que pertencesse a praça e soberano para decidir sobre a punição.

O reclame por disciplina constituía a contrapartida da ordem nas sessões parlamentares dedicadas ao Exército. A reivindicação conservadora por uma reforma legislativa, defendida por Carneiro Leão, evocava uma questão bastante polêmica que muitas vezes é minimizada diante da linguagem enfadonha dos códigos jurídicos — a política de intervenção deveria objetivar também o corpo, além de personalidades e sentimentos. As funções sociais relativamente independentes seriam substituídas por outras, controladas — por exemplo, os conflitos de interesses pessoais por conflitos pela preservação da política do governo. A ordem requeria estabilidade, que, por sua vez, exigia uma política dedicada ao controle de homens ou, ao menos, como diria Hobsbawm (1988:118), uma política que imprimisse a essa massa disforme, a que denominavam povo, uma direção.

Autoridade sobre autoridades, o poder central devia assegurar-se da impossibilidade de ocorrer autonomizações paralelas que viessem a prejudicar o bom funcionamento do conjunto. A eficácia funcional supunha um dispositivo de múltiplas vigilâncias que definia uma rede de olhares que se autorregulavam e reerguiam o Exército como um dos principais braços administrativos do Império. Para que pudessem atingir a sociedade, os princípios e ideais projetados pelo Partido Conservador tiveram que recuperar antes os mecanismos administrativos do Estado, penetrando e reestruturando cada uma das suas repartições.

Os agentes públicos se constituíram no meio básico de propagação do discurso da ordem, mas o núcleo de dirigentes do partido tratava de fazer ecoar todas as vozes que o defendiam, principalmente aquelas que não estivessem diretamente vinculadas ao Estado, como a dos literatos e da imprensa. O objetivo consistia em utilizá-las como instrumento de mobilização da sociedade; mesmo os recrutas que, vindos do interior do país, aportavam na Corte deveriam ser capazes de identificá-las, ainda que fosse pelo intervalo de tempo impresso no seu corpo entre a prática do crime e os golpes de pranchada.

A preparação do futuro: por uma crítica moral e civilizadora

Os limites da reforma: orçamento, prevaricação e a Guarda Nacional

Ao rememorar a trajetória de seu pai no clássico *Um estadista no Império*, o político e diplomata Joaquim Nabuco repassa os principais marcos das agitadas disputas políticas de meados do século XIX. Entre eles, ressalta o ano de 1848. O gabinete que ascendia ao poder a 29 de setembro era, na visão do diplomata, o "mais forte e homogêneo que o país já teve" (Nabuco, 1975:118). Presidido pelo regente de 1837, Pedro de Araújo Lima, contava na direção de seus ministérios com a participação da conhecida trindade saquarema — Eusébio de Queiróz, Rodrigues Torres e Paulino José Soares de Sousa. Esses nomes nos são bastante familiares. Constituíam o núcleo dos jovens políticos atrelados à bancada conservadora fluminense, parte do grupo que foi "produzido" na década de 1830 pelo então ministro Bernardo Pereira de Vasconcellos, e que pela primeira vez ocuparia em conjunto um gabinete imperial. Outros políticos da mesma geração integravam a Câmara que se formaria com as eleições de 1850. Uma Câmara quase unânime: um liberal entre 110 conservadores. Foi justamente esta configuração política que levou Joaquim Nabuco (1975:118) a destacar, em suas memórias, a coesão do governo que se instituía: "Era todo segundo reinado, os moços que tinham começado depois da Maioridade, representavam [nele] os primeiros papéis". Vale ressaltar ainda que esse foi também o segundo gabinete de maior duração de toda a história do império.[196]

[196] O gabinete de 7 de março de 1871, presidido pelo visconde do Rio Branco, foi o de maior duração — permaneceu no poder por um período de quatro anos e três meses. Ver barão do Javari (1962).

O retorno conservador, depois dos quatro anos em que o partido permaneceu distante do Executivo, lembrava os acontecimentos de 1837. A grande diferença residia justamente na unidade das vozes que se pronunciavam em plenário. Elas já não eram mais dissonantes. O núcleo de dirigentes do antigo movimento regressista havia conseguido aplainar as dissensões internas e, como queria Justiniano José da Rocha, iniciava o processo de fixação dos alicerces do trono imperial, elaborando uma nova cultura política, permeável aos princípios centralizadores de organização dos mecanismos de exercício do poder e favorável à constituição de um "espírito público". O gabinete de 29 de setembro pode ser considerado, assim, um emblema da administração conservadora. Nele estão representadas as principais forças políticas do partido, atuando em condições ótimas. Dos sete ministros que o compunham, todos possuíam formação superior. Mantendo a linha conservadora, inaugurada pelo antigo "ministério das capacidades" (Sousa, 1960:192), cinco eram graduados em direito com larga carreira na magistratura e os outros dois ministros, graduados em matemática, eram muito respeitados por sua experiência política (Carvalho, 1988:18). Além disso, três desses ministros — a trindade saquarema — representavam também os interesses dos plantadores fluminenses, consagrando a aliança que fundou o movimento regressista e se perpetuou por meio de uma "política de casamentos".[197]

Acrescentando a esse quadro a unidade da Câmara e o tempo em que o gabinete permaneceu no poder, a imagem fica completa. Resta apenas entender os motivos que justificam não só o retorno conservador, já que a alternância de partidos constituía uma estratégia prevista pela própria estrutura política imperial, mas o prestígio e a força do governo que assume a direção do Executivo em setembro de 1848. E, nesse sentido, a Revolta da Praia — ou Revolução Praieira — constitui um marco definitivo no percurso político cumprido pelas forças centralizadoras. Com uma longa tradição revolucionária, que inseria na história da província movimentos como a Revolução de 1817 e a Confederação do Equador,

[197] Sobre a aliança entre cafeicultores e burocratas, ver p. 41 deste livro.

além das pequenas inúmeras revoltas que eclodiram na região de 1831 a 1834, Pernambuco abrigava, na década de 1840, a única facção liberal ainda não convertida aos princípios conservadores, configurando uma resistência que ensejava a sua volta ao poder. A esta altura, o partido regressista havia se transformado numa espécie de especialista na tarefa de restabelecer a ordem, e o sucesso com que, mais uma vez, a empreendeu resultou na ampliação de suas bases políticas e na total adesão da sociedade aos princípios conservadores de governo, o que justifica a força mobilizadora do gabinete de 29 de setembro.

É importante lembrar que os praieiros constituíam apenas uma das facções do Partido Liberal — a sua parte mais radical —, mas que, em termos de política nacional, os liberais praticamente já haviam aderido aos novos cursos da política. Enquanto em junho de 1848 ocorriam em Pernambuco depredações de estabelecimentos portugueses, como uma forma de protesto contra o monopólio exercido pelo grupo sobre o comércio a retalho, o deputado José Maria da Silva Paranhos, representante da província do Rio de Janeiro pelo mesmo partido, se esforçava em plenário para estabelecer uma política de conciliação. Em meio a um debate com o deputado Eusébio de Queiróz, promovia uma releitura das atitudes empreendidas pelos liberais no passado:

> Foi neste sentido que sempre falaram os membros dos partidos representados nesta casa. Nunca este partido desconheceu que *a centralização é uma bela conquista da civilização moderna*, mas entendia ao mesmo tempo que não devia esticar a corda de modo que arrebentasse o nó, nem afrouxá-la tanto que se desatasse [...] o Sr. Eusébio fulminara em 1844 a política de conciliação [...] aquilo que em 1844 era impossível, hoje não é ou pelo menos deve ser tentado.[198]

O discurso da ordem ampliava seu campo de ação. O fato de os liberais não terem alterado em nada o esquema político do Regresso durante os quatro anos em que estiveram no poder constituía uma prova

---

[198] ACD, sessão de 21 jun. 1848.

irrefutável da sua simpatia pela reforma centralizadora. Seu único receio parecia ser a implantação de uma possível ditadura conservadora (Carvalho, 1988:17), temor que a Coroa dissipara em 1844 ao assumir o papel de reguladora das disputas políticas. A utilidade da centralização para o exercício do poder tornava-se mais clara e era atrelada, pelos próprios liberais, a conceitos como civilização e modernidade. O objetivo era apagar as marcas de sua origem. O que antes era uma proposta política de base conservadora transformava-se numa necessidade histórica, na única via capaz de assegurar ao Império brasileiro um lugar ao lado das nações civilizadas — ser moderno era um atributo que legitimava qualquer proposta política.

Mas, ainda que uma aproximação estivesse em processamento, a Revolta Praieira funcionaria como um dispositivo político do qual os conservadores lançariam mão para estabelecer no interior do governo uma hierarquia. Ao contrário do que ocorria com os liberais, para eles era importante expor as raízes de cada um dos partidos. Somada às rebeliões que sublevaram São Paulo e Minas e aos movimentos do período regencial, a Revolta Praieira completava a história que os conservadores escreviam sobre o "partido da liberdade", e instituía uma subordinação. Quando, sentindo-se pressionado a votar com o governo, o deputado Souza Franco entrou em polêmica com o ministro da Guerra e, a certa altura, muito irritado, começou a denunciar os constrangimentos a que o governo vinha submetendo a Câmara para que fizesse "de boa vontade este sacrifício da sua opinião", a resposta foi imediata. O deputado Sayão Lobato Júnior pediu a palavra e fez um longo discurso, que acabou por arrancar aplausos da Câmara:

> Sr. presidente, quem friamente meditar sobre os negócios do Brasil; quem despido de todo o ódio, de todas as paixões políticas, *imparcialmente* refletir sobre o estado interno do nosso país, facilmente compreenderá que deste estado procedem as dificuldades [...] Verdadeiros parricidas, seus próprios filhos têm por vezes manchado o solo brasileiro com sangue de seus irmãos. Esse partido, que se intitula liberal, tem por vezes recorrido às armas, ensanguentando diferentes

> províncias do império. Tem por toda parte plantado o germe da discórdia na população brasileira. *Desconhecendo os meios constitucionais*, esse partido, cuja única missão, quando está no poder, é vexar e oprimir seus adversários, e, quando fora do poder, ser um *eterno conspirador* [...]
>
> Eu não faço vãs e infundadas acusações como que há pouco foram feitas pelo nobre deputado que me dá o aparte. No que estou dizendo *fundo-me em fatos* que não podem ser contestados. Esse partido que se intitula liberal foi quem em 1835 promoveu a revolução que por tantos anos flagelou a província do Rio Grande do Sul; esse partido que se intitula liberal foi quem em 1837 ensanguentou a província da Bahia; esse partido que se intitula liberal foi quem em 1842 se rebelou nas províncias de Minas Gerais e São Paulo; esse mesmo partido que se intitula liberal foi quem em 1848 sublevou Pernambuco [...] Já vê portanto o nobre deputado que eu não estou fazendo uma acusação infundada, pois *os fatos falam bem alto, mais alto por certo do que quaisquer considerações que eu tivesse de fazer a respeito* [...]
>
> Por toda forma se quer mostrar que o país existe debaixo da mais tirânica opressão, opressão que não existe senão nos sonhos engenhosos com que a oposição vem pintar nesta casa o estado do país.[199]

Por mais que tivesse ocorrido, como diria Nabuco, uma "defecção das fileiras praieiras para as da ordem", sempre que contestassem ou fizessem apartes desfavoráveis à política do governo, os antigos liberais teriam todo o seu trajeto político repassado por representantes da situação, num processo de rememoração cujos fatos e marcos cronológicos eram naturalizados. Não era por outro motivo que o deputado Lobato Júnior, ao fazer uma retrospectiva dos acontecimentos políticos, estabelecendo um longo traço de continuidade que unia os farrapos às lideranças da Praieira, insistia na imparcialidade da narrativa. A disposição dos liberais para conspiração não era questão que se discutisse, constituía um fato. Com isso, mais do que desmobilizar as críticas de Souza Franco, que num contexto de unanimidade social pouco representava, esse tipo de

[199] ACD, sessão de 8 jun. 1850.

discurso procurava delimitar espaços. Um liberal, ainda que tivesse "quebrado seus remos",[200] jamais viria a compartilhar do prestígio e das prerrogativas políticas desfrutadas por um regressista formado na década de 1830. Sua adesão pressupunha uma subordinação. Lutando por uma representação vigorosa dos acontecimentos sociais, desenvolvida ao longo dos anos anteriores, os conservadores asseguraram o monopólio das técnicas de ação e de expressão do jogo político.

Se a desordem já esteve atrelada à administração liberal, se em seguida ela passou a adjetivar o comportamento dos próprios liberais, no final da década de 1840 o termo é submetido a uma atualização. Na representação que o Regresso impunha ao corpo social, sendo a centralização uma obra do mundo moderno e uma estratégia indispensável à construção de nações civilizadas — como anunciavam os próprios liberais —, aqueles que a ela se opusessem, ou tivessem feito oposição em algum outro momento, eram classificados como bárbaros ou anárquicos. Foi essa ao menos a fórmula utilizada pelo deputado cearense Pedro Guimarães para estigmatizar a oposição, principalmente seu mais impertinente representante, o deputado Souza Franco. Para invalidar as denúncias feitas por ele sobre diversos crimes praticados pelas autoridades responsáveis pelo recrutamento, Pedro Guimarães fez um longo discurso em que lembraria ao deputado o estado do país em "1844, 1845, 1846, 1847 e 1848", afirmando que todas estas desordens que se passaram sob seus olhos, posto que Souza Franco à época integrava o ministério, "denunciavam *perfeito barbarismo* e angustiavam profundamente a todos os amigos da humanidade e aos amigos da civilização".[201] O passado, organizado segundo os princípios conservadores, imobilizava o Partido Liberal e fornecia ao governo um eficiente instrumento de controle sobre os mais novos convertidos. Uma fórmula que posteriormente seria reeditada por vários outros deputados conservadores.

---

[200] Refiro-me à imagem evocada por Paula Sousa ao renunciar à chefia do gabinete de 31 de maio de 1848. Procurando expressar seus sentimentos, narrou a desventura de um índio que, cansado de lutar contra a correnteza, desfez-se, exausto, dos remos, abandonando-se ao que já não podia evitar (ap. Mattos, 1990:108).

[201] ACD, sessão de 22 fev. 1850.

Ao conjunto dos antigos liberais restava apenas esperar pela conciliação.

Devido a essa conjunção de fatores é que propomos a particularização do gabinete que assume a direção do Executivo em setembro de 1848. Como figura representativa do ideal político conservador, que por analogia e síntese expressava os elementos básicos do seu pensamento, a ação governamental empreendida por esse gabinete permite uma maior aproximação do que até o momento era apresentado em relatórios e debates parlamentares como princípios políticos do partido da ordem e, por decorrência, permite entender as possibilidades e os limites que conformam a reforma do Exército implantada pelos saquaremas.

* * *

O ministro que assumiu o Ministério da Guerra no gabinete de 29 de setembro foi o tenente-coronel Manuel Felizardo de Sousa e Mello. Assim como Sebastião do Rego Barros — o ministro do gabinete conservador de 1837 —, Manuel Felizardo também pode ser considerado um típico oficial aristocrata. Sua biografia, como tivemos oportunidade de observar no primeiro capítulo, não inclui nem uma passagem pelos campos de guerra, ainda que seu ingresso na vida pública tenha ocorrido num período caracterizado pela ocorrência de conflitos militares internos e externos. Manuel Felizardo teve uma carreira essencialmente política, e poderíamos agrupá-lo na geração de políticos organizada por Bernardo de Vasconcellos. O então tenente-coronel, que durante 10 anos havia ocupado cargos técnico-pedagógicos, ingressaria nos círculos da política nacional assumindo a direção da província do Ceará, nos primeiros meses da Regência Araújo Lima; e circularia por vários outros cargos do Executivo e do Legislativo[202] antes de chegar ao Ministério da Guerra no principal gabinete conservador, posto em que permaneceria por um período de cinco anos consecutivos.

---

202 Para uma relação sintetizada dos cargos ocupados por Manuel Felizardo, retornar à p. 62 deste livro.

A administração Felizardo corresponde à fase de expansão da capacidade regulatória do Estado. Outro fato que deu destaque ao governo conservador que principiava em fins da década de 1840 foi o movimento que empreendeu para ampliar as bases político-administrativas da monarquia, e, nesse sentido, coube ao novo ministro conduzir esse movimento nas repartições do Exército. Acompanhando o gabinete de setembro de 1848, Felizardo ainda permaneceu no Ministério da Guerra por mais um ano, dando continuidade ao seu trabalho no gabinete de 1853. Por isso, se o governo que assumiu a direção do Executivo a 29 de setembro pode ser considerado o emblema da administração conservadora, Manuel Felizardo de Sousa e Mello é a expressão maior do pensamento militar tal como fora formulado pelo partido da ordem.

Esse compromisso com a Coroa é objetivado pelo próprio imperador ao mencionar na abertura dos trabalhos de 1850 que esperava da Câmara providências para aumentar a força do Exército e promover reformas que lhe proporcionassem uma organização mais regular e vigorosa.[203] O discurso anunciava uma política que tinha por base duas referências. A primeira, como era de se imaginar, reportava-se à experiência dos movimentos de rebelião. A 11 de fevereiro do mesmo ano, justificando seu voto a favor do aumento de efetivos do Exército, o deputado Henriques de Rezende diria:

> Minha opinião é que se dê ao governo muita força, muitíssima, porque *desde que os nossos liberais por excelência querem incendiar o país por toda parte* [...] desde que os nossos limítrofes procuram comprometer o país aos nossos vizinhos do sul, entendo que o governo deve estar bem armado para fazer face a isto tudo.[204]

A segunda referência está embutida na expressão "organização regular e vigorosa". Nela, o imperador não só expressava seu interesse em melhorar as condições de atendimento aos soldados — incluindo

[203] Ver nota 1, na introdução.

[204] ACD, sessão de 11 fev. 1850.

alterações que vão desde o momento do seu ingresso nas fileiras de linha até questões relativas à alimentação e salubridade das instalações[205] —, como redefinia o papel do Exército na sociedade. Nesse caso, é o ministro da Guerra quem destaca, num discurso em plenário, a importância do Exército como instituição de reabilitação de alguns elementos nacionais. À carreira das armas, segundo Manuel Felizardo, cabia a difícil tarefa de lutar contra a independência dos homens do campo, que, acostumados pela fertilidade da terra a uma vida de pouco esforço e quase nenhum trabalho, eram muito ariscos e resistiam às regras e disciplinas características da vida civilizada.[206] A mesma preocupação pode ser identificada, numa linguagem mais explícita, no discurso do deputado Carneiro da Cunha. De acordo com o deputado, o Exército deveria "domesticar" os "facinorosos e libertinos", além dos homens do interior, principalmente do sertão, região onde, como acreditavam muitos contemporâneos, "não há aquela civilização que apresentam as grandes cidades".[207]

É também esse compromisso que molda o comportamento do ministro. O cargo de Manuel Felizardo obrigava-o a manter-se afastado das disputas políticas para sustentar a imagem do imperador como representante dos interesses gerais da nação. A sua presença nas sessões parlamentares era fundamental tanto para dar solidez às discussões propostas pelo governo como para estabelecer entre os deputados e sobre o trabalho que realizavam um olhar oficial — o do soberano, mas sua atuação nunca deveria se confundir com aquela desenvolvida pelo Legislativo. Um ministro de Estado, menos que um conselheiro real, porém mais do que um deputado, tinha por obrigação manter-se afastado das paixões partidárias que ameaçavam a continuidade das instituições e dos monopólios que elas pretendiam representar (Mattos, 1990:190). Na atuação de um ministro de Estado deveria predominar a razão.

---

[205] A interpretação da "Fala do Trono" é feita pelo deputado paraense Bernardo Franco e confirmada logo em seguida pelo ministro da Guerra. ACD, sessão de 6 fev. 1850.

[206] ACD, sessão de 7 fev. 1850.

[207] ACD, sessão de 14 jun. 1850.

Esse tipo de preocupação orientava o comportamento e todos os discursos pronunciados por Manuel Felizardo no parlamento. A sessão do dia 8 de junho de 1850 ilustra de maneira exemplar a seriedade com que a determinação imperial era cumprida. Nesse dia, o clima entre os deputados era de tensão. O deputado Souza Franco continuava incomodando, quebrando a tranquilidade das votações e, dessa vez, havia apresentado no plenário uma série de notícias que afetavam diretamente o brio e a dignidade do Exército. Entre elas, destacava o uso que as autoridades políticas faziam do Exército para definir o resultado das eleições de forma favorável ao governo, e denunciava vários crimes que vinham sendo cometidos pelo capitão do Exército Pedro Ivo. O ministro, presente no local, permaneceria impávido. A réplica coube a outro deputado, que cumpriria seu papel político, pronunciando um discurso avassalador. Somente quando a sessão chegou ao fim, o ministro pediu a palavra e, no pequeno discurso que proferiu, colocou, sem se envolver pessoalmente, um ponto final na discussão:

> Sr. presidente, a hora se acha adiantada, e como hoje se tem tratado pouco da lei em discussão, aproveitarei estes minutos que me restam para responder ao que tem mais íntima relação com o objeto de que se trata. Em uma das últimas discussões da Câmara dos Srs. deputados tratou-se mais especialmente das matérias que fazem o objeto da fixação das forças do que hoje se tem feito; e por isso me permitirá vossa excelência, que eu responda a algumas censuras que então se fizeram.[208]

Antes de tudo, Manuel Felizardo era um administrador e, como tal, comungava da ideia de que o fundamental para o Império residia no exercício pleno e eficiente do poder administrativo, e não do jogo político. Como já foi dito, essa era a base do poder que se pretendia instaurar. A força do governo estava na capacidade de convencer a maioria da neutralidade do poder que tecia e hierarquizava, por meio

---

[208] ACD, sessão de 8 jun. 1850.

de uma rede de olhares, as relações sobre as quais se assentava o corpo social. Essa seria outra face da razão que conduzia a atuação do Estado e de seus agentes mais próximos. No momento em que era chamado a defender uma proposta do governo, Manuel Felizardo discursava como ministro. Em regiões onde não se tinha que desenvolver as "vistas políticas do governo", faria ele questão de garantir que as nomeações de funcionários se dariam em virtude da capacidade do indivíduo para melhor exercer as funções disponíveis.[209] O poder que representava — destacava a retórica conservadora — não fazia distinções, privilegiava a competência e a eficiência administrativa.

Desempenhar esse papel ficava mais complicado quando o assunto era recrutamento. O ministro não poderia deixar de reconhecer os abusos que eram cometidos:

> O recrutamento é uma cruzada contra pequenos [...] é por isso que pedi que se diminuísse o extraordinário número de exceções, para que este imposto de sangue não recaísse sobre as classes mais miseráveis da sociedade, para que aqueles que tiram da sociedade maiores gozos, que têm maiores vantagens, contribuam também com seus serviços.[210]

Mas, como cabia ao Estado "olhar pelos interesses da sociedade",[211] e a sociedade imperial era una e indivisa apenas territorialmente, permanecendo as distinções políticas, o ministro reestruturaria o problema sem abandonar a linguagem administrativa. A opção apresentada na Câmara procurava instituir que em tempos ordinários o "recrutamento fosse distribuído segundo a população livre de cada província",[212] a que Manuel Felizardo retrucaria:

---

[209] ACD, sessão de 7 fev. 1850.

[210] ACD, sessão de 11 fev. 1850.

[211] A expressão é de Rodrigues Torres, nesse momento ministro da Fazenda (Mattos, 1990:193).

[212] ACD, sessão de 11 fev. 1850.

> Difícil é conhecer a população livre das províncias, e se nos falta esta base, como marcar a quota de recrutamento para cada uma delas? *Quais são as nossas estatísticas, os nossos arrolamentos?* Podemos prestar a menor confiança ao que se publica com este título? O que vejo aqui é um embaraço; não vejo uma regra clara e segura que sirva de norma ao governo.[213]

Com muita habilidade, o ministro reelaborava a abordagem vigente, incorporando referenciais estatísticos. Convertidos num problema técnico-numérico, a violência e os castigos corporais que levariam muitos deputados a apelidar o recrutamento de "caçada humana" tornavam-se um "embaraço", que justificava sua manutenção e preservava ilesa a política normativa do governo.

Assim como moldava a postura do ministro, o compromisso e a coesão do governo em torno da proposta de aumentar a capacidade regulatória do Estado também reorganizava os relatórios do Ministério da Guerra apresentados à Câmara. O formato do documento continuava a obedecer ao padrão institucionalizado por Sebastião do Rego Barros em fins da década de 1830. A apresentação permanecia sendo temática e dividida por tópicos, mantendo ainda os anexos, tabelas e gráficos já bastante comuns nessa época. O que mudava era o objeto de preocupação do governo. Uma vez que a reforma institucional havia sido realizada nos anos anteriores, as atenções voltavam-se na década de 1850 para os melhoramentos materiais, principalmente para o setor de obras públicas e de aquisição de material bélico. Essa alteração de rumos é evidenciada pelo ministro logo no primeiro documento que submeteu à apreciação do parlamento. Nele, podemos identificar o uso de uma estratégia bastante comum no meio político quando o interesse é esvaziar antigas propostas — Manuel Felizardo reconhecia a necessidade de novas reformas, mas não encaminhava um projeto que contribuísse para sua implementação, desviando, na primeira

---

[213] Ibid.

oportunidade, as atenções para temas que convinham ao governo. O item sobre os "Hospitais e Enfermarias militares" é, nesse caso, exemplar. Tendo que prestar contas à Câmara, o ministro não deixava de mencionar que o regulamento do Hospital da Corte "não recebeu ainda os melhoramentos de que necessita", e se justificava afirmando que a demora decorria do fato de este trabalho exigir "o mais sério e acurado exame". Porém, logo em seguida, emendava: "Entretanto dir-vos-ei que foram providenciadas novas acomodações, como sejam mais três enfermarias, uma sala para grandes operações cirúrgicas, uma outra para autópsias, uma casa para banhos, um jardim para os convalescentes, e mais alguns quartos para os empregados".[214] Tarefa para a qual não faltava tempo, nem disposição.

Com a consolidação de suas posições no governo, o tema da ordem passava a ser secundário (Mattos, 1990:201) para as lideranças conservadoras. Importava falar da construção de prédios públicos, de estradas, de pontes e canais, pois só estes propiciavam, na visão do partido, riqueza e civilização. Essa preocupação, que já era identificada nos relatórios redigidos por Rodrigues Torres (ap. Mattos, 1990:210, n. 45) quando ainda era presidente da província do Rio de Janeiro, em 1835, assumia lugar de destaque para o novo gabinete. E, para colocar em prática os novos objetivos conservadores, o Ministério da Guerra continuaria a desfrutar de um lugar privilegiado na distribuição orçamentária do governo — a ele era destinado o segundo maior orçamento do Império.

Tradicionalmente, a questão orçamentária é recuperada como um argumento-chave na comprovação da tese erradicadora (Coelho, 1976: 39 e 41). Mas a sistematização dos dados fornecidos pelos relatórios do ministro da Fazenda para o período tratado permite reorientar essa perspectiva:

---

[214] Relatório do ministro da Guerra de 1848, tópico "Hospitais e Enfermarias militares".

Quadro comparativo dos orçamentos ministeriais

	Império	Justiça	Estrangeiros	Marinha	**Guerra**	Fazenda
1837	1.527.072$	809.940$	163.439$	2.131.030$	**4.901.966$**	4.901.916$
1838	1.567.538$	859.737$	163.134$	2.663.023$	**3.586.615$**	6.390.125$
1839	1.829.683$	1.035.021$	257.346$	2.705.483$	**5.013.935$**	6.796.934$
1840	2.219.854$	1.065.524$	423.867$	2.679.294$	**6.407.015$**	7.769.054$
1841	2.594.719$	1.132.414$	470.325$	2.597.317$	**5.306.481$**	8.823.585$
1842	3.182.964$	1.598.348$	535.064$	2.732.500$	**5.891.869$**	9.180.119$
1843	2.860.263$	1.474.796$	454.710$	3.098.536$	**8.702.928$**	9.729.286$
1844	2.736.117$	1.592.371$	519.132$	3.037.212$	**8.395.786$**	11.614.303$
1845	2.840.517$	1.099.104$	579.398$	3.037.212$	**9.098.488$**	9.367.911$
1846	3.005.734$	1.660.955$	591.170$	3.434.598$	**6.170.707$**	12.416.732$
1847	3.147.643$	1.777.746$	505.100$	3.572.215$	**5.947.196$**	11.866.793$
1850	3.197.285$	2.014.975$	465.460$	3.141.823$	**7.467.143$**	12.152.029$
1851	3.191.285$	2.014.975$	465.460$	3.141.828$	**7.467.143$**	12.152.020$
1852	3.720.308$	2.240.191$	554.526$	3.669.434$	**7.325.418$**	12.582.723$
1853	4.172.256$	2.413.836$	556.720$	3.881.525$	**8.039.577$**	12.222.452$
1854	4.839.336$	2.631.073$	602.753$	4.335.031$	**8.317.749$**	11.592.808$

Fonte: relatórios do Ministério da Fazenda apresentados anualmente na Câmara dos Deputados. Os dados relativos aos anos de 1848 e 1849 não constam nos relatórios.

Olhando em conjunto os orçamentos ministeriais, a posição do Ministério da Guerra é bastante privilegiada. A verba a ele designada não só era muitas vezes superior àquela destinada para os demais ministérios que compunham o gabinete, à exceção do Ministério da Fazenda, como descrevia uma curva ascendente que acompanhava o movimento de consolidação do Partido Conservador no governo. De 1837 até a primeira metade da década de 1850, houve um acréscimo de 41% na receita do Ministério da Guerra, o que ampliou consideravelmente as possibilidades da administração Manuel Felizardo.

Retornando aos relatórios da Guerra, é possível observar a maneira como toda essa verba foi aplicada no Exército. Primeiro, o ministro avaliava as repartições e, linhas depois, encaminhava uma série de propostas objetivando a reforma de suas instalações. Para a Fábrica de Ferro de Ipanema fixava uma longa lista que determinava o reparo de vários prédios e instrumentos, entre eles a casa do almoxarifado, a senzala dos escravos, as casas dos empregados, o hospital, os aquedutos e as rodas hidráulicas.[215] Passando ao Arsenal de Guerra, o ministro comunicava à Câmara que, além de mandar importar da Europa por "uma casa comercial desta praça uma porção de armamentos, inclusive vinte canhões obuses de calibre 80", contratou alguns funcionários para que fosse montada uma "máquina de vapor da força de seis cavalos" que, "servindo de motor a diferentes máquinas", "facilitasse os trabalhos e a obtenção de obras mais perfeitas".[216] A importância dessas realizações torna-se mais evidente quando, por uma leitura corrida dos relatórios, percebemos que o tema obras públicas não só organizava todos os itens do documento, como era particularizado na forma de um tópico, intitulado "Obras Militares". Até o ano de 1849, esse tipo de preocupação inexistia. Um tópico com esse título foi encontrado em apenas dois outros relatórios — de 1839 e 1840 — e, mesmo assim, seu objetivo se restringia a prestar contas à Câmara de alguns melhoramentos que tinham sido realizados pelo governo ao longo do ano. Agora, o ministro utilizava-se desse espaço para desfiar um verdadeiro rosário orçamentário:

> Na Corte, têm-se feito diversos reparos no quartel do 1º Regimento de Cavalaria, restando ainda outros que orçam em 4:000$000. De diversos consertos e de alguns aumentos necessita o quartel do Largo de Moura, importando uns e outros em 46:000$000. O da Praia Vermelha, de que em outro lugar mais amplamente falo, precisa de uma consignação de 12:000$000 para sua conservação e pequenos melhoramentos. As fortalezas de Santa Cruz, São João e Lages estão necessitadas de grandes consertos, a parte dos quais está se procedendo. As obras da Escola Militar ainda durarão pelo menos três anos, dando-se uma consignação de 30:000$000 anuais. Toda a despesa que ainda é preciso fazer-se com este edifício monta a 100 contos de réis [...] São orçadas em 20:000$000 as obras do Hospital Militar, inclusive as que se tiverem de fazer, se lhe for cedida, como já ponderei, a

---

215 Relatório do ministro da Guerra de 1848, tópico "Fábrica de Ferro de Ipanema".

216 Relatório do ministro da Guerra de 1849, tópico "Arsenais de Guerra".

> parte ocupada pela Escola de Medicina [...] Todas estas despesas com as que necessita o Arsenal de Guerra, a fábrica d'Armas, o Quartel de Bragança e algumas fortificações são orçadas em 260:000$000.[217]

Importa ressaltar que essa estimativa de 260:000$000 possui limites geográficos e distributivos. O item obras militares, na sua totalidade, não alcança outras regiões do Império. Como menciona o documento, essas despesas restringem-se apenas à região da Corte. Além do mais, não estão incluídos nesse tópico os gastos rotineiros, relativos a questões salariais e de manutenção do próprio aparelho burocrático. Os valores são altos. Poder-se-ia imaginar ainda que esses pedidos não saíssem do papel. Mas, por outro item criado pelo ministro, é possível notar que, além dos registros oficiais lançados no relatório da Fazenda, Manuel Felizardo contava com uma série de novas autorizações orçamentárias aprovadas isoladamente no correr do ano legislativo. No item "Despesas Militares", apresentado pelo relatório do ano de 1850, pode-se perceber que, à verba de 7:428.557$700 fixada por lei, o governo acrescentou um crédito de 1:274.139$571.[218] Já no ano de 1852, esse crédito suplementar atingiu o valor de 4:804.436$970, que, somado ao crédito fixado por lei, perfazia um orçamento total de 11:804.911$256 por ano[219] — um número que não era divulgado pelos relatórios da Fazenda.

O destaque dado pelo governo aos negócios da guerra era tanto que, em pouco tempo, a administração Felizardo passou a ser identificada no meio político como "aquela que mais dinheiro gasta",[220] despertando a atenção da Câmara e criando uma série de suspeitas. Essas suspeitas não eram infundadas. Apesar dos vultosos orçamentos designados pelo governo, Manuel Felizardo, a cada relatório, lamentava a impossibilidade de se fixar "uma maior quantia para ser aplicada em obras militares",[221] e apresentava, a partir do relatório de 1851, uma "despesa passiva" cres-

---

217 Relatório do ministro da Guerra de 1849, tópico "Obras Militares".

218 Relatório do ministro da Guerra de 1850, tópico "Despesas Militares".

219 Relatório do ministro da Guerra de 1852, tópico "Despesas Militares".

220 ACD, sessão de 27 ago. 1852.

221 Relatório do ministro da Guerra de 1849, tópico "Obras Militares".

cente. Nesse ano, era possível registrar 440 reclamações de credores que se dirigiam à Contadoria Geral da Guerra e 378 que procuravam as tesourarias provinciais, todos interessados em reaver, ao menos, parte da soma que teriam emprestado ao governo quando o Império ainda enfrentava a ameaça das rebeliões. Até o ano de 1853, o ministro contabilizaria mais 378 processos e noticiava à Câmara que a liquidação dessas dívidas vinha se processando com lentidão, pela falta de fundos.[222]

Essas informações, somadas a inúmeras denúncias de fraudes e superfaturamentos que começavam a circular pela Corte, fragilizavam o governo, levando-o, com isso, a antecipar-se às inevitáveis críticas da oposição e a instaurar uma comissão de inspeção responsável pela apuração das denúncias no Arsenal de Guerra e na Contadoria Geral. Para um gabinete que se afirmava no poder como herdeiro do "ministério das capacidades", e que tanta força havia mobilizado a partir de um discurso de eficiência administrativa, o momento exigia atenção. Por isso, adotou-se uma estratégia que objetivava a todo custo a preservação dessa imagem — o governo nomearia para integrar a comissão, composta por apenas cinco parlamentares,[223] dois membros da oposição. Era importante convencer a sociedade política de que o governo desconhecia por completo a existência desses abusos. Como diria o ministro da Justiça em plenário, era necessário evidenciar "o desejo que tem o governo de que se esclareça o mais rápido possível este negócio", e combater os "apartes levianos e mesquinhos".[224]

Nesse pronunciamento, o ministro Sousa Ramos, que assumiu o Ministério da Justiça em maio de 1852 — e com ele os escândalos do governo —, tentava conter o deputado Melo Franco. O jovem deputado, nesse período, constituía o segundo nome liberal da Câmara quase unânime eleita em 1850 e viria a reforçar a oposição que já vinha sendo efetuada de forma bastante contundente pelo deputado Souza Franco

---

[222] Relatório do ministro da Guerra de 1853, tópico "Despesa Passiva Militar".

[223] Ver os pronunciamentos do ministro da Justiça durante o mês de agosto de 1852, na Câmara dos Deputados.

[224] ACD, sessão de 27 ago. 1852.

desde os primeiros meses legislativos. Melo Franco havia ingressado no parlamento ainda no ano de 1850, substituindo Gomes Cândido na bancada mineira, e era um dos oposicionistas que integravam a comissão de inspeção do Arsenal de Guerra, formando ao lado de Souza Franco uma forte oposição aos conservadores. O que mais irritava o ministro da Justiça, porém, era o fato de o deputado ter convertido a estratégia do governo num importante instrumento de denúncias.[225] Logo no início dos trabalhos, tinha sido acordado, entre os membros da comissão, que nenhuma das informações obtidas durante a inspeção seria divulgada "fora da comissão". A medida procurava preservar o governo e a própria comissão. Tudo que fosse apurado deveria ser relatado em "ata da comissão" e, ainda assim, apenas após o encerramento das investigações.[226] Mas o deputado Melo Franco, declarando-se insatisfeito com o fato de não poder punir os culpados, pediu demissão, e passou, livre como estava de cumprir o determinado, a utilizar todos os dados coletados no tempo em que trabalhou na comissão para acusar o ministro da Guerra de ineficiência e conivência com esses "abusos escandalosos".[227] O pronunciamento do dia 27 de agosto define com precisão a disposição do deputado para a luta, que apenas se iniciava:

> Sr. presidente, o meu fim é demonstrar à Câmara que são indispensáveis certos esclarecimentos para que possamos chegar a conhecer a verdade. *Que se não pode contestar a existência de grandes prevaricações, de roubos escandalosos em repartições públicas*, o próprio Sr. ministro da Guerra já reconheceu, quando não ousou contrariar semelhante declaração [...].

Em seguida, o deputado particularizou a discussão narrando algumas das malversações por ele examinadas na comissão, e convocando o ministro a dar explicações. Entre várias histórias, Melo Franco contou como se procedia a compra de material para o Exército:

---

225 Ibid.

226 Ver o pronunciamento do sr. Henriques em ACD, sessão de 28 ago. 1852, além dos anexos que acompanham o relatório do ano de 1853, divulgando o resultado das investigações.

227 ACD, sessão de 27 ago. 1852.

> Um dos fornecedores, quero dizer, o principal fornecedor do arsenal de guerra, compra no dia 9 de janeiro todas as cornetas e clarins que existiam em uma casa estrangeira, a 8$, e no dia 10 do mesmo mês compra o arsenal estes mesmos objetos, isto é, os clarins, a 18$, cada um, e as cornetas a 14$.

É claro que sustentando este tipo de pronunciamento existiam vários interesses políticos. Na sessão seguinte, ao subir na tribuna, Melo Franco se valeu da oportunidade para comprometer todo o governo, invocando a "honra e probidade do presidente do Conselho de ministros" que, não se sabia por quê, num momento como este, "não aparece para dar explicações".[228] As críticas procuravam enfraquecer o governo ridicularizando o ministro. Para responder às colocações do ministro da Justiça, que insistia em afirmar a inocência de Manuel Felizardo, o deputado estabelecia uma comparação bastante irônica. Lembrava à Câmara que, assim como qualquer "negociante de taverna", o Ministério da Guerra deveria ter o hábito de "dar balanço todos os anos dos gêneros que tem, para saber, como se costuma dizer, a quantas anda".[229] Manuel Felizardo, ausente nessa primeira sessão de denúncias, não apresentou qualquer argumento a seu favor na sessão do dia seguinte, quando a representação nacional voltaria a se reunir. Tudo que conseguia dizer é que o deputado precisava de "provas documentadas", que não poderia fundar uma crítica dessa proporção em "denúncias particulares".[230]

O ministro da Guerra mantinha-se fiel à estratégia do governo. Procurava escapar às denúncias recorrendo à linguagem técnica que havia caracterizado sua administração e a política do gabinete. Exigia provas escritas e testemunhos oficiais para reconhecer publicamente os escândalos que eram divulgados sobre a repartição da Guerra. Mas o caso, exaustivamente explorado pelos liberais, interessados na conciliação, expunha, a quantos quisessem ver, as redes de compromisso

---

228 ACD, sessão de 28 ago. 1852.

229 ACD, sessão de 27 ago. 1852.

230 ACD, sessão de 28 ago. 1852.

sobre as quais se desenvolvia a modernização conservadora. O discurso da neutralidade competente e da eficiência administrativa, que aproximava o Império das nações civilizadas, permanecia restrito ao conjunto de leis e regulamentos institucionais. Na prática, as relações sociais continuavam a ser regidas pelos sistemas de apadrinhamento e de favorecimentos pessoais — uma contradição que seria observada pelos próprios contemporâneos[231] e limitava o alcance da ação centralizadora.

Os termos dessa contradição já foram amplamente analisados em outros trabalhos que tinham por objetivo definir o caráter do Estado imperial brasileiro, e, neles, tradicionalmente se tem concluído pela irredutibilidade entre os interesses e a ação do poder público e aqueles oriundos de uma ordem privada, pondo em relevo noções como "entraves" e "obstáculos".[232] Mas o trabalho realizado por Ilmar Mattos propõe outro equacionamento para esses termos, que, no caso, apresenta maior operacionalidade para os propósitos desta pesquisa. Segundo Mattos (1990:209), o Estado que se construía não era senão uma forma superior de um segmento dos interesses particulares, empenhado em estabelecer uma restauração e mesmo uma expansão de sua área de influência. Por essa perspectiva, o que era anteriormente visto como um "entrave" passa a ser analisado como algo inerente ao próprio processo de constituição de um "espírito público". Mudança que altera também o debate sobre o lugar ocupado pelo Exército na política da época.

Se a historiografia, como já foi visto, considera que o Exército brasileiro era hostilizado pela elite política durante o período imperial e que as reformas — quando as identifica — consistiam no resultado de ações políticas isoladas, centradas nas figuras de Manuel Felizardo e Caxias, é porque a manutenção do Exército, como expressão que é desse "espírito público", também parece ser inconciliável com os interesses provenientes de uma ordem privada. Compreensão que pode ser invertida caso se

---

231 Paulino José Soares de Sousa reconheceria, no seu "Ensaio sobre o direito administrativo", que o sistema administrativo brasileiro era "uma verdadeira teia de Penélope" (ap. Mattos, 1990:208).

232 Ver o balaço historiográfico relativo ao tema realizado por Mattos (1990:206).

considere que os problemas de recrutamento, as dificuldades salariais e, principalmente, a utilização do Exército para serviços policiais e a manutenção da Guarda Nacional não representavam "entraves" à constituição de um Exército moderno, tampouco negavam a existência de um projeto político voltado para a recuperação das forças de linha. Essas situações, ao contrário, ilustram de modo exemplar a própria lógica que ordenava a modernização conservadora e reorganizava o Exército.

Vejamos, portanto, cada uma delas.

O recrutamento foi sempre um ponto bastante explorado pela historiografia na corroboração da tese erradicadora; constituía um argumento que parecia irrefutável diante da força dos termos e imagens que compunham os discursos políticos da época. Entre as mais conhecidas, é possível destacar a representação de uma "caçada humana". A expressão, pelas denúncias que se faziam, era precisa. No sistema de recrutamento que vigorou durante todo o Império, e ainda persistiu nas primeiras décadas republicanas, predominava a violência.[233] Inúmeros são os livros de memória e romances[234] que incluem em suas páginas episódios sobre os meios utilizados pela população para escapar a estas caçadas. Os relatos do visconde de Taunay sobre a Guerra do Paraguai, nesse caso, são exemplares. Conta o autor que, uma vez iniciados os conflitos no sul, muitos rapazes evitavam sair de casa e só o faziam disfarçados de mulher, para burlar a vigilância dos fiscais do recrutamento. Em outras circunstâncias, o governo intervinha de forma mais decidida. Das páginas de Taunay também saiu o relato mais conhecido sobre esse tipo de intervenção. O autor narra o modo pelo qual o governo paulista conseguiu contribuir com o esforço de guerra: Tavares Bastos — então presidente da província — teria convidado a população, segundo consta, para ouvir música no largo do Palácio e, na melhor parte da apresentação,

233 Somente com a implantação do serviço militar obrigatório, em 1917, o problema do recrutamento encontra uma solução. Ver Capella (1985, cap. IV).

234 Entre eles, podemos destacar as memórias de Taunay (1960) e Cerqueira (1980); no meio literário, os livros *Memórias de um sargento de milícias*, originalmente publicado em 1854, de autoria de Manuel Antônio de Almeida, e *Triste fim de Policarpo Quaresma*, de Lima Barreto.

ordenou que a polícia cercasse a praça e aprisionasse todos os homens considerados aptos para o serviço militar.

Apesar de esses relatos resgatarem uma situação de guerra, a violência no recrutamento era um fato cotidiano, que gerava muita polêmica na Câmara. O mês de junho de 1852 é todo ele dedicado a essa discussão. O sistema de recrutamento em vigor baseava-se na conscrição, ao final de cada ano se procedia ao alistamento dos cidadãos em condições de prestar serviço no Exército. Em princípio, de acordo com a Constituição, todos os cidadãos brasileiros estavam sujeitos ao recrutamento, que era obrigatório.[235] Na prática, contudo, o "imposto de sangue" recaía apenas sobre aqueles que estivessem excluídos das redes de favorecimento pessoal que ordenavam a sociedade da época, ou sobre os que não apresentassem condições de pagar a quantia exigida pelo oficial responsável por efetuar o alistamento — uma soma que era por ele fixada extraoficialmente.[236]

É certo que esses abusos concorriam de forma decisiva para a fragilização do projeto conservador. A bandeira da imparcialidade, erguida pelo governo, parecia, aos olhos de toda a sociedade, não ter em conta o sistema de recrutamento, e as denúncias, por um esforço da oposição, se difundiam com rapidez entre os deputados. Diante dessas críticas, duas eram as alternativas submetidas à apreciação da representação nacional. A primeira sugeria o voluntariado. Nesse sistema, previa-se, como uma forma de estímulo ao ingresso na carreira, a diminuição do tempo de serviço (que nessa época era de seis anos), o pagamento de pelo menos meio soldo mensal e a doação, ao final do cumprimento do tempo de serviço, de uma "data de terras de 22,500 braças quadradas"[237] a cada um dos voluntários. A outra opção era o sorteio. Muito mais ousada, essa proposta, apresentada pelo deputado oposicionista Melo Franco, atacava diretamente o problema das desigualdades sociais:

---

235 ACD, sessão de 11 jun. 1852, pronunciamento do deputado Melo Franco.

236 ACD, sessão de 11 jun. 1852.

237 Ibid.

> Por que razão, senhores, não há de se formar uma lista de todos os indivíduos com a idade conveniente de servirem no Exército, para depois a sorte, *sem distinção entre o rico e o pobre, de plebeu ou nobre, designar o número daqueles com que cada município ou província deve concorrer?*[238]

Mas, ainda assim, o governo não se deixava intimidar. Para ambas as alternativas existia uma resposta pronta. Quando o voluntariado foi proposto na Câmara, os deputados situacionistas logo promoveram uma requalificação da discussão: o que até então constituía um problema passível de mudanças, transformava-se, nesses pronunciamentos, numa necessidade inerente ao próprio sistema de conscrição. O deputado Otávio Nebias, eleito pela província de São Paulo, afirmaria, na mesma conturbada sessão do dia 11 de junho, que o recrutamento "não era uma felicidade, mas uma triste necessidade [...] que cista [sic] muitas lágrimas". E, em seguida, induzia o plenário a um raciocínio bastante oportuno, respondendo a uma indagação que ele mesmo havia proposto sobre as dificuldades experienciadas na realização do recrutamento: "Mas isso está nos abusos do recrutamento, nas injustiças que se praticam? Não, está na própria *índole do recrutamento*, que não agrada a ninguém". A escolha do termo "índole" não foi aleatória. Com ele, o deputado naturalizava o problema, retirava a discussão do campo político para reimplantá-la no terreno da natureza das organizações sociais. Movimento que isentava o governo de quaisquer responsabilidades nas ocorrências que com maior frequência vinham a público.

Quando a alternativa era o sorteio, recorria-se novamente aos limites da estatística. Ainda durante a mesma sessão parlamentar, o deputado Sayão Lobato lembraria toda a dificuldade pela qual o governo havia passado poucos meses antes, ao tentar executar o regulamento do censo. De acordo com o depoimento de Lobato, foram "inúmeros os casos de apreensões, as suspeitas que indivíduos, ou malignamente ou de boa-fé, conceberam a respeito desse regulamento", levando muitos a

---

[238] Ibid.

"apresentarem esta medida como odiosa".[239] Situação que, ainda segundo o deputado, seria substancialmente agravada caso o censo viesse a ter como objetivo específico o recrutamento. Diante da ameaça de alterações na forma como se processava o alistamento, o deputado recorria, no desfecho do seu pronunciamento, ao argumento que lhe parecia mais eficiente. Lembrava à Câmara:

> Fechando, senhores, o governo no círculo de ferro de recrutar em cada província um número certo de indivíduos, na deficiência de *dados estatísticos*, ele seria levado a saltar por cima da legítima autorização, e a mandar recrutar indivíduos que deviam estar por uma *bem entendida equidade* isentos do recrutamento.[240]

Na verdade, Sayão Lobato repetia um discurso que dias antes o deputado Maurício Wanderley, o futuro barão de Cotegipe, havia pronunciado de forma ainda mais objetiva:

> Não sei que haja aplicáveis entre nós outros meios para o recrutamento senão a leva forçada, senão a constrição. Estes que gritam com os horrores da leva forçada não quererão por certo, substituí-la verdadeiramente pela conscrição, que *caindo indistintamente sobre todos, trará em maior grau o mal de que se queixam.*[241]

Acentuando a diferença que há entre as palavras "conscrição" e "constrição", o deputado explicitava o motivo pelo qual o sistema de recrutamento, apesar de todas as reformas, devia permanecer inalterado. O discurso político da neutralidade administrativa atuava sobre fronteiras sociais muito bem demarcadas, e o projeto que lhe dava sustentação não previa qualquer ampliação dessas fronteiras. Era importante ter claro que alterar os meios de recrutamento significava romper com o

239 Ibid.

240 Ibid.

241 ACD, sessão de 9 jun. 1852.

jogo de hierarquias que mantinha as distinções entre a "boa sociedade" e a "canalha". Desse modo, a constrição redesenhava no corpo social a mais expressiva das suas segmentações, contribuindo para que, em meio a tantas reformas, se procedesse à manutenção dos antigos laços senhoriais, ainda que estes tivessem passado por uma redefinição.

Esse não era contudo o único motivo que justificava a permanência do antigo sistema de recrutamento. A "leva forçada" possuía outras funções. Um retorno ao conjunto das correspondências trocadas entre os presidentes de província e o ministro da Guerra demonstra que, em fins da década de 1830, os conservadores transformaram o recrutamento num importante dispositivo político no processo de implementação dos princípios centralizadores de governo. Através dele, os conservadores efetuavam uma série de prisões, e retiravam das províncias personagens da política local que faziam oposição às reformas do Estado.

No ano de 1841, um ano depois das "eleições do cacete", quando os conservadores ainda procuravam ampliar suas bases políticas, José Augusto Gomes de Menezes, chefe de polícia da comarca de Cabo Frio, escrevia ao ministro da Guerra, por intermédio do presidente da província, justificando o fato de ter feito recruta Manoel Monteiro Franco Júnior:

> Tenho nesta data enviado o recruta Manoel Monteiro Franco Júnior, julgo de meu dever levar ao conhecimento de V. Exª. os motivos que a isto me moveram. Várias queixas tenho tido, não só deste indivíduo, como de vários outros membros da *família Monteiro*, na província: valentão e desordeiro, andando sempre armado e disposto a fazer desacatos, a ninguém respeita, e tem atentado a todos, a ponto de não se terem animado a processá-lo quando onze anos há, fez ele uma morte. Tendo agora recebido várias queixas contra estes e outros, *resolvi mandá-lo prender*, e com ele me remeteu o inspetor, que fez a diligência, a parte que por cópia envio. Achando pelo processo prescrito este crime, e querendo dar exemplo *resolvi remetê-lo para o Exército*, pois é esse o desejo geral, *a fim de ver este homem dali fora.*[242]

[242] AN, IG1 141, 3 set. 1841.

A preocupação em justificar o ocorrido e a identificação do recruta pelo sobrenome da família comprovam que Manoel Monteiro não integrava o que à época se denominava "escória da população". Sua apreensão como recruta obedecia a outros critérios e interesses. Por mais que o chefe de polícia tenha tentado fundamentar sua atitude, apresentando o rapaz como assassino e desordeiro, além de listar, páginas adiante, uma série de crimes que teriam sido cometidos por outros membros da mesma família, sua carta revelava com clareza a lógica que orientava a política conservadora:

> Um tal procedimento parece-me dever ocupar a menção de V.S. para que as autoridades policiais subalternas não continuem a receber insultos, pois que reinando neste lugar a maior harmonia entre os habitantes, *tem nele unicamente esta nódoa = os Monteiros = homens falsos, traidores, desordeiros e que fiados em seus patronatos têm por fim zombar das autoridades locais e impedir o progresso da ordem e do governo.*[243]

O enraizamento do trono exigia a desarticulação dos "potentados locais", de todas as forças de ordem privada que resistissem à política pública que o governo procurava instituir. Se o Estado imperial emergia dos interesses particulares, vale ressaltar que não se tratava de manter intocáveis os poderes da casa, mas de reorganizá-los. As arbitrariedades do recrutamento constituíram uma estratégia política de controle e subordinação dos poderes locais que insistissem em não reconhecer as novas regras do jogo político. Prender e enviar para a Corte como recruta o filho mais moço da família Monteiro, que até então parecia desfrutar de prestígio na comarca de Cabo Frio, era uma demonstração de força do governo, que intervinha na localidade para reestruturar as relações de poder, de modo a favorecer a política do governo.[244] Seguindo

---

[243] Ibid.

[244] A utilização desse tipo de dispositivo político pode ser observada em outras correspondências. Ver AN, IG1 140, 20 fev. 1838; AN, IG1 140, 20 mar. e 26 jun. 1839; AN, IG1 141, 17 jan. 1842, entre outras.

a orientação do ministro Felizardo, Cabo Frio seria uma das regiões em que era necessário desenvolver as "vistas políticas do governo", uma vista tão eficaz que em alguns casos chegou a desterrar os opositores mais renitentes aos "progressos do país".[245]

Uma questão que continua em aberto é a do nível salarial dos oficiais do Exército imperial, e, mais especificamente, das forças do Exército de meados do século. É muito comum encontrar em várias obras gerais sobre política imperial a ideia de que a oficialidade deste período ocupava a "margem inferior da classe média" (Schulz, 1994:212). Uma afirmação que apresenta três problemas. O primeiro é definir teoricamente o que seja "classe média", uma problemática que vem sendo reconhecida e discutida por alguns trabalhos mais recentes.[246] O segundo aponta para a homogeneização que o termo estabelece no corpo de oficiais, que, conforme foi visto, se encontrava inteiramente segmentado por distinções de origem social. O último problema lembra a falta de pesquisas empíricas mais sistematizadas acerca do assunto, no período abordado por esta pesquisa.[247]

Para apontar apenas uma das contradições que permeiam essa questão, basta tomar como exemplo o período pós-Guerra do Paraguai. Tradicionalmente, é nessa fase que a historiografia localiza o acirramento das relações entre civis e militares. Em consequência do substancial aumento das dívidas externa e interna do Império, alguns autores foram levados a afirmar que as legislaturas subsequentes à guerra procuravam economizar em diversos setores, sobretudo nos ministérios militares. Nesse contexto, identifica-se uma queda de aproximadamente 15% no total dos recursos destinados ao Exército, o que representava, entre outras coisas, uma considerável perda salarial para o conjunto da oficialidade.[248]

---

245 AN, IG1 141, 17 jan. 1842.

246 Para discutir a aplicação do termo na abordagem da origem social dos oficiais do Exército, ver Castro (1995).

247 É importante destacar que a pesquisa realizada por Schulz (1994) representa o que há de mais sistematizado sobre o assunto, no período de que tratamos.

248 Ver, principalmente, Schulz (1994, caps. 3 e 4, sobre a Guerra do Paraguai).

Por outro lado, seguindo os dados apresentados por José Murilo de Carvalho (1981:113) sobre os "níveis e salários da burocracia imperial, no ano de 1877", é possível observar um quadro bastante diferenciado.[249] Nele, os salários dos oficiais-generais estão perfeitamente equiparados àqueles recebidos pelos demais grupos que compõem a chamada "burocracia política". O salário de um marechal de exército, por exemplo, encontrava-se em torno de 10:000$, uma quantia superior aos 9:000$ pagos a um juiz do Supremo Tribunal de Justiça, posto mais elevado da hierarquia judiciária. E o salário de 6:698$ de um brigadeiro ultrapassava o valor máximo que alcançava o salário de um desembargador. Valores tanto mais significativos se lembrarmos que a carreira da magistratura era considerada, por determinados setores do Exército, uma carreira privilegiada para a qual se dirigiam invariavelmente os "filhos-família", custeados pelos pais.[250]

Essa contradição, observada por um simples cruzamento de informações bibliográficas, demonstra a complexidade do problema relativo ao nível salarial dos militares, que, sem dúvida, tem origem nas falhas sequenciais apresentadas pela documentação disponível. Reconhecendo essa dificuldade, procuro nas próximas linhas discutir não o valor real do salário da oficialidade, mas destacar a lógica política que organizava esses vencimentos, e que, pelo percurso tortuoso que cumpria, criou a ilusão de que a recusa de alguns ministros em promover aumentos salariais constituía uma prova do desprezo da elite política pelo Exército.

Por configurar um período de crise, mais uma vez a administração Felizardo favorece o trabalho de investigação sobre os meandros da política conservadora, em processo de expansão. Para isso, basta acompanhar os rumos das querelas parlamentares.

No ano seguinte às discussões sobre o recrutamento, o ministro Manuel Felizardo voltaria a tomar parte nos debates parlamentares, abordando um tema não menos polêmico. Assim como havia combatido

---

[249] Os valores fornecidos sobre o salário dos militares já incluem as gratificações.

[250] No próximo item, abordaremos uma das principais fontes para o entendimento desta questão, que ao longo da história imperial se difundiu e sofreu algumas redefinições — o jornal *O Militar*.

as propostas que objetivavam pôr fim às "levas forçadas", o ministro, dessa vez, se pronunciaria publicamente contra o aumento dos vencimentos dos militares de linha, proposto pelo deputado Araújo Brusque, da província do Rio Grande do Sul. A parte fixa do salário de um militar — o soldo — correspondia a apenas uma parte dos seus vencimentos, o restante variava de acordo com as funções de comando e cargos em comissões que eram exercidos — as gratificações. Mas o projeto apresentado à Câmara previa um aumento geral, tanto dos soldos quanto da parte variável dos vencimentos militares, o que representaria, caso aprovado, um grande ganho para a oficialidade do Exército. O ministro, no entanto, trabalhou com afinco contra o projeto. Os argumentos utilizados para combatê-lo eram tão inconsistentes quanto os que apresentou na discussão do recrutamento. Sobre o aumento das etapas dos oficiais — parte do salário destinada ao que denominavam "ração diária" —, o ministro contra-argumentaria afirmando que "esta não é a única quantia destinada a sua alimentação", e destacava que "o que acontece no Exército, isto é, dar-se a mesma etapa a qualquer oficial, por mais elevada que seja a sua categoria, ou a qualquer praça de pret, também acontece na Marinha". O ministro tentava validar a oposição ao projeto do deputado Araújo Brusque demonstrando a amplitude do problema, que também afetava a oficialidade da Marinha. Mas, na verdade, Manuel Felizardo não apoiaria nenhuma das propostas lançadas pelo deputado, e o projeto foi rejeitado como um todo. Linhas adiante, no mesmo discurso, o ministro recusava a proposta de se estenderem as gratificações de transporte — até então concedidas aos engenheiros militares — aos oficiais de fileira, e de se aumentarem as gratificações dos oficiais empregados em comissões arriscadas. A justificativa para essas intervenções ministeriais era uma só:

> O oficial que faz serviços de maior valia, que é sempre escolhido para comissões importantes, acumula um capital que depois se lhe torna produtivo; quando chega a capitão, pode ser promovido por merecimento aos postos superiores e ter uma carreira rápida.[251]

---

251 ACD, sessão de 2 jul. 1853.

No caso de outra administração, talvez esse discurso fosse mais convincente, mas para um governo que não só erguia a bandeira da modernização do Exército, como provia o Ministério da Guerra de todos os meios materiais necessários para que a reforma se efetivasse, esse tipo de argumentação era insuficiente, e deixava a sensação de que algo ficou por ser dito, ou de que algumas peças que se apresentavam eram inadequadas à ordem que os conservadores procuravam instituir. A lógica que sustentava esses pronunciamentos só seria elucidada pela interferência da oposição, que, interessada na conciliação, trazia novas denúncias a público.

Não contribuindo para a regularização do aumento das gratificações e salários, o ministro mantinha uma margem para efetuar concessões paralelas que ampliassem e reforçassem as bases da política reformista centralizadora. Na sessão do dia 21 de julho, o deputado pernambucano Figueira de Mello denunciaria em plenário uma série de "despesas ilegais" realizadas pelo ministro, que apesar de "não se achar autorizado pelas nossas leis para aumentar os ordenados dos empregados públicos a título de gratificação [...] com o desconhecimento da assembleia geral",[252] insistia em empreender várias concessões. Esses aumentos informais só eram comunicados ao final do ano legislativo, quando o ministro submetia o relatório da Guerra à apreciação da Câmara.[253] Se, por um lado, Manuel Felizardo desautorizava a proposta levada pelo deputado Araújo Brusque a plenário, não deixava entretanto de autorizar os pedidos que subiam isoladamente, pelas mãos dos seus assessores e correligionários, até o gabinete que presidia. No mesmo discurso do dia 21, o deputado Figueira de Mello mencionaria que

> pelo artigo 9º dos estatutos de 1º de março de 1845, que foram aprovados pelo poder legislativo no mesmo ano ou no ano seguinte, o bibliotecário da escola deve ter somente 960$ de ordenado; entretanto apresenta-se no orçamento atual com 1.200$, sendo 600$ de ordenado e outro tanto de gratificação.[254]

---

252 ACD, sessão de 21 jul. 1853.

253 Relatório do ministro da Guerra de 1852, tópico "Orçamento para 1853-1854".

254 ACD, sessão de 21 jul. 1853.

Mas a prática era comum. Só nesse pronunciamento o deputado citou quatro outros casos bastante semelhantes, como a concessão feita a outro funcionário da escola militar: "O escriturário da escola militar pelo artigo 9º dos estatutos apenas deve receber 480$, entretanto que aqui [no orçamento] se exige para ele a quantia de 840$".[255]

Essas denúncias explicitavam nada menos que as alianças políticas que sustentavam o projeto reformista conservador. Se a princípio este distanciamento entre o discurso e a ação dos saquaremas parece paradoxal, pode-se afirmar que o estranhamento se deve a uma transposição de valores, a um procedimento intelectual que insiste em reconhecer nesse período princípios políticos que não eram compartilhados pelo conjunto da sociedade. As regras que organizavam a distribuição orçamentária e os postos da burocracia tinham suas origens nas casas senhoriais, que, apesar das reorientações impostas pelos conservadores, continuavam a governar. O que à época denominava-se "economia nacional" era apenas uma ampliação das rendas particulares. Ou, mais precisamente, não havia distinção entre o que era renda e despesa "públicas" e "privadas". O governo dispunha do orçamento com total liberdade, assim como aqueles que lhe eram "mais próximos". É importante lembrar que esses dados, fornecidos pela oposição, poderiam ser obtidos, sem dificuldades, no próprio relatório do ministro. A operação era pública, apesar de ilegal. No ano seguinte, quando o ministro Manuel Felizardo já havia sido demitido, o novo ministro dos negócios da Guerra — o brigadeiro Pedro de Alcântara Bellegarde — reconheceria diante de toda a Câmara, como lícito, o fato de ter criado uma comissão de base técnico-científica com o objetivo de auxiliar o projeto particular de um oficial do Exército, o sr. Gomes de Souza:

> Quanto à comissão do Dr. Gomes de Souza, sendo pessoa muito ilustrada, e pedindo licença com seus simples vencimentos para ir à Europa, *julguei* que era melhor acrescentar-lhe mais alguma coisa, *encarregando-o*

[255] Ibid.

> de examinar o sistema de ensino das ciências matemáticas-físicas, e sua aplicação nos diferentes ramos da engenharia.[256]

O emprego do verbo em primeira pessoa deixa entrever a lógica do sistema: o ministro dispunha das rendas do Estado como de um bem particular. Como pessoa ilustrada que era, o sr. Gomes de Souza parecia, aos olhos de Bellegarde, ser merecedor de um "auxílio-viagem", que no entanto era financiado com verbas do governo, com a criação de uma comissão especial de pesquisa sobre os programas de ensino de matemática e física.

Discutir a manutenção da Guarda Nacional fica agora muito mais fácil. Assim como as questões anteriores, essa também pode ser entendida a partir da concepção conservadora de "poder público". Apesar de permanecer incompreendida e gerar descontentamentos entre alguns oficiais, principalmente entre os que integravam os baixos escalões do Exército,[257] a opção pela manutenção da Guarda constituía um dos pilares de sustentação da política administrativo-centralizadora de meados do século XIX. Investia-se nessas forças como uma instituição representativa dos poderes privados e, portanto, como moeda de barganha com os poderes locais. Anos mais tarde, em 1867, o deputado e líder do Partido Liberal Joaquim Manoel de Macedo (ap. Schulz, 1994:61) reconheceria, diante de toda a Câmara, os reais motivos que impediam que a Guarda Nacional fosse extinta:

> Era até possível acabar com a Guarda Nacional; mas semelhante medida se tornaria suspeitosa porque poderia dizer-se que o governo, com a organização regular completa do sistema militar, militarizará o país todo em proveito da autoridade, e com a extinção da Guarda Nacional *desarmará a nação ameaçando a liberdade.*

---

[256] ACD, sessão de 16 jun. 1854.

[257] No próximo item, trabalharemos com algumas dessas críticas, elaboradas pelos redatores do jornal *O Militar*, publicado por um ano, entre junho de 1854 e julho de 1855.

O depoimento do deputado colocava em pauta novamente o problema de definir o *quantum* de força caberia ao poder central, demarcando os limites e os termos da relação que ele deveria manter com a elite provincial. A extinção da Guarda representaria uma alteração nesse equilíbrio de forças, daí a expressão "nação desarmada". Ainda que a milícia não incorporasse os princípios democráticos,[258] ela expressava mais um dos vários círculos sociais traçados pelo sistema de hierarquias confeccionado pela política saquarema. Emergindo dos interesses particulares, essa política previa a atuação da Guarda Nacional em espaços considerados de "domínio público". As raízes do Estado em construção eram superficiais, e a série de monopólios que lhe garantia um alto grau de autonomia ante as casas senhoriais também encontrava limites claros — a permanência dos monopólios privados da violência.

Todos esses elementos, tomados por contradições, constituíam a base política do projeto reformista conservador. Eram inerentes ao próprio sistema que se organizava, e consolidavam os termos do pacto que Justiniano José da Rocha identificava como fundamental na composição do conjunto da sociedade do Império. Se, nesse início de década, esses elementos configuravam uma crise, isso só ocorria porque outros interesses políticos começavam a ser definidos. Os antigos liberais desejavam a conciliação e, após tantos reveses, adequavam sua proposta. Jacinto de Mendonça e Pinto de Campos, ambos líderes liberais recém-chegados à Câmara, discursariam com habilidade sobre a necessidade de o Poder Moderador interferir na composição do governo e implantar uma política mais estável. De acordo com os deputados, as "críticas morais e civilizadoras" eram peças essenciais na estruturação de um país moderno, sem as quais "não se pode dirigir bem o presente e ainda menos preparar o futuro" de uma nação.[259]

---

[258] Esses princípios são apresentados por alguns autores como elementos básicos na caracterização das concepções políticas que sustentam estruturas militares como a Guarda Nacional. Ver, principalmente, Castro (1979).

[259] Ambos os depoimentos podem ser encontrados em ACD, sessão de 1º jul. 1853.

A crise cessaria com a nomeação do ministério da conciliação, em setembro de 1853.

A emergência de uma nova proposta: *O Militar*

A Corte da conciliação vivia dias de otimismo. Após tantas promessas e discursos políticos, os homens livres do Império passavam a se reconhecer como parte integrante do mundo civilizado. Os anos 1850 não se distinguiam apenas pela estabilidade política que o gabinete de setembro de 1853, com a inclusão de nomes liberais, consagrava, marcando o fim das rebeliões provinciais. A proximidade com o mundo moderno era comemorada. Deixava de ser uma "realidade de tribuna" para ser vivida a cada vez que a população se juntava festivamente no cais para saudar mais um dos vapores britânicos que com regularidade começavam a cortar as águas da baía, ou ainda quando o povo corria aos arredores pestilentos da cidade para acompanhar os trabalhos dos engenheiros ingleses, que se afundavam nos pântanos carregando estranhos instrumentos de agrimensura. Com efeito, o progresso era sentido a todo momento, fosse pelas notícias estampadas nas primeiras páginas das folhas locais, quando do desfile das tropas argentinas, uruguaias e brasileiras pelas ruas de Buenos Aires, as tropas vitoriosas na derrubada de Rosas, fosse pelo simples ato, bastante comum nas noites de verão, de se abrirem as janelas das casas e sobrados que se estendiam pelas ruas centrais da Corte. A partir de 1854, essa atitude corriqueira colocava os antigos habitantes e comerciantes da região diante de um novo fenômeno da modernidade, o sistema de iluminação a gás.[260] O efeito sobre as pessoas era tal, que muitas delas viriam dos subúrbios para conferir a mais nova obra do governo — "dizia-se que em parte da cidade era dia, e em parte era noite", noticiava um contemporâneo (Mattos, 1990:15).

---

[260] Grande parte das informações sobre o cotidiano da Corte dos anos 1850 foi retirada de Caldeira (1996).

É certo que todas essas mudanças, sintetizadas pela imagem dos "caminhos de ferro", ligavam-se de maneira bastante ambígua ao movimento de organização da política saquarema. Tradicionalmente, elas são apresentadas como resultado direto da extinção do tráfico negreiro. Para os ex-traficantes, agora que dispunham de dinheiro em caixa, parecia sobrar tempo para novos investimentos, mas é importante destacar que o fim dos tumbeiros pouco se relacionou com o projeto reformista conservador, e que a aprovação da lei em 1850 deveu-se principalmente às insistentes e humilhantes pressões britânicas no litoral brasileiro.[261]

De qualquer maneira, as mudanças acarretadas pela nova lei corroboravam as propostas governistas e o discurso civilizatório dos conservadores fluminenses, que por essa época ganhavam ares de "inevitabilidade histórica" e arrebatavam a sociedade, embevecida diante das possibilidades de consumo que se abriam e das alterações que a modernidade provocava no cotidiano. Investimentos ingleses, incentivados por empresários como Mauá, davam um novo impulso ao projeto de modernização dos anos 1840, agora, com apoio da tecnologia e capital ingleses, que aportavam junto com os paquetes no cais Pharoux.

Esses investimentos em obras públicas, além das alterações que promoviam na economia do Império, constituíam, aos olhos do governo, uma maneira eficaz de estreitar as alianças entre os monopolizadores de terras e de escravos e aqueles que detinham o capital, aproximando ambos do Estado (Mattos, 1990:210). Ao governo, como já foi visto, interessava abrir novos "espaços neutros", principalmente para criar espaços à circulação de mercadorias e principalmente de pessoas, de modo que a reorganização das antigas relações sociais e a atuação dos agentes da centralização se processassem de maneira mais tranquila.

A modernização financiada pelos ingleses somava-se, assim, aos antigos interesses conservadores e favorecia a difusão do "olhar do poder", que já vinha se instituindo. Os melhoramentos das ruas atraíam a

---

261 Eusébio de Queiroz ainda tentaria demonstrar que, ao contrário do que se imaginava, a lei de 1850 fora resultado de uma ação anterior à ação inglesa — que era fruto de uma proposta governamental (Carvalho, 1988:56).

atenção da elite endinheirada. Data dessa época o surgimento da mística da rua do Ouvidor. O antigo quarteirão da rua Direita, que de forma promíscua unia num mesmo espaço os frequentadores da confeitaria Carceller com um sem-número de miseráveis que apareciam amiúde nas portas dos armarinhos e armazéns de carne-seca e toucinho da região, cedia lugar para o fino comércio da "rua da moda", cujas vitrines vendiam a mercadoria mais procurada pelos homens dos novos tempos — o padrão civilizado de refinamento. Um padrão que previa a abertura da "casa". Uma febre de reuniões, bailes, concertos e festas se alastrou pelos bairros chiques da Corte.

Os mais remediados, que não podiam ostentar esses hábitos, tinham que se contentar em acompanhar os acontecimentos dos finos salões pelos jornais, tarefa a que se dedicavam com um zelo obstinado. Dispor dessas informações também proporcionava certa distinção. Tão logo surgisse uma reunião pública, geralmente promovida em clubes e sociedades literárias, elas reapareciam entre citações que buscavam, ao longo das conversas informais, criar a ilusão de que aquele que as pronunciava desfrutava de certa intimidade com os altos círculos da sociedade.

Esse "progresso das delícias" (Caldeira, 1996:263) ampliava, paralelamente aos espaços de ordem pública, o significado e as possibilidades de abordagem das questões políticas. Nessas reuniões, em ambientes privados ou comunitários, não faltava a figura do cronista social. A ele cabia justamente a tarefa de "abrir essas reuniões" e realizar o desejo maior daqueles que as frequentavam — o de se exibirem. Conselheiros, senadores e deputados podiam ser encontrados com facilidade nessas ocasiões. E por constituírem a elite política, tê-los entre os convidados era sinônimo de prestígio. A política virava assunto dos salões. Distante do plenário, a peça que se encenava era outra, e durante o espetáculo o cronista social podia transformar-se num perfeito aliado ou no pior dos inimigos. Nas décadas anteriores, ele já desempenhava um papel de relevo na vida social da Corte, sendo esperado e circulando pelas festas familiares e pelas procissões, então tão comuns no Império. A novidade nessa virada de década residia na importância que se passou a atribuir à função por ele exercida.

Os jornais de grande circulação se adequavam aos novos tempos. A fissura que manteve em lados opostos, por um longo período, a imprensa política e a imprensa literária pouco a pouco perdia o sentido. O jornalista da década de 1850 era também um homem de letras, e os jornais passavam a absorver em colunas especiais as discussões que anteriormente ficavam relegadas às revistas e jornais especializados.[262] Para Werneck Sodré, o jornalista símbolo dessa geração foi Justiniano José da Rocha. Político de expressão nacional, Justiniano José da Rocha já foi bastante citado neste trabalho. São de sua autoria os mais expressivos discursos pronunciados em plenário no momento de consolidação das forças conservadoras — dos quais alguns trechos foram transcritos nos capítulos anteriores. O sucesso da sua atuação provinha menos da oratória que da intimidade com que manipulava a linguagem escrita. Justiniano José da Rocha jamais se afastou das colunas dos jornais, e por diversas vezes colaborou escrevendo crônicas de costumes. O jornal que primeiro aderiu ao novo padrão editorial foi a folha liberal *O Correio Mercantil*. Seu redator contrataria, em junho de 1852, Manuel Antônio de Almeida, que publicou em folhetins no suplemento "Pacotilha" o que viria a ser a sua obra mais conhecida — *Memórias de um sargento de milícias*. Foi também nas páginas desse jornal que José de Alencar iniciou a sua carreira como "escritor público",[263] pelas veementes cartas com que, sob o pseudônimo de Ig, criticou o poema "Confederação dos tamoios", de Gonçalves de Magalhães. Mais tarde, algumas de suas obras viriam a ser publicadas numa das folhas mais populares da época, o *Diário do Rio de Janeiro*.

Com isso, a própria concepção de política sofria alterações. Se, como diria Werneck Sodré (1983:185), os debates das décadas anteriores, entre liberais e conservadores, foram os responsáveis pela

---

[262] A principal fonte para essa discussão é a obra de Sodré (1983:183).

[263] Termo pelo qual os próprios escritores da época se identificavam com o fim de acentuar, além do seu trabalho como jornalistas, o compromisso que assumiam de participar das discussões públicas, atuando como censores e guias dos seus leitores, e promovendo a união dos demais componentes da "boa sociedade" em torno dos ideais que defendiam (Mattos, 1990:183).

proliferação de jornais e pasquins por diversas províncias do Império, pode-se observar na virada dos anos 1840 uma expressiva mudança no tipo de participação e no perfil do público que passava a acompanhar a vida política do país. Primeiro, é importante destacar, a política cada vez mais tendia a deixar os círculos profissionais para se transformar num assunto de interesse geral, organizando inclusive muitas das tramas literárias da época. Segundo, essa ampliação da política, tomada no sentido de organização de um espaço público, tornava o tema mais atraente para diferentes grupos sociais, e até a clientela que inicialmente estava interessada apenas nas crônicas literárias e nas coscuvilhices dos salões imperiais acabava tomando parte nas principais discussões do seu tempo. É claro que o alcance dessas mudanças tem seus próprios limites, os limites impostos por uma sociedade de base aristocrática. Mas não deixa, por isso, de abrir novos espaços de discussão e de elaboração de importantes críticas à política em vigor.

É nesse contexto que o jornal *O Militar* se insere.

* * *

O jornal *O Militar* era publicado quinzenalmente na Corte e nela circulou de maneira restrita por um período de um ano, entre julho de 1854 e julho de 1855. Seu formato coincide com a caracterização que se costuma fazer de um pasquim (Sodré, 1983). De poucas páginas, *O Militar* apresentava uma linguagem veemente, bem direcionada, e que marcava com clareza o lugar político a partir do qual os artigos eram elaborados. Seus números podiam ser encontrados na tipografia em que era editado: nos primeiros seis meses na Tipografia Silva e Lima, localizada na rua São José n. 8; após fevereiro de 1855, na Tipografia Americana, de José Soares de Pinho.

Outra característica tradicionalmente atribuída a um pasquim é o fato de guardar a identidade do redator e de seus colaboradores no mais "rigoroso anonimato" (Sodré, 1983:158). E esse foi sem dúvida o maior obstáculo que se interpôs ao desenvolvimento da pesquisa. A versão corrente na historiografia entende que o jornal era produzido pelos alunos da antiga Escola Militar, que funcionava no prédio que hoje abriga o Instituto de Filosofia e Ciências Sociais da Universidade Federal do Rio de Janeiro (UFRJ), no largo de São Francisco. No entanto, a origem da informação é desconhecida. Após uma frustrada investigação em fontes específicas sobre a imprensa, o único caminho que restou foi trilhar as próprias referências fornecidas pelos artigos publicados no jornal. O resultado, contudo, é parcial, proveniente de um esforço de investigação baseado em conjecturas.

Em meio a muitas incógnitas, uma coisa é certa: os militares que colaboravam para o jornal estavam muito bem sintonizados com o "espírito da época". No artigo denominado "Artigo de abertura", escrito pelo redator da publicação, é possível identificar uma grande desenvoltura no trato das questões políticas da década, que seguia os ideais de progresso e civilização:

> Extenuado pela sucessão rápida dos fatos, marchando de surpresa em surpresa, o *Militar* atento caminharia duvidoso, qual viandante de súbito pilhado pela tempestade no horror das trevas, se a luz da esperança não lhe prognosticasse que o sol da justiça dardeja sempre pulverizando o egoísmo e mal fundados preconceitos.
>
> Alimentemo-nos nessa esperança, busquemos desimpedir a *atmosfera social desses vapores perniciosos que encobrem a razão* e para tal conseguirmos, justifiquemos nossa aparição. Nossas palavras não serão embelezadas com a eloquência do retórico, com o fraseado que presta ao talento uma prática de longos anos; mas a santidade de uma causa, o futuro de uma importante *Classe da sociedade* [...]
>
> De há muito que sentimos a necessidade da publicação de uma folha, em que sejam tratadas as questões militares. E, em verdade, o Brasil que esforça-se por caminhar nas *vias do progresso*, que principia a desenvolver seus imensos recursos, e a excitar a cobiça do avaro estrangeiro, poderá consentir que os garantes da sua soberania se conservem estacionários quando com os olhos na história reconhece que a *prodigalidade da natureza*, que a sã razão dos povos, não são bastante para constituir uma grande nação? [...]

> Ninguém poderá contestar que à *fidelidade do Exército tem devido a nação a manutenção de suas instituições*; que com sua lealdade tem ele sempre resistido às sugestões dos que, satisfeitos hoje por dirigirem os negócios, chamam amanhã o povo às armas por serem confiadas a outrem as rédeas da suprema direção; que no meio geral de *corrupção de ideias*, no centro do interesse próprio, o Exército alheio a tantas alternativas, tem feito respeitar a autoridade, e com energia firmado na cabeça de D. Pedro a coroa, que lhe conferiu o voto unânime dos povos [...] O Exército, chamado a destruir passados erros, soube, com seu valor no campo de batalha, reduzir ao nada esse Nero americano, e com sua moralidade no território estrangeiro, provar ao mundo a civilização do Brasil. Parece pois que não se poderá acoimar-nos de exigentes, pedindo que se nos coloque na posição *que obtivemos por nossa lealdade, que mantemos por nossa dignidade, que devemos ocupar pela ilustração do império.*
>
> A denominação que damos a nossa folha, bem claro deixa as nossas vistas [...] Fiéis mantenedores da Constituição, amigos devotados da monarquia, nunca de nossa pena se ouvirá essa virulência de palavras que desacredita o *princípio da autoridade.*[264]

O texto é de uma originalidade intrigante. Para justificar a publicação do jornal, o redator promovia uma reinterpretação dos mais importantes fatos políticos das últimas décadas. Mantinha uma indiscutível fidelidade aos princípios da autoridade e aos "domínios da razão", entretanto localizava no mesmo ambiente "vapores perniciosos" que encobriam a virtude e atrapalhavam "as vias do progresso". Apesar de crítico, *O Militar* era um produto do seu tempo. Relembrando a importância da atuação do Exército tanto na manutenção das instituições como na destruição do "Nero americano", e portanto no processo de estabilização do regime, o artigo procurava estabelecer novas referências para a discussão do progresso e do movimento civilizatório em curso no império. Quando a tendência geral da literatura, fosse ela política ou romanceada, era fixar

---

[264] *O Militar*, 11 jul. 1854.

as bases da nacionalidade brasileira sobre alicerces dados por características naturais, retiradas da geografia e da "prodigalidade da natureza",[265] o jornal acenava, num procedimento inédito, para a insuficiência desses elementos na construção de "uma grande nação", com as proporções do Império brasileiro.

As discussões são várias e a abordagem dos temas propostos pelos artigos é fundamental para a compreensão das bases de formulação, se não do que se costuma denominar pensamento militar brasileiro, ao menos de uma das suas principais vertentes. Para John Schulz, neles se encontram as raízes das formulações intervencionistas que anos depois engendrariam a Proclamação da República, e as diversas intervenções que caracterizariam a história política do Brasil no século XX.[266] Mas, por ora, é preciso retomar as indagações acerca da autoria desses artigos. Linhas adiante retornaremos às questões de análise de texto.

O "Artigo de abertura" ilustra de maneira exemplar o(s) articulista(s) que redigiria(m) e assinaria(m) todos os artigos de *O Militar* durante o tempo de sua publicação. Num procedimento uniforme, quem coordenava os discursos era invariavelmente um sujeito coletivo, quase sempre apresentado como o Militar. A letra maiúscula também era uma constante. Utilizada em todas as palavras que se referiam à instituição, ela funcionava como um mecanismo ortográfico de reconhecimento social da carreira, o que constituía na verdade uma das principais metas da publicação. Ao longo de todo o ano em que o jornal circulou, foi possível reunir apenas três pistas significativas sobre a autoria dos textos por ele veiculados, e de início essas pistas pareciam apontar para direções opostas. Logo no primeiro número, num artigo sobre o relatório do ministro da Guerra, seu autor menciona que as observações e as críticas que faria ao relatório não tinham o objetivo de censurar a administração em curso, mas tão somente colaborar, posto que, ao contrário do mi-

---

265 A referência do pensamento político da época, influenciado pelo movimento romântico, era a exuberância da natureza e a exploração dos caracteres geográficos do país. Ver algumas obras citadas por Mattos (1990, item "Império do Brasil", especialmente p. 13).

266 O próprio título do trabalho indica sua principal hipótese: *O Exército na política: origens da intervenção militar (1850-1894)*. Ver Schulz (1994).

nistro, *O Militar* se encontrava em "contato imediato com o Exército".[267] Essa declaração, a princípio, levanta dúvidas sobre a versão tradicional que atribui a autoria do jornal a um grupo de alunos da Escola Militar. Pelos padrões atuais, os alunos da Academia Militar, situada em Resende, não mantêm qualquer relação de proximidade com a tropa.

Mas dois outros indícios voltavam a apontar para a escola do largo de São Francisco. Um deles destaca, no conjunto dos artigos, certa intimidade dos colaboradores do jornal com o cotidiano da escola e uma preocupação particular com o seu destino. O número de 13 de janeiro traz um pequeno artigo intitulado "Uma lágrima", redigido em homenagem ao alferes-aluno do quarto ano da escola, Januário Alexandrino Caneca, vitimado poucos dias antes por uma moléstia fatal. Pelo relato do jornal, não se tratava da morte de nenhuma grande personalidade do corpo discente, que pudesse merecer a atenção de grupos desvinculados da escola. No enterro do rapaz compareceram apenas 12 amigos, os mais próximos.[268] Mas entre os poucos que parecem ter sentido a perda estava *O Militar*. Já no número 22, é possível encontrar outra referência ao dia a dia da escola. Na seção de "Pedidos", *O Militar* convida o então ministro marquês de Caxias para "dar um passeio" até a escola e ver "com os seus próprios olhos que os estudantes bebem água na pesada caneca de chumbo do Chafariz, em comunidade com os negros trabalhadores das obras da mesma Escola".[269] Além disso, apesar do desembaraço do jornal em abordar diferentes assuntos ligados ao Exército, nota-se que as notícias veiculadas sobre o ensino militar são sempre tratadas de forma pormenorizada. Os números 15, 16, 17, 18 e 19, por exemplo, trazem uma seção denominada "Boletim oficial", em que durante dois meses são transcritos trechos da Lei nº 634 de 20 de setembro de 1851, que "alterava o curso da Escola Militar",[270] e, no número 20, é transcrito na íntegra o discurso do lente do 2º ano da escola, tratado por *ilm. sr. dr.* Francisco

---

267 *O Militar*, 11 jul. 1854.

268 *O Militar*, 13 jan. 1855.

269 *O Militar*, 20 jun. 1855.

270 *O Militar*, 8 mar. 1855.

Antônio Raposo, pronunciado por ocasião da instalação da Escola de Aplicação do Exército, no dia 1º de maio do mesmo ano.[271]

O segundo indício, e também o mais expressivo, refere-se às sessões parlamentares do dia 14 de agosto de 1854, quando a Câmara dos Deputados, no ápice da "sofreguidão normativa" do governo, é tomada por um grupo de jovens alunos da escola militar.[272] O motivo, como já tivemos oportunidade de ver, foi o encaminhamento de um projeto de lei que procurava vincular o casamento dos oficiais subalternos a uma prévia autorização do ministério. Nesse dia, as galerias da Câmara foram ocupadas por jovens que, em sinal de protesto, no momento da discussão do assunto, bateram fortemente os pés contra o assoalho, causando enorme balbúrdia e paralisando por alguns instantes o debate. Quanto à origem das pessoas que tomaram parte na manifestação, não há dúvidas. Irritado com a situação, o deputado Pereira da Silva, que defendia o projeto no momento do protesto, mencionaria claramente o fato de se tratar de "10 ou 12 estudantes" da escola, que pretensiosamente queriam coagir a Câmara. A que uma voz, não identificada, acrescentaria: "Foram criançolas [...] Nem se deve fazer caso dessas crianças".[273]

Crianças ou não, o fato é que dois tenentes e um alferes foram recolhidos à fortaleza de Santa Cruz e, sendo logo libertados, foram, contudo, um demitido e os outros dois transferidos de batalhão.[274] O fato teve repercussão na Corte. O jornal *Correio Mercantil* aderiu à manifestação e cedeu espaço para a publicação de alguns artigos sobre o assunto.[275] Daí advêm algumas curiosidades. Dois dos artigos publicados são assinados com o nome "Do Militar", e num deles, intitulado "Escola Militar", afirma-se com todas as letras que o menoscabo que se guarda pela escola da Corte "*nos parece previr dos pontos de contato que ela tem com a classe militar*".[276]

---

[271] *O Militar*, 19 maio 1855.

[272] Três artigos de 1854 podem ser encontrados sobre essa polêmica em *O Militar*, sob o título de "O celibato militar": 26 ago., 12 set. e 30 set.

[273] ACD, sessão de 14 ago. 1854.

[274] *O Militar*, 12 set. 1854.

[275] Ver, principalmente, *Correio Mercantil*, 15, 18 e 30 ago.

[276] *Correio Mercantil*, 18 ago. 1854.

Ainda que não se possa afirmar categoricamente que todos esses acontecimentos tenham uma relação direta entre si e que o jornal *O Militar* era produzido por alunos da escola militar, essa última frase do artigo publicado no *Correio Mercantil* permite, ao menos, a organização de uma nova argumentação cuja indagação recairia sobre os possíveis pontos de contato entre alunos e tropa e sobre o próprio significado do termo "classe militar" naquele momento.

O único indício contrário à hipótese de que o jornal era de autoria dos alunos da escola do largo de São Francisco é a afirmação efetuada por *O Militar* de que a legitimidade das suas críticas provinha da proximidade dos colaboradores com a tropa. Mas, inscrita nos padrões da época, essa assertiva pode ser transformada em mais uma peça favorável à resolução desse quebra-cabeça. Na verdade, ela só configura um obstáculo caso se entenda que escola e tropa partilhavam realidades distintas. Porém, recuperando a história da escola militar,[277] é possível afirmar que o contato entre ambas, na década de 1850, era bastante comum.

Fundada em 1810 pelo príncipe regente d. João, com o nome de Real Academia Militar, e funcionando no espaço que hoje abriga o Museu Histórico Nacional, no Rio de Janeiro, a escola do Exército, até meados do século, foi alvo de várias reformas. Às alterações no próprio nome seguiram-se inúmeras outras, que demonstravam as divergências existentes entre o oficialato a respeito da organização do ensino militar. Muitas delas, provenientes dos próprios obstáculos que o modelo aristocrático de concepção do Exército impunha à instituição.

A mistura de alunos militares e civis, a falta de uma série sistemática de estudos práticos e de um regime de internato, além do fato de o curso da Academia não constituir pré-requisito para o ingresso na carreira davam origem a muitas polêmicas, nas quais tomavam parte tanto oficiais como parlamentares, por ocasião da votação das reformas.

---

[277] Sobre o assunto, existem duas referências básicas: Motta (1976) e Castro (1990). Não é interesse desta pesquisa realizar um histórico do trajeto da referida escola, mas tão somente resgatar alguns elementos que auxiliem a elaboração de uma nova hipótese.

Quando, em 1823, logo após a Independência, um ato do governo permitiu a matrícula na escola de alunos "paisanos", interessados na carreira de engenharia civil, o coronel e ministro da pasta da Marinha Francisco Vilela Barbosa (ap. Motta, 1976:66 e 67) repudiaria publicamente a medida:

> Quando a escola é instituída para um único fim, não é muito difícil prescrever-se-lhe um curso de estudos sistemáticos e metódicos; mas quando a mesma escola, qual a Academia Militar, tem por objetivo preparar e formar cidadãos para diversos destinos, então a organização de um plano de doutrina bem combinado na classificação e distribuição de suas matérias [...] é tarefa, senão desesperada, de complicada execução.

Apesar do pronunciamento do ministro — um homem de prestígio, que em dezembro do mesmo ano assinaria o projeto de Constituição e que ascenderia rapidamente ao cargo de conselheiro de Estado —, a medida seria instituída e organizaria o quadro discente da escola por nada menos que 50 anos. Somente em 1874, com a congregação de todo o ensino militar na Escola Militar da Praia Vermelha, ocorreria a separação do curso de engenharia civil, com a criação, no Centro da cidade, da Escola Politécnica.

Mas a heterogeneidade do grupo de alunos da antiga Academia não se referia apenas ao convívio com "paisanos". Entre os alunos militares, havia diferenças etárias, hierárquicas e, durante os primeiros anos da Independência, de nacionalidade. Contrastes e fissuras que fariam parte do cotidiano da escola ainda na década de 1850. Numa pesquisa realizada no livro de registro de matrículas de 1853 — portanto um ano antes do início da publicação d'*O Militar* —, Celso Castro (1990:111) mostra que, entre 90 alunos matriculados no 1º ano, havia 54 paisanos, 28 cadetes, três alferes, um sargento, três soldados e um aluno que não foi identificado. Uma heterogeneidade incomum para os padrões atuais de estruturação do ensino militar, e já bastante criticada na época.

Outro problema antigo, e que permaneceria ditando norma no início dos anos 1850, era a necessidade de desenvolver com regularidade exercícios práticos na escola. Essas atividades já eram previstas pelo estatuto de 1810; colocá-las em prática, contudo, não foi uma tarefa fácil. A instituição dos exercícios dependia de uma reformulação na própria concepção do que vinha a ser um militar, exigindo um grau de racionalização e disciplinarização da carreira que parecia não contar com o interesse e o apoio do governo.

Um bom exemplo desse desinteresse oficial foi a "conspiração de lentes" que destituiu em 1835 o brigadeiro Raimundo da Cunha Matos do comando da Escola Militar. Descrito por Motta (1976:70) como um "homem de fileira, educado no culto dos valores militares consubstanciados no 'serviço', no 'acampamento', no 'manejo das armas'", e tendo assumido a direção da escola no ano de 1834, o brigadeiro Cunha Matos conseguiu organizar, ao final do referido ano letivo, um aquartelamento na fortaleza da praia Vermelha do qual participaram alunos e professores. Durante um mês, retirados da sua rotina, esses homens "mais sensíveis ao estudo puro que à ação" (Motta, 1976:70) dedicaram-se a diversos trabalhos, entre eles, trabalhos geodésios, levantamentos topográficos, exercícios de montagem e utilização de armamentos e prática de acampamento. Os resultados, apresentados no relatório do comandante, eram considerados excepcionais, mas o brigadeiro foi muito censurado pelas despesas feitas e pelo programa de operações realizado, sendo substituído no cargo, dois meses depois, pelo também brigadeiro João Paulo dos Santos Barreto, que anulou a tentativa de "militarização da Academia".

Um aluno que frequentasse o curso da escola do largo de São Francisco no ano de 1854 (agora chamada Escola Militar da Corte), além de não integrar um grupo discente homogêneo, também constituía uma mão de obra pouco especializada. Como diria o ministro Manuel Felizardo, em discurso pronunciado na Câmara dos Deputados em 1851, a escola militar precisava de regime de internato, de quartel, capaz de "acostumar os jovens militares à obediência, inspirar-lhes hábitos da vida a que se destinam e tornar-lhes familiares os exercícios de suas respectivas armas e a economia dos corpos". E observaria ainda: "A nossa escola tem todos os elementos para fazer sábios; poucos porém para fazer oficiais" (Motta, 1976:128).

Todas essas dificuldades provinham, contudo, do fato de a escola não ser considerada, à época, indispensável para o ingresso no oficialato e para a ascensão na hierarquia militar. Transformar o seu curso em critério básico de organização das patentes e cargos do Exército significaria romper com a tradição aristocrática, que estruturava esses postos por meio de privilégios de nascimento. Não por acaso a lei de regulamentação das promoções, apresentada pelo ministro Manuel Felizardo, enfrentou tantas resistências no parlamento. A fixação, entre outras determinações,[278] de que "só ascenderiam ao posto de capitão os que possuírem o curso completo de estudos da sua respectiva arma" (Motta, 1976:120) reclamava a incorporação de um *curriculum* de estudos sistematizados para o processo de formação de um oficial. Os efeitos dessa medida eram tão drásticos que, oito anos depois, o deputado Libânio da Cunha Matos apresentaria como aditivo à lei de fixação de forças de terra uma emenda que limitava seus efeitos. Ao contrário de se fazer da lei uma regra geral, "só se exigiriam cursos para um terço dos oficiais daquelas armas".[279]

Retomando a questão da autoria do jornal, é possível afirmar, portanto, que a escola militar do largo de São Francisco, em 1854, constituía um ponto de encontro de militares de diferentes patentes. Se desde a independência esse fato já representava a realidade do mundo acadêmico militar, depois da aprovação da lei de promoções ele ganhava um novo impulso, com o retorno aos bancos escolares de muitos oficiais antigos que alimentavam a esperança de serem premiados com uma promoção. Um breve exame dos ofícios despachados pelo Comando de Armas comprova a facilidade com que os alunos da escola circulavam pelos corpos e eram empregados nas fileiras do Exército. No Ofício nº 343, de 15 de julho, o comandante pedia instruções sobre como devia proceder com os "oficiais de corpos que estão fora da Corte e que vêm para aqui estudar na Escola Militar" e, enquanto isso, tomava medidas

[278] Quanto às implicações da lei de promoções como um todo, ver Schulz (1994:27).

[279] ACD, sessão de 15 jul. 858.

para empregar os alferes-alunos[280] como adidos nos corpos em que serviram como praças.[281] Toda essa movimentação, conforme notificava em outro ofício, datado de março de 1854, "fundava-se na conveniência da disciplina militar, *todos os Oficiais e praças que vêm estudar na Escola Militar* são por esse Comando de Armas mandados adir aos Corpos de Guarnição, para ficarem sob regime e vigilância deles, e fazerem o serviço durante as férias escolares".[282]

A escola pode ser entendida, assim, como um centro de reunião de oficiais do Exército com larga experiência junto à tropa, de homens "que servem realmente ao país, dormindo em barracas, envolvidos em seus capotes e comendo a rude ração dos soldados" e de "moços cheios de habilitações científicas",[283] ou ansiosos por obtê-la. Todos desfrutando de uma convivência diária dentro da escola (os engenheiros estudavam por um período de sete anos e os artilheiros por cinco anos) e participando diretamente do rebuliço político e cultural da época. Convém lembrar que a escola se encontrava cravada no centro da Corte, tendo sido beneficiada pelas obras-símbolo da modernidade, inclusive pelo novo sistema de iluminação a gás, e que pouco distava do Paço Imperial, do prédio da Câmara e do cais Pharoux, aos quais se podia chegar pela "rua da moda" — a vitrine do mundo civilizado europeu.

Oficiais subalternos e praças integravam o conjunto dos alunos da escola militar, e era também a eles que se referia a expressão "classe militar". Entre os vários números do jornal, é possível localizar dois artigos que propõem uma reflexão sobre o termo, um tendo por subtítulo "o soldado" e outro "o oficial".[284] A princípio, não há novidade: o

---

[280] Criado no ano de 1840, esse posto marcava um esforço de profissionalização da carreira, representando um prestígio conquistado por merecimento. Só tinham acesso a ele os alunos que ao final do 3º ano obtivessem melhor classificação, o que não lhes proporcionava qualquer distinção hierárquica, mas lhes rendia um vencimento mensal maior do que aqueles de que desfrutavam os demais alunos.

[281] AN, IG1 474, Ofício nº 343, de 15 jul. 1854.

[282] AN, IG1 474, Ofício nº 111, de 6 mar. 1854. A respeito, ver também: AN, IG1 475, ofícios nº 138, de 17 mar. 1855, e nº 33, de 2 jan. 1855.

[283] ACD, sessão de 28 jun. 1859.

[284] *O Militar*, respectivamente, 12 e 26 ago. 1854.

Exército como um todo é composto por esses dois grupos. O importante é atentar para a distinção que *O Militar* opera entre os oficiais generais e parte dos oficiais superiores. Essa distinção, na verdade, revela uma postura política. Para os colaboradores do jornal, as "capacidades militares", como preferiam denominar o alto oficialato, atuavam de maneira extremamente "egoísta": optavam por manter fechado "em seus gabinetes o produto de suas lucubrações, e deixam o Exército quase entregue a si mesmo",[285] imerso nas relações de patronato e numa "confusão geral", para a qual, dão a entender essas capacidades, "não há remédio".[286]

Dessa maneira, quando em meio aos protestos contra a lei que procurava regulamentar o casamento dos oficiais subalternos, o autor do artigo "Escola Militar" — publicado pela primeira vez nas páginas de *O Militar*[287] — mencionava que o menoscabo dos políticos pela escola do largo de São Francisco provinha do seu contato com a "classe militar", explicitava também a proximidade que havia entre a escola, os oficiais subalternos e os soldados. Uma proximidade que, de acordo com o autor, comprometia o prestígio da instituição.

Diante das expectativas e das frustrações que o projeto conservador de reforma do Exército criou, no final da década de 1850, com a administração Felizardo, é possível que esse grupo, unido sob o teto da escola, tenha dado origem ao periódico *O Militar*.

* * *

Se os escândalos envolvendo o Ministério da Guerra são silenciados no parlamento com a organização do gabinete da conciliação, esta alteração não foi suficiente para conter as insatisfações que a polêmica havia gerado no interior do próprio Exército, entre escalões mais baixos da hierarquia militar. A publicação de *O Militar* demonstra esse fato. Os esquemas de apadrinhamento e favorecimentos pessoais que vinham

---

285 *O Militar*, 20 jul. 1854.

286 *O Militar*, 11 jul. 1854.

287 *O Militar*, 12 ago. 1854.

sendo denunciados pelo grupo de deputados interessados na "estabilização do regime" transformaram-se no tema central da publicação, sendo abordado minuciosamente e com grande indignação a cada novo número.

Como anunciava o redator no primeiro número da folha, a sociedade imperial encontrava-se envolta numa "atmosfera de vapores perniciosos que encobriam a razão" e impunham sérios entraves às "vias do progresso". Uma visão que não só justificava o surgimento da própria folha, como definia o lugar político que pretendia ocupar. No artigo em que analisavam o relatório do ministro da Guerra, os colaboradores do jornal declaravam com resolução a intenção de prestar um serviço ao governo, atuando como auxiliares críticos do ministro, papel indispensável pela estreita relação que mantinham com a tropa.[288]

Fiéis à monarquia e guardando uma profunda admiração pelo ministro Bellegarde — "um ministro consciente de si, de sua missão, não subordinado a partidos, não gasto por eles, devendo tudo ao seu merecimento"[289] —, os colaboradores do jornal imaginavam que o isolamento imposto pelo cargo dificultaria a atuação de Bellegarde e comprometeria a reforma do Exército. Com isso, o papel que tinham a cumprir crescia em importância: suas críticas deveriam fornecer novas referências para o debate sobre a instituição, impedindo que as leis se perdessem em práticas cotidianas dominadas pela corrupção.

O apego pela figura do ministro Bellegarde era resultado dos últimos escândalos da administração Felizardo. A expectativa criada pela reforma administrativo-disciplinar dos anos 1840 fez crer que a continuidade de "práticas perniciosas" no meio militar era decorrência do caráter político do antigo ministro, que "nunca exerceu a mais ligeira função militar", e assumia cargos militares como "sinecuras que lhe rendiam boas rendas".[290]

Quanto à trajetória de Manuel Felizardo, *O Militar* não se enganava na sua avaliação. O ex-ministro, como já tivemos oportunidade de

---

[288] *O Militar*, 12 ago. 1854.

[289] *O Militar*, 22 dez. 1854.

[290] Ibid.

ver, realmente era antes político que militar, um bom exemplo do que havíamos definido como oficial aristocrata.[291] Seu nome gerava repulsa entre os colaboradores da folha. Para um jornal que tinha por objetivo redefinir o papel do Exército na sociedade a partir de uma revalorização da carreira, oficiais como Manuel Felizardo representavam um modelo institucional ultrapassado, cuja ascensão hierárquica decorria de empreendimentos no meio político. Por outro lado, Pedro de Alcântara Bellegarde, apesar de também integrar o grupo de oficiais aristocratas e ter ingressado no Exército pelas mãos do primeiro imperador com o título de cadete, administrava uma carreira tipicamente militar, feita no Exército. Esse é um dado importante se comparado com a carreira de Felizardo. Graduado em ciências matemáticas por Coimbra, Bellegarde era formado em engenharia pela Academia Militar. Além disso, o novo ministro, até as vésperas de assumir o Ministério da Guerra, dedicou-se à mesma escola como lente catedrático, posto para o qual foi nomeado após lecionar alguns anos como professor substituto. Dessa maneira, Bellegarde era uma figura conhecida no meio acadêmico e, diante da opção que fizera, rapidamente conquistou o respeito dos alunos. Outro dado sempre mencionado pelos dicionários biográficos diz respeito ao ingresso de Bellegarde na escola, como professor: a vaga ocupada pelo então major foi preenchida por meio de concurso, do qual participaram seis outros candidatos (Souza, 1963). Na linguagem do próprio jornal, construía uma "carreira limpa". Em contrapartida, Manuel Felizardo era levado "de rojo pela opinião pública".[292] Essas circunstâncias fizeram com que *O Militar*, ansioso por "desimpedir a atmosfera social" e criar espaços para os militares na sociedade, elegesse, num primeiro momento, Pedro de Alcântara Bellegarde símbolo da meritocracia.

Comprometido com a elaboração de críticas à reforma dirigida pelo ex-ministro Manuel Felizardo, o jornal repassou em seus números cada uma das principais instituições e normas internas do Exército que

---

[291] Ver a discussão travada na seção "A integração do alto oficialato à elite política", no capítulo 1.

[292] *O Militar*, 22 dez. 1854.

tinham sido alvo da reorganização conservadora. A lei de promoções foi a primeira a ser revista. Criada com o objetivo de garantir aos oficiais o acesso gradual e sucessivo em suas respectivas armas, ela acabou sendo, segundo *O Militar*, "completamente burlada"[293] por uma série de dispositivos formais e pelo não cumprimento de alguns de seus artigos, aprovados anos antes pelo parlamento. Instituído a 6 de setembro de 1850, o art. 13 da referida lei determinava que o "preenchimento dos postos do Exército não será demorado por mais de doze meses". Mas, em 1854, o jornal destacava o "manifesto esquecimento deste preceito", denunciando que alguns postos "em aberto se acham há mais de dezesseis meses".[294] Para os militares que participavam da publicação, não existia outro motivo para esse descuido do governo que não o patronato. No seu primeiro número, *O Militar* já denunciava a parcialidade das comissões de promoção, organizadas para garantir a lisura do processo de redistribuição das patentes. Contando entre seus integrantes com os comandantes dos corpos a que pertenciam os candidatos, essa comissão procurava garantir a obtenção de informações mais precisas sobre a atuação do militar a ela submetido, mas na prática ocorria o inverso — "Nada mais fácil, e infelizmente mais comesinho, do que um comandante em uma informação secreta atasalhar [sic] a reputação dos oficiais que, a uma ilibada conduta, juntam relevantes serviços",[295] comentava um dos artigos. Desenhava-se, portanto, um quadro que, a partir do ano seguinte à instituição da lei de promoções, seria agravado. Pelo regulamento de 31 de março de 1851, aprovado pela Câmara, os oficiais tornavam-se ainda mais vulneráveis ao jogo de arbitrariedades que era denunciado. O governo poderia a partir de então transferir para o Estado Maior de 2ª classe os oficiais por ele considerados inabilitados para o serviço dos corpos. O resultado desse regulamento foi avaliado por *O Militar* como vergonhoso:

---

[293] *O Militar*, 26 out. 1854.

[294] *O Militar*, 22 dez. 1854.

[295] *O Militar*, 11 ago. 1854.

> Com o costume de *interpretar as leis conforme as circunstâncias e as pessoas*, o governo tem entendido como inabilitação para os serviços dos corpos a falta de cumprimento dos firmans [sic] presidenciais, e a desafeição de alguns chefes privilegiados [...] Um tal arbítrio nada mais faz do que facilitar o patronato.[296]

A preocupação demonstrada pelo jornal não era gratuita. A manutenção dessas irregularidades no sistema de promoções vetava a todos os militares excluídos dos esquemas de favorecimentos pessoais a possibilidade de ascensão na carreira. Os mecanismos norteadores da reforma jurídica implementada pelo Estado eram examinados com clareza por *O Militar*. Meses depois, outro artigo anunciava, com todas as letras, que as leis do império nunca eram "executadas contra os poderosos ou protegidos do governo, assim como são arbitrária e ilegalmente praticadas contra os proscritos e adversários dessa corrompida atualidade".[297] Sobre o Conselho de Inquirição, instituição da qual se orgulhava a ação centralizadora por implantar a obrigatoriedade de um julgamento prévio a qualquer medida punitiva, o jornal afirmaria: "Composto de oficiais do mesmo corpo, e portanto dependentes do Comandante", o conselho ouvia apenas testemunhas favoráveis aos seus interesses e retirava do oficial o direito de defender-se,[298] difundindo o patronato e as insatisfações.

Toda a reorganização administrativa era efetuada com o objetivo único e exclusivo de favorecer os desmandos do poder central, mas nunca se chegava a questionar os elementos balizadores da política conservadora, ou seja, os mesmos desmandos e suas iniquidades. À medida que a nomeação para os postos da alta burocracia passava a ser uma prerrogativa do Estado, os militares deveriam reconhecer e subordinar-se às novas regras e interesses. Não foi por outro motivo que a reforma de 28 de fevereiro de 1851 manteve o direito de os pre-

---

296 *O Militar*, 12 out. 1854.

297 *O Militar*, 13 jan. 1854.

298 *O Militar*, 11 jul. 1854.

sidentes de província encaminharem o nome dos oficiais dos corpos do Exército que se encontravam em ocasião de serem promovidos.[299] As regras aristocráticas de ordenação da sociedade continuavam em vigor, o militar antes de tudo era um súdito do imperador. O entrelaçamento de esferas de atuação, militar e civil, era a garantia de uma eficácia funcional. Porém, não devemos entender com isso que ocorria a eliminação de todo e qualquer jogo de arbitrariedades, mas tão somente de um tipo de arbítrio — aquele que escapava à ação centralizadora.

Para *O Militar*, a mesma lógica animava a manutenção do Exército nos serviços de polícia. Empregando o Exército na segurança individual, na apreensão de bandos de desordeiros que desestabilizavam a ordem familiar, além de utilizá-lo nas rondas noturnas e nas patrulhas diárias, o governo estabelecia entre os corpos e a localidade laços que descaracterizavam as forças de linha.[300] Na verdade, os colaboradores do jornal denunciavam mais um mecanismo de atuação dos conservadores na constituição da unidade política. Sem discutir diretamente a prática de interferir nas eleições para formar maiorias, eles reclamavam apenas do envolvimento do Exército nessas questões. Assim como nas correspondências dos presidentes de província, aqui também se pode ler por "segurança individual" e "desordeiros" a defesa dos esquemas de poder montados pelos conservadores nas municipalidades:

> Ninguém dirá que os corpos fixos satisfazem aquelas condições [de instrução e disciplina]. Conservando-se destacamentos por anos em um mesmo lugar, tendo os seus comandantes ordens do presidente para intervir nas eleições, se sem direito de recusar auxílio de força à autoridade policial, ainda mesmo quando requisitada para satisfazer a vinganças particulares; eles se inimizam e chamam sobre a tropa a odiosidade pública [...] o *Exército tem-se tornado instrumento de paixões políticas e de mera compressão.*[301]

---

[299] CLB, circular de 28 fev. 1851.

[300] *O Militar*, 30 set. 1854.

[301] *O Militar*, 12 set. 1854.

À política centralizadora interessava manter o controle sobre as eleições municipais, e nenhuma instituição poderia auxiliá-la melhor nessa tarefa do que o Exército reformado. Controlado a partir do monopólio exercido pelo governo sobre a distribuição de patentes e benefícios, o Exército imperial, organizado em corpos fixos, criava raízes em determinadas localidades e, estando sob o comando dos presidentes de província, cumpria todas as ordens que lhe eram determinadas. Permanentemente atento e dedicado à tarefa de auxiliar o ministro, o jornal definia com grande acuidade o lugar reservado ao Exército pelos parlamentares, quando discutiam na Câmara. Sabia que, segundo as linhas do projeto oficial, ao militar caberia apenas assegurar a implementação e posterior reprodução dos arbítrios do sistema conservador.

Mas as censuras d'*O Militar* à política do governo também possuíam limites. Ele abordava apenas assuntos relativos ao Ministério da Guerra. O processo eleitoral só constituía um problema porque interferia diretamente na organização do Exército, evidenciando uma grande confusão da sociedade política sobre a função das forças de linha: "Os exércitos têm por missão a defesa da ordem, a manutenção das instituições";[302] um artigo publicado 18 dias antes já comentara, referindo-se ao emprego de oficiais no serviço de polícia: "Assim sendo ele *desnaturado*, em que embaraço não se põe o governo no caso de uma guerra externa".[303]

Outra questão que gerava grandes discussões entre os militares que participavam do jornal, alimentando o tom de indignação dos artigos, era o recrutamento. Nas páginas d'*O Militar* era possível ler as melhores críticas ao sistema de recrutamento em vigor, a que eles opunham a conscrição, como "o mais racional e equitativo sistema de recrutamento possível, que mais vantagem oferece ao país e ao Exército, que mais garantias dá ao cidadão", e, acima de tudo, "o que se acha contido na Constituição do Império".[304] Esse seria para eles um ponto importante, a inconstitucionalidade da constrição. Uma vez que a Constituição

---

302 *O Militar*, 30 set. 1854.

303 *O Militar*, 12 ago. 1854.

304 Ibid.

determinava que todo cidadão, exceto o monarca e o herdeiro, era obrigado a concorrer para a formação das forças de linha, e o governo insistia em não promover um "alistamento perfeito",[305] *O Militar* concluía pelo desinteresse dos políticos sobre os negócios ligados ao Exército e abordava o assunto como uma farsa, definindo o perfil dos homens responsáveis pela defesa da pátria:

> O soldado entre nós não é aquilo que dissemos; não! Não é o cidadão na fina flor da juventude, pagando o tributo, *imposto pela lei suprema da Nação* a todos os indivíduos que a compõem, e voltando depois a seus lares a cuidar de seus pessoais interesses mais positivos.
>
> O soldado entre nós, ou é o infeliz sem proteção, ou vítima de torpe vingança, arrastado pelo recrutamento para as fileiras do Exército, ou é o vagabundo desmoralizado, e muitas vezes punido de crimes, ou o pobre esmagado pelos rigores de sua mal-aventurada sorte, que ambos vão procurar na praça, um refúgio, ou esquecimento das suas iniquidades, este o último recurso que vê luzir através do caliginoso véu que o circunda. [...] Eis pois o que é o soldado — defensor da pátria — o garante da tranquilidade pública, o mantenedor da tranquilidade do império![306]

Nessas denúncias, contudo, não havia qualquer tipo de preocupação social. A exasperação do artigo voltava-se para o prejuízo que o ingresso desses homens acarretava na disciplina e moralidade do Exército. O que identificavam como injustiça na constrição era o fato de o sistema "nivelar o vício e a virtude, o crime e a desgraça, sujeitando-os promiscuamente aos mesmos castigos corporais, quando mesmo concebêssemos que não se poderia prescindir deles *para os incorrigíveis*". Exigia que se "*eliminasse do Exército a fração desmoralizada*, vedando-se-lhe por qualquer meio a admissão nas suas fileiras", pois só assim poderia minorar a relutância ao serviço militar, "e aumentar a devida importância, ou consideração

[305] *O Militar*, 30 set. 1854.

[306] *O Militar*, 12 ago. 1854.

dos que, *vencendo a repugnância*, se alistassem no Exército".[307] Para um grupo de militares dedicados à tarefa de promover a carreira, a constrição configurava um dos maiores obstáculos a serem superados, não por uma "ação regeneradora", mas por uma interdição. Em outro número, publicado no mês seguinte, o autor seria menos comedido. Discutindo a "conscrição militar", expressão que dá título ao artigo, indagaria: "E que consideração pode merecer um Exército composto pelas *fezes da sociedade*? [...] a farda atualmente não é o uniforme de um defensor da pátria, mas o distintivo de um criminoso".[308]

Essa indiferença com relação aos negócios da Guerra da qual *O Militar* se ressentia era imputada pelo jornal à política desenvolvida pelo governo, principalmente pelo grupo de políticos saquarema. Mas eles não eram os únicos a serem identificados como algozes do Exército. Os militares que participavam da publicação, pouco a pouco, foram ampliando as queixas que inicialmente eram dirigidas aos integrantes do governo instituído em 1848. Do ex-ministro Manuel Felizardo passaram para o conjunto dos conservadores, e desses para a classe dos magistrados:

> Quando numa sociedade política, uma classe tendo consciência de sua insuficiência e incapacidade, quer com tudo a todo transe dominar, *monopolizando o governo*, o meio ordinariamente empregado é segregar as outras da ingerência dos negócios públicos, *coactar-lhes a influência legítima*, e conculcar a sua importância.

Identificando o predomínio de magistrados no grupo de elite política, *O Militar* entendia que as "influências perniciosas" que difundiam o patronato e a corrupção no meio militar eram dirigidas por esses "monopolizadores" com exclusividade para o Exército, a fim de segregá-lo da direção do poder público. Incapazes de administrar com competência os negócios do Império e interessados apenas em manter seus privilégios, os magistrados procuravam impedir o progresso da classe militar. Concluindo o trecho anterior, o autor explicaria:

---

307 Ibid.

308 *O Militar*, 30 set. 1854.

> Eis aí por que a Classe Militar se acha despojada de tudo [...] arrastando a vida na obscuridade, exausta de tudo, até do necessário, enquanto que aquela — *a dominadora*, vive vida fausta, brilhante que lhe grangeara o egoísmo, o monopólio, a usurpada influência e criminoso exclusivismo.[309]

Para os oficiais e soldados que conviviam com a falta de oportunidade e com diversas formas de preterições políticas no seu cotidiano, somente um forte sentimento de insegurança e repulsa da elite pelo Exército poderia justificar os descaminhos por que passavam as leis e os regulamentos. Esses sentimentos seriam reforçados pela questão do "celibato militar" — nome pelo qual *O Militar* batizou a tentativa de regulamentação dos casamentos dos oficiais de baixa patente. De outra maneira, era difícil explicar por que as restrições e o controle matrimonial eram destinados unicamente para o Exército, quando o quadro de funcionários públicos era tão amplo. Alguns deputados reconheciam, assim como o próprio ministro da Guerra, que os vencimentos dos subalternos eram insuficientes para a manutenção de uma família,[310] mas afirmavam que a medida tinha em vista limitar os gastos do governo com o pagamento de pensões a viúvas e a oficiais reformados. Justificativa que não convencia os colaboradores do jornal. Na edição do dia 26 de agosto, eles indagariam:

> Ora, dando de barato que o celibato seja conveniente, consinta-nos S.S. que lhe perguntemos, a ele tão brasileiro [o deputado Pereira da Silva], qual a razão por que não redigiu esse padrão de sua glória parlamentar a torná-lo extensivo a todas as classes, porque não disse antes: "Todos os brasileiros que não tiverem tanto de rendimento, não poderão casar-se?". Responda-nos S.S. que queremos firmar-nos na convicção da *particular estima que consagra à Classe Militar*?[311]

---

[309] Ibid.

[310] O deputado que se destaca na defesa da medida é o sr. Pereira da Silva, membro da Comissão de Marinha e Guerra. Ver as discussões em "A precisa unidade do Exército: a reforma no parlamento", no capítulo 2 deste livro.

[311] *O Militar*, 26 ago. 1854.

Essa oposição entre militares e elite política passaria a fundamentar outra dissensão. Os oficiais subalternos, no entender d'*O Militar*, eram perseguidos pelo fato de pertencerem a classes pouco privilegiadas, por não disporem de bens e por não pertencerem a famílias abastadas: "é justo ou ao menos agradável, o tolherdes o direito ou prática inocente e religiosa em que estão os chefes de famílias honestas e pouco abastadas de contratar casamento para suas filhas, sem reverência de classes ou aristocracia?",[312] questionaria um artigo. O tipo de formulação favorecia o grupo de subalternos. Assim apresentada, a medida era transformada numa apologia à riqueza e a valores estritamente materiais: "Tudo nos induz a crer que quer-se dizer ao país: a *pobreza é uma infâmia*, a honra e a honestidade de nada valem, *enriquecei a todo transe!*".[313] Para o jornal, era a chance de concluir o raciocínio que seus colaboradores procuravam instituir. Localizava e denunciava na atuação da geração de políticos do Segundo Reinado um profundo desprezo pelas camadas populares, e junto com ele uma tentativa de desestruturar a sociedade, privando-a de valores como a honestidade, a solidariedade e a religiosidade. Um deputado, indignado com a medida, chegaria a inquirir a Câmara sobre as suas verdadeiras intenções, pois "é sabido que todas as vezes que um homem não pode [...] por qualquer embaraço casar-se, ele procura unir sua sorte, por um desses laços reprovados pela sociedade e pela religião".[314] O projeto era repelido por ameaçar o "decoro público", e, diante de tanta irrazão, os oficiais subalternos emergiam como redentores da sociedade.

Foi essa mesma dissensão que permitiu a *O Militar* traçar também uma linha divisória no Exército e segregar da instituição o grupo de oficiais generais e superiores. Oriundos de famílias tradicionais, que gozavam de prestígio no meio político, os oficiais de alta patente eram identificados nas páginas do jornal como participantes ativos desse ambiente pernicioso, dispondo de lugar cativo nas redes de favorecimentos

---

312 *O Militar*, 30 set. 1854.

313 Ibid.

314 ACD, sessão de 14 ago. 1854.

pessoais tecidas pelo patronato. Após denunciar o pacto de silêncio existente entre seus membros, que, tal como tínhamos visto, preferiam "guardar em seus gabinetes o produto de suas lucubrações",[315] a folha retornaria aos esquemas que norteavam o sistema de promoções:

> Entre nós promovem-se Coronéis a Brigadeiros, estes a Marechais, sem que haja Brigadas e Divisões organizadas [...] vê-se, pelo que vai dito, que *os postos generais entre nós não passam de sinecuras*, e que é realmente impossível com uma tal organização obterem-se homens habilitados para porem em prática concepções estratégicas, e operarem em um Exército, porque entendemos que não é bastante a instrução teórica de um general; ele precisa de um conhecimento prático das três armas e das relações dela.[316]

O alto oficialato participava, assim, da indiferença da elite pelo Exército. É possível afirmar até mesmo que, para os colaboradores do jornal, as "capacidades militares" integravam o grupo da elite política. O ex-ministro Manuel Felizardo constituía o exemplo máximo dessa "unidade dos dominadores". Para *O Militar*, com a organização da reforma conservadora, ele demonstrou ser tão indiferente ao Exército quanto qualquer político formado nos meandros da magistratura, e a ausência de um *curriculum* de estudos sistematizados potencializava essas alianças: as "capacidades militares" podiam dispor arbitrariamente dos postos e patentes militares, e realimentar essas redes de favorecimentos, inviabilizando o processo de profissionalização do ofício das armas.

Vejamos com maior cuidado como *O Militar* se inseria nesse quadro político de meados do século, por ele mesmo definido como pernicioso e nocivo à boa razão.

Como afirmei anteriormente, *O Militar* a um só tempo pode ser representado como herdeiro do pensamento saquarema e o seu crítico mais pertinaz. Herdeiro porque operava com conceitos e elementos

---

315 *O Militar*, 20 jul. 1854.

316 Ibid.

discursivos do pensamento conservador, organizados pelo núcleo de dirigentes ligados à bancada fluminense no processo de luta pela centralização política. Já as críticas eram organizadas a partir da experiência do grupo. A fidelidade aos princípios de ordem e civilização, ainda que moldasse e restringisse a forma e o conteúdo das reivindicações do jornal, não impedia que seus participantes percebessem as contradições do projeto de reforma militar em fase de institucionalização. Mas, assim como tentavam resguardar o ministro Bellegarde, os participantes do jornal procuravam resgatar também outras personalidades públicas, entre elas, e acima das demais, encontraríamos o próprio imperador. A filiação ao princípio monárquico era uma marca do grupo:

> O Brasil, país novo, de extenso território, sem ter espalhado a *semente da civilização* por todo o seu interior, eivado de potentados locais, imbuídos da ideia de feudalismo que herdamos dos donatários portugueses, necessita de uma força convenientemente organizada, que sobranceira a essas influências perniciosas, *faça chegar a ação governamental a esses asilos do crime e da barbárie.*[317]

A raiz da qual provinha *O Militar* era a mesma que originou a unidade e expansão do movimento conservador. Ambos têm por base a centralização política, que surgia em resposta à desordem cultivada pelo "barbarismo" e pelos "potentados locais". Como parte de uma fase histórica ultrapassada — o "feudalismo" —, esses centros de poder impediam a difusão de uma civilização. Foi a partir desse contexto que se fez necessário reorganizar o Exército, e foi em nome dele que os militares que participavam da redação do jornal assumiram uma postura crítica. Ao ampliar os espaços de discussão, o Estado imperial trazia para o debate político novos grupos sociais e abria uma série de possibilidades que escapavam ao controle daqueles que haviam concebido e articulado o projeto de reforma administrativa. Pode-se afirmar que os artigos de *O Militar* promoviam uma reedição da matriz discursiva

---

[317] *O Militar*, 20 set. 1854.

conservadora. Não eram só os conceitos e terminologias que coincidiam com os ideais saquaremas, eles recuperavam também os mesmos marcos cronológicos. Diante da possibilidade de alguns colaboradores terem tomado parte nos combates pela "pacificação do império", a folha não deixaria de lembrar o eficiente desempenho do Exército nessas ocasiões:

> Quanto à utilidade que mesmo assim esse simulacro de Exército lhe tem prestado, ela é bem patente. *Para atestá-la, aí estão o Pará, Maranhão, Pernambuco, Alagoas, Bahia, Minas Gerais, São Paulo, São Pedro do Rio Grande do Sul*; [...] provando além disso que não era valor e dedicação o que faltava ao Exército imperial.[318]

O ressentimento do grupo pode agora ser mais bem compreendido. Tendo ou não participado dos movimentos de combate às rebeliões provinciais, essa geração de oficiais subalternos se acostumou a ouvir dos políticos e de lideranças militares longos discursos sobre a lealdade da tropa e a importância das forças de linha na defesa da integridade do Império. O leitor deve estar lembrado que foi pelo deslocamento do núcleo dos temores sociais, personificado durante o período regencial no autoritarismo do primeiro imperador, que os conservadores procuraram — e conseguiram — articular em torno da proposta centralizadora antigos nomes liberais e emergentes setores da "indústria cafeeira", além, é claro, de parte da burocracia. Dessa maneira, quando mencionava o valor e a dedicação do Exército, *O Militar* estava resgatando apenas mais uma das várias imagens elaboradas pelos conservadores ao longo dos anos 1830 e 1840, e que, no caso específico, lembraria a luta do grupo pela elaboração e difusão de um sentimento social de insegurança e desordem, a partir do qual os saquaremas e, posteriormente, os participantes do jornal ergueriam suas forças.

Para *O Militar*, não restavam muitas opções senão acreditar que, tendo permanecido sob responsabilidade dos políticos, o projeto original de reforma militar havia sofrido um desvio em relação aos seus

[318] *O Militar*, 26 ago. 1854.

preceitos originais. Inédita foi a maneira que encontrou para conciliar a fidelidade à Coroa e os princípios de ordem e civilização aos seus descontentamentos:

> Parecia que depois das palavras animadoras para a Classe Militar, proferidas pelo nosso Monarca no seu discurso de abertura das câmaras no corrente ano, essa Classe passaria a ocupar uma posição mais favorável do que aquela que lhe concede, já não diremos a Constituição do Império, mas sim a vontade e capricho dos exclusivistas togados [...] que *já resistem apesar de governistas as medidas do governo.*[319]

Querendo recuperar o que acreditava ser a essência do projeto centralizador, *O Militar* estabelecia uma curiosa e complicada distinção no interior dos círculos governamentais. Apartava do governo um grupo que chamava de governista. Assim, os descaminhos da reforma eram entendidos como resultado da atuação desses governistas, isentando de quaisquer responsabilidades o imperador e a Constituição do Império. Além disso, essa leitura criava uma margem para o resgate de alguns nomes da política, que rapidamente se tornavam lideranças. A negligência em relação aos assuntos da Guerra revelava uma resistência dos governistas às medidas do governo. Desfazendo a unidade e coesão que caracterizavam a ação centralizadora, os colaboradores do jornal não só encontravam um objeto certo para suas críticas, como também menos comprometedor. O passo seguinte foi lançar uma nova proposta de reorganização do Exército, na qual reivindicavam para os militares o lugar da competência e da verdadeira fidelidade aos propósitos da Coroa. Um propósito que já era anunciado no primeiro número do jornal: "Não se poderá acoimar-nos de exigentes, pedindo *que se nos coloque na posição que obtivemos por nossa lealdade, que mantivemos por nossa dignidade, que devemos ocupar pela ilustração do império*",[320] e que ganharia maior consistência ao longo das discussões travadas pelos artigos. Dois

---

[319] *O Militar*, 30 set. 1854.

[320] *O Militar*, 11 jul. 1854.

meses depois de iniciada a publicação, *O Militar* profetizaria um papel missionário para o Exército: "*Concluamos pois que só o Exército poderá extinguir essa mancha vergonhosa com que todos os estrangeiros que viajam pelo Brasil [percebem] afeiam nossos costumes*".[321]

A cada passo, o jornal formulava melhor suas intenções. Se a elite política guardava um profundo desprezo pelo Exército, como gostavam de afirmar os responsáveis pela publicação, pode-se dizer que o desprezo era recíproco. Afora as vantagens particulares de que desfrutavam, para *O Militar* existia outro motivo que impedia os governistas de atribuírem ao Exército o valor merecido — a ignorância. Tomando em pouca conta as "leis do conhecimento racional" e a "experiência histórica", os políticos do Império continuavam partilhando da ideia de que a manutenção de um Exército organizado configurava uma política de povos bárbaros. Com isso, descartavam as teorias políticas do mundo moderno. Eram incapazes de perceber que tanto o Estado como o Exército surgiram como resultado de necessidades que se fizeram prementes a partir da complexificação das sociedades. Seguindo as proposições de John Locke, em um artigo de setembro de 1854, *O Militar* insistiria que, por mais evoluído que fosse um grupo social, sempre haveria entre seus integrantes "homens viciosos, de índole cruel e sanguinária, indóceis às leis e delas transgressores",[322] sobre os quais deveria atuar o Exército. A civilização requeria ordem, e os exércitos nacionais transformavam-se no principal instrumento dos Estados modernos na tarefa de preservar a vida em sociedade, resguardando a liberdade, a segurança e a propriedade.[323]

Mas o Exército imperial estava muito distante do modelo europeu de exército profissional moderno.[324] Todas as críticas realizadas por

---

[321] *O Militar*, 30 set. 1854.

[322] Toda a discussão relativa ao papel do Exército nas sociedades desenvolvidas, inclusive com referência mais precisa ao pensamento de John Locke, encontra-se em *O Militar*, 12 set. 1854.

[323] *O Militar*, 12 set. 1854.

[324] Para Huntington, se fosse necessário definir uma data precisa para o surgimento da profissão militar, teríamos 6 de agosto de 1808, quando o governo prussiano baixou um decreto estipulando: "O único requisito para uma patente de oficial deve ser, em tempo de paz, educação e conhecimento profissional. Da nação inteira, portanto, todos

O Militar apontavam para uma instituição com baixo grau de racionalização, e isso constituía na verdade a razão primeira da aparição do jornal. Quando os colaboradores da folha denunciavam as preterições e os esquemas de patronato, estavam requerendo a modernização do Exército e, por consequência, a sua profissionalização, pela incorporação de valores meritocráticos. Nesse contexto, a existência de academias militares com acesso "democratizado" desempenha um papel básico, mas *O Militar* reconhecia também a necessidade de que ela fosse uma etapa obrigatória para o ingresso no oficialato. Isso porque a academia não só fornece condições para a aquisição de conhecimentos específicos à carreira — rompendo com a tradição aristocrática —, como também se transforma num espaço privilegiado para a organização de uma identidade social — de um "espírito militar". Em artigo intitulado "Qual a nossa importância?", *O Militar* demonstrava uma preocupação específica com o assunto:

> *O que é o Militar?* É a honra, a fidelidade, o desinteresse. *Como se manifesta essa honra, essa fidelidade, esse desinteresse no público?* Pela singularidade nos seus uniformes, que, denotando-lhe a profissão fazem-no respeitar, pelas condecorações que lhe brilham no peito e que o apontam como um homem a quem a pátria deve gratidão, pois bem: tirai-lhe *esses sinais que o caracterizam*, confundi-o com essas baixas classes, que no Militar se extinguirá o amor a este uniforme, que faz a sua glória, que contém sua riqueza, e vereis o Exército sem consideração que lhe é devida, marchar rápido para seu ocaso.[325]

Um primeiro ponto a ser observado é a resposta fornecida pelo próprio artigo à indagação que propunha. Ela permite identificar a existência de uma função específica para o sentimento de hostilidade

---

os indivíduos que possuam essas qualidades são elegíveis para os mais elevados postos militares. Todo privilégio de classe previamente existente no estabelecimento militar está abolido, e todo homem, sem consideração à sua origem, possui direitos e deveres iguais" (ap. Castro, 1995:39).

325 *O Militar*, 20 jul. 1854.

que os participantes da folha percebiam na atuação da elite política em relação aos negócios da Guerra. Esse sentimento fornecia aos militares um contraponto fundamental no processo de constituição de uma identidade para o Exército: a elite política transformava-se no "outro" de uma relação que objetivava fixar um novo lugar para as forças de linha na sociedade imperial. Enquanto a elite política praticava atos "os mais indignos e infames",[326] a "Classe Militar" simbolizava a honra, a fidelidade e o desinteresse. Não foi outro o motivo que levou *O Militar* a divulgar a ideia de que os desmandos e o patronato constituíam práticas dirigidas com exclusividade para o Exército, quando em muitos momentos é possível localizar nos mesmos textos afirmações que destacam a predominância de uma cultura política de base aristocrática. Essa oscilação, entre uma ação intencional da elite e a permanência de valores sociais, demonstra o interesse do jornal em direcionar a problemática, e definir um "inimigo externo" contrário ao progresso da instituição. "Inimigo" que poderia contribuir de forma eficaz para a formação de uma unidade e coesão entre os militares.

Reconhecer certa funcionalidade no sentimento de desprezo que *O Militar* anunciava em suas páginas não é o mesmo que negar a validade do descontentamento do grupo responsável pela publicação. Os militares de baixa patente tinham, como procuramos mostrar, diversas razões para criticarem a reforma conservadora; o que parece não ser muito convincente é o sentido que atribuem às medidas implementadas pelo governo. O Exército não foi a única instituição em que os desmandos e o padrão hierarquizado de relação social persistiam. A Guarda Nacional e, inclusive, a própria magistratura[327] também foram atingidas por esse tipo de política. A preocupação d'*O Militar*, ao particularizar essa problemática, era capitanear forças para uma segunda reforma no Exército. Como afirmaria em um dos artigos: precisava provar a necessidade de realizar uma "*reorganização total do Exército*",[328] por meio

[326] *O Militar*, 13 jan. 1855.

[327] Ver, respectivamente, Castro (1979) e Flory (1986).

[328] *O Militar*, 30 set. 1854.

da qual a instituição assumisse o lugar que lhe cabia pela fidelidade e desinteresse demonstrados durante os anos de convulsão social.

Uma vez fixado o significado social do Exército, o artigo anteriormente citado indagaria sobre as formas de expressão desse significado em público. A construção de uma identidade profissional, para *O Militar*, estava diretamente relacionada tanto com a criação de uma imagem unificada da instituição como com o estabelecimento de um sistema próprio de distinções hierárquicas. Essas seriam as duas frentes nas quais o jornal atuaria. A tentativa de implementar uma nova reforma e o esforço de organizar os próprios militares já evidenciavam essa preocupação. Mas *O Militar* ainda seria mais explícito. Com apenas dois meses de circulação, ao polemizar sobre o uso que os políticos faziam do Exército, ele se distanciaria das questões técnico-administrativas para destacar uma problemática pouco explorada — a necessidade de dotar os oficiais de um "espírito militar". De acordo com o artigo, os exercícios práticos eram a base de constituição dessa disposição profissional. "Os nossos militares", afirmava,

> se fortificariam pelos exercícios, dando-lhes flexibilidade, destreza, agilidade e sobretudo saúde. Os exercícios inspirando-lhes uma justa confiança em suas forças arranca-los-ia da ociosidade e apatia, amoldando-os à subordinação e disciplina, e desenvolvendo-lhes o *espírito militar*, os disporiam a afrontar os trabalhos e perigos da guerra.[329]

Esse "espírito militar", portanto, era algo que se construía por uma ação política. Aproveitando o fato de que o prestígio do Exército, pelo desempenho apresentado nas "lutas pela preservação da integridade nacional", ainda estava presente na memória de políticos e populares, o jornal procurava explorá-lo a fim de empreender uma campanha para sua modernização. A história havia deixado um ensinamento, cabia ao governo preparar-se para o futuro. Deveria moldar nos militares uma disposição para a luta, retirando-os da apatia e da ociosidade, mas tam-

---

[329] *O Militar*, 12 set. 1854.

bém não poderia correr o risco de criar ou realimentar a arrogância e a pouca subordinação a que estavam acostumados os oficiais de formação aristocrática. Um militar moderno deveria ser tão destemido e corajoso quanto subordinado. Precavendo-se, o governo evitaria o desgosto de deparar-se, em meio a lutas, com intermináveis registros de oficiais que perdiam parte da tropa por recusarem-se a acatar ordens dos superiores, ou, como ocorrera repetidas vezes durante as rebeliões provinciais, quando oficiais abandonaram a tropa amedrontados diante do inimigo.

Um tamanho controle sobre oficiais e praças exigia um mínimo de autonomização do Exército — a hierarquia da instituição deveria ser desvinculada da hierarquia social. É para esse fato que *O Militar* aponta quando publica um artigo intitulado "Uniformes". Nele, não só é possível entender melhor a frustração dos colaboradores do jornal com a política da época, como podemos encontrar, não sem surpresa, um elogio à administração Felizardo. É certo que o elogio passa quase despercebido. O autor não chega a citar o nome do ex-ministro, mas reconhece a importância da medida instituída pelo "transacto Ministério da Guerra". Foi somente com o gabinete de 1848 que se regulamentou o uniforme do Exército: "Por muito tempo estiveram os uniformes do nosso Exército entregues ao capricho, à fantasia dos Comandantes dos Corpos, e até do primeiro que se lembrava de fazer uma alteração", lamentaria o texto.[330]

De qualquer modo, *O Militar* sabia que isso não era suficiente e, através do artigo, apresentaria outra demanda. O ministro, sugere o autor, deveria "dar a cada arma do Exército um mesmo uniforme".[331] A unidade não pressupunha um nivelamento interno dos oficiais. O lugar ocupado por cada qual dentro do Exército deveria ser imediatamente identificado. Um oficial do corpo de engenheiros cuja ascensão dependia de nada menos que sete anos de estudos não poderia ser confundido, na visão do autor, com um oficial que cursara apenas dois anos da escola e havia conquistado uma patente na arma de cavalaria ou infantaria.

---

330 *O Militar*, 8 mar. 1855.

331 Ibid.

Somente um fato poderia causar maior revolta: a utilização de partes do uniforme militar por profissionais não ligados à instituição. A partir de maio de 1855, *O Militar* seria decisivo quanto ao desrespeito que uma autorização desse tipo configurava:

> Os correios dos ministros apresentam-se de sobrecasacas militares do uniforme do Exército, com galões de Capitão sem a menor diferença de divisas de Oficial. Para que houvesse essa modificação na libré dos correios, *procedeu necessariamente permissão dos respectivos ministros*, e não podemos ver em semelhante modo de proceder senão uma provocação à tropa aqui existente. Há muito que se censura a semelhança à libré dos correios com o uniforme Militar, assim como se censurava as graduações e uniformes dados aos empregados das repartições Militares.
>
> Ora, estando esses empregados numa escala infinitamente superior à de correio, *e tendo muito judiciosamente suprimido as graduações e vestes Militares, o Manuel Felizardo ex-ministro da Guerra*; por que não se procederá da mesma maneira com os correios? Não podemos interpretar esse requinte de desprezo do governo para com a Classe Militar, senão como *uma provocação nascida da convicção de que são incapazes de qualquer ato de energia.*[332]

E no último número anunciaria:

> Hoje, o Militar se esconde como que envergonhado de mostrar estes uniformes de que outrora tanto se orgulhava! disfarça-se para não ser confundido com qualquer pedestre ou correio de ministro, que por sua inacreditável anomalia, usa de grandes e retorcidos bigodes, traja uniformes puramente militares, trazendo no punho largas divisas de Capitão; *recebendo por isso continências e mais honras que lhe fazem o mísero soldado* [...] *As dragonas, distintivos de honra, que depois de tantos e tão árduos serviços chegamos a adquirir, já não brilham nos nossos ombros com o mesmo esplendor.*[333]

---

[332] *O Militar*, 31 maio 1855.

[333] *O Militar*, 19 jul. 1855.

Ainda que os valores da época fossem outros, *O Militar* abordava o problema dos uniformes como se participasse de um exército profissional. Para o autor do artigo, o uniforme militar, assim como os distintivos que o acompanham, possuía um significado, simbolizando valores e reconhecimento. Expressava uma série de conquistas, definindo, de maneira geral, o lugar ocupado pelo oficial no meio militar, constituindo-se numa forma de identificação social. O desgosto que sentia ao ver um funcionário ou um correio de ministros fazendo uso desses distintivos provinha do esfacelamento identitário que esse hábito representava. Nesse contexto, a continência ou a dragona perdiam o sentido como meio de comunicação, e passavam a circular aleatoriamente pela sociedade. O curioso é que talvez elas nunca tenham tido até então o valor simbólico que *O Militar* lhes atribuía. Os militares que participavam da publicação pareciam lutar contra uma sociedade virtual, que não encontrava correspondente na realidade, o que promoveu uma rápida descaracterização do jornal, tornando-o quase irreconhecível.

Em seus últimos meses, *O Militar* começou a duvidar de alguns dos seus principais preceitos. O primeiro referencial que sucumbiu a essa crise foi o ministro Bellegarde. O ministro, a quem o jornal se apegou como símbolo da meritocracia e dos novos tempos, provocava, em fins de 1854, a "mais fatal decepção".[334] A insatisfação com o desempenho do ministro teve início com o episódio da Câmara dos Deputados, quando alguns alunos que participaram da manifestação foram presos. Nesse caso, é possível perceber que o conflito experienciado pelo grupo era intenso. No calor dos acontecimentos, apesar dos ressentimentos, ninguém se pronunciou contra o apoio do ministro à "proposta celibatária". No entanto, com o correr do tempo, e com a votação de uma série de novas medidas, a imagem do ministro se desgastava:

> O Sr. Ministro da Guerra ou não presta, ou não lhe consentem que preste atenção às necessidades do Exército. S. Exª., *o homem do progresso e da ciência, e em quem tantas esperanças depositávamos*, tem-se reduzido

---

[334] *O Militar*, 18 nov. 1854.

> ao expediente mais insignificante, e nessa posição aflitiva, parece querer ser mudo espectador dos manejos do Diretor do gabinete, para comprometer o país e o Exército.[335]

A decepção com o ministro Pedro Bellegarde representava o esfacelamento de parte das crenças d'*O Militar*. Como liderança, tanto mais legítima pelo fato de ter sido eleita e não imposta ao grupo, o ministro inspirava um tipo específico de conduta. Os militares que participavam do jornal tinham nele um modelo, que sintetizaram de forma clara nessa crítica ressentida. A esperança que depositavam era no ministro do progresso e da ciência, numa autoridade que, aos seus olhos, simbolizava o mérito e os sentimentos de desprendimento e fidelidade. Bellegarde era o exemplo de militar que pretendiam cultivar: honesto, dedicado ao Exército e respeitado pela sociedade. Mas essa imagem não resistira a alguns meses de práticas administrativas. Assim como procedera na polêmica dos uniformes, *O Militar* também havia elaborado uma imagem completamente distorcida do ministro Bellegarde. Por isso, depois de anunciar que tinha "antigos motivos até para amá-lo",[336] o jornal voltava a recuperar os benefícios que a administração Felizardo havia proporcionado à classe. Diante da queda do líder, a unidade de propósitos de *O Militar* se desfazia, e até a gestão das sinecuras era retomada.

Um dos artigos publicados no 14º número do jornal parecia ter sido escrito por outro grupo de pessoas. Intitulado "Recompensas", o texto reclamava a "necessidade que há de uma lei que clara e que explicitamente estabeleça recompensas aos serviços prestados pelo Exército". Só que, às críticas tradicionalmente realizadas, o autor somaria um tom ameaçador:

> O bom senso aconselha que se nos arranque do lodaçal que desde 1831 nos achamos submergidos. *A época da regeneração* se aproxima a passos de gigante; o Exército está cansado de tanto sofrimento; tem-

[335] *O Militar*, 28 fev. 1855.

[336] *O Militar*, 18 nov. 1854.

-se deixado ludibriar, é verdade; porém *a reação pode por isso mesmo ser perigosa*. Convém, portanto, que desde já se aplique algum bálsamo às inúmeras chagas que abundam em nosso corpo.[337]

Crescia entre os colaboradores do jornal a convicção de que os governistas só nutriam tamanho desprezo pelo Exército porque acreditavam que eles eram incapazes de reagir. Esse novo sentimento demonstrava a desestruturação dos preceitos anunciados por *O Militar*, no seu "discurso de abertura". A época de regeneração não adviria mais de um desempenho pacífico e disciplinado. Os militares do jornal começavam a ameaçar a sociedade com uma reação imprevisível e, no último número, acalmavam os ânimos de um "Sr. Senador" que se alterava diante da possibilidade de ocorrer uma aliança dos militares com a oposição liberal: "Descanse o Sr. Senador, nós conhecemos toda a extensão dos nossos males — *o que ainda não sabemos é fazer revoluções* para obter aquilo a que temos direito".[338]

O Militar já não era mais o jornal de julho de 1854. A única certeza que mantinha era a recusa a vínculos partidários. O "Sr. Senador", até certo ponto, tinha motivos para se preocupar. Desde a manifestação dos alunos da Escola Militar na Câmara, os liberais vinham tentando uma aproximação com os militares engajados na publicação do jornal. Assim como criaram espaço no *Correio Mercantil* para a publicação de artigos d'*O Militar*, também chegaram a redigir um artigo para o mesmo jornal. Nesse afirmavam que "a política saquarema fez da Classe Militar um instrumento de suas paixões", mas que o "célebre projeto denominado — Não há de casar" também teve uma feição positiva, posto que "foi a trombeta *que despertou os dois amigos — o Exército e a oposição liberal* — que, instigados pelos manejos pérfidos dessa política, se feriram".[339]

A possibilidade de uma aliança assustava alguns conservadores. Mas *O Militar* já havia recusado a proposta, e por isso podia tranquilizar, não

---

[337] *O Militar*, 28 fev. 1855.

[338] *O Militar*, 19 jul. 1855.

[339] *O Militar*, 13 fev. 1855.

sem ironia, o senador. Apesar dos limites apresentados pelas críticas ao governo, soube aquilatar com exatidão o interesse liberal. Essas revoluções, afirmaria um dos artigos, "só fazem transferir o bocado a outras mãos, deixando o mísero soldado sempre mal fardado, mal equipado".[340] A regeneração social, para os participantes do jornal, deveria ser toda organizada pelos militares.

Nos últimos números, *O Militar* expressava apenas um desejo: "Hipócritas refalsados, se me fosse possível patentear os indecorosos, ilegais e imorais usos a que dedicais a máxima porção desses públicos dinheiros arrancados aos cidadãos, se me fosse possível desmascarar [...] mas é o vosso castelo, o vosso paladio — *algum dia nele penetraremos*!".[341]

---

[340] *O Militar*, 8 mar. 1855.

[341] *O Militar*, 28 fev. 1855.

Conclusão

Que se aproveitem as lições do passado para a segurança do futuro.
(Paulino José Soares de Sousa, 7 fev. 1843)

Este livro foi elaborado a partir de dois lugares de memória. O primeiro teve sua trama organizada entre debates parlamentares e artigos publicados pela imprensa dos anos 1830 e 1840. Quando Paulino José Soares de Sousa reclamava diante de uma Câmara unânime a necessidade de aprender com o passado, estava tomando parte ativa nesse movimento. Explicitava a importância de exercer um controle sobre as formas de estruturação dos enunciados políticos. Dias antes, o mesmo deputado havia exigido do parlamento que se pronunciasse sobre os fatos importantes que abalavam os negócios públicos. O momento era de combate, sem dúvida. Mas Paulino José Soares procurava convencer seus correligionários de que o conflito não podia permanecer restrito aos campos de enfrentamento militar. Era fundamental a inserção das rebeliões de São Paulo e Minas Gerais numa lógica temporal linear e contínua que reforçasse, a um só tempo, o temor da fragmentação territorial e o "discurso da ordem" como solução ideal para a crise que se definia. Devidamente organizado, o passado estreitava as possibilidades de atuação da oposição e esboçava os contornos políticos do futuro.

Essa memória política conservadora já foi minuciosamente examinada em trabalhos anteriores. Mas a retomada e a verticalização de alguns pontos dessas abordagens constituíram uma importante estratégia na definição da hipótese central desta pesquisa. Somente a dissociação entre liberais e conservadores e a análise dos mecanismos e interesses que procuravam aproximá-los tornaram possível uma interpretação diferente da questão relativa às relações entre civis e militares no Império.

Outra memória nesse caso encontra-se consolidada: a elite política imperial, tradicionalmente, é apresentada como um grupo hostil aos "militares". O processo que instituiu essa versão dos acontecimentos é menos perceptível do que aquele que naturalizou a versão conservadora, até porque não parece ter sido resultado de uma ação consciente e orientada, e com certeza apresenta uma série de variantes dispersas num longo período de tempo. O que procuramos definir foi o momento de emergência desse discurso como desdobramento da política militar conservadora, que, por sua vez, só pode ser abordada pela particularização do grupo saquarema no quadro dos embates políticos de meados do século XIX.

Nesse percurso encontramos outras histórias. No lugar dos "militares", foi possível identificar um grupo inteiramente fragmentado, servindo a uma instituição com um baixo grau de racionalização. Expressando os valores da sociedade na qual se encontrava inserido, o Exército das primeiras décadas do século XIX não possuía uma unidade interna, e a organização dos postos e hierarquias ocorria em função da posição ocupada pelo indivíduo nas redes de relações pessoais, cujos fios na sua maioria eram tecidos ainda no berço. Dessa maneira, a ascensão na carreira dependia menos de predicados propriamente militares que da origem e inserção sociais do oficial. Um sistema de hierarquias que sobrevive à abdicação do primeiro imperador. Se o Exército passa por um processo de desmobilização, com a criação da Guarda e a difusão dos princípios descentralizadores de governo nos anos 1830, tal como tinha ocorrido com a judicatura no reinado de d. Pedro I, o sistema de estruturação do corpo de oficiais permanece inalterado. Há um decréscimo no valor da verba destinada ao Ministério da Guerra, assim como uma diminuição no número de efetivos dos corpos de primeira linha, mas o sistema de composição do oficialato e os termos que definiam o prestígio dos oficiais no conjunto da sociedade permaneciam os mesmos.

A retomada do "princípio monárquico" em 1837 promove, portanto, uma reestruturação do Exército. Essa seria a diferença básica, no que se refere aos negócios da Guerra, entre liberais e conservadores. Para gerar a hegemonia necessária à constituição de um Estado nacional, os conservadores colocaram em funcionamento um mecanismo monopolista, que tinha por base a ampliação do potencial militar e financeiro do governo. O Exército constituía um dos principais instrumentos do nascente Estado na acumulação de capital político, por isso se empreendia a sua reforma. Como expressão da aproximação entre a "escória" e setores da elite, as rebeliões provinciais transformaram-se no episódio-chave de rearticulação das forças conservadoras e, por decorrência, do Exército. A "obra de pacificação" simbolizava o embate entre as forças centrífugas e a autoridade da Coroa. A vitória do governo selava o fim do conflito e instituía o "discurso da ordem" como princípio ordenador de uma nova realidade social, mas que preservava a todo custo a escravidão.

Creio que os limites apresentados pelas abordagens sobre o papel do Exército na história imperial provêm de uma série de outros limites, relativos aos estudos no campo da história política. Este trabalho é, portanto, tributário dos avanços das pesquisas realizadas na última década sobre o processo de formação do Estado brasileiro. O mapeamento da emergência do projeto político conservador, em meio às lutas do período regencial, nos permitiu perceber que um ponto central na diferenciação entre liberais e conservadores foi a requalificação do conceito de liberdade. Subordinando a liberdade à ordem, os conservadores avançaram na repressão aos movimentos liberais e populares.

A ordem conservadora tinha por principal referente a ideia do *controle social*. Ao contrário de unir-se à "escória", a "boa sociedade" deveria estar plenamente ciente do papel que tinha a cumprir no interior da sociedade. O baixo grau de civilização das camadas populares exigia — ainda de acordo com os conservadores — uma atuação sistemática dos grandes proprietários. Por isso, não era interesse do Regresso, como concluiria brilhantemente Nabuco de Araújo em 1853, "guerrear e exterminar famílias"; o propósito do grupo restringia-se a "aproveitar essas influências no interesse público, identificá-las com a monarquia" (Nabuco, 1975:145). A centralização não objetivava eliminar os centros locais de poder, mas tão somente impor uma subordinação, que garantisse a preservação das hierarquias sociais herdadas do período colonial. Para a preservação dessas hierarquias, contar com um Exército forte era fundamental. Um Exército que, na repressão à oposição liberal, a caboclos, a pretos e pardos livres e libertos — então subsumidos no termo "escória" –, garantisse a integridade do Império, cuidando com zelo de preservar no Brasil uma herança colonizadora: a de uma monarquia assentada na grande propriedade e na escravidão.

A ideia de empreender mudanças sem rupturas é, portanto, o segundo ponto sobre o qual se apoia a ordem conservadora, daí provém a insistência no termo "civilização". Para utilizar uma expressão de Flory (1986:238), os saquaremas partiam de um *modelo estático* da sociedade, ou seja, baseavam-se na crença de que os problemas do país poderiam ser resolvidos por meio da manipulação do que "consideravam como as características fixas de sua estrutura social". Outra forma de observar essa quase total eliminação do movimento é pela retomada da síntese que Justiniano da Rocha organizou da história imperial. Em todo o texto, o único momento em que o autor empregou a palavra "progresso" foi para definir a conciliação como obra da evolução do espírito humano. Assim, ela é resultado de um movimento dialético, em que os contrários se unem numa síntese — a transação. O movimento é desenvolvimento, e não ruptura (Magalhães Júnior, 1968:163).

Na prática, esse progresso transmutado em civilização ganha expressão por um conjunto de *reformas materiais*. Assim procedeu a administração Manuel Felizardo, que, como vimos, representava a ação conservadora no Ministério da Guerra. E, dessa maneira, procederia também o Partido Conservador como um todo. No gráfico que constrói sobre a "Porcentagem da despesa econômica por itens", José Murilo de Carvalho (1988) demonstra que até a década de 1860 as despesas sociais de infraestrutura concentravam-se em obras públicas. As reformas materiais acompanhavam as reformas administrativas. Se entre os itens das despesas administrativas o setor denominado "defesa" consumia a maior parcela das verbas do governo, na parte econômica, distinguiam-se as obras públicas como símbolo maior da civilização que se procurava erigir. O Estado que se formava era erguido a partir de um projeto político bem definido, que se fundava na conservação.

Foi em oposição a esse modelo de modernização que se organizou *O Militar*. Resultado da própria ação conservadora, que havia instituído uma série de reformas no Exército, e principalmente da lei de promoções, que promovera a oficialidade com formação acadêmica, *O Militar* rompia na década de 1850 com o discurso da ordem, estabelecendo sérias críticas à reforma então empreendida. Nesse momento, elaborou outro discurso que tinha por base a ideia de que a elite política nutria um forte sentimento de hostilidade pelo Exército. Um sentimento que, como pudemos ver, exercia uma função específica — favorecia a construção de uma identidade profissional. O nome do jornal, nesse sentido, é bastante significativo. Os militares que contribuíam com artigos para a publicação só não levaram em conta outro aspecto do processo de formação identitária. A hostilidade em relação à elite, que no caso era recíproca, impedia que o grupo se aproximasse da própria história que fundava o Exército como instituição. Ao elegerem a elite política como um "outro" que devia ser incessantemente negado, fechavam os olhos também para os traços aristocráticos que compunham o corpo de oficiais, e que por ele eram mantidos. Por isso, embaraçavam-se ao procurar uma liderança. A atuação "contrária ao Exército" não se limitava a uma meia dúzia de generais ambiciosos, interessados apenas em fazer das forças de linha uma sinecura. O problema era mais complexo, e, para superá-lo, pelo menos no nível analítico, *O Militar* teria que reencontrar o passado do Exército, para ser capaz de identificar o mesmo "sentimento de hostilidade" no alto oficialato, nos postos que pretendiam um dia ocupar. Os militares não eram apenas honestidade e coerência. Entre eles, existiam também a corrupção e o patronato, e uma vez que essa contradição não era reconhecida como parte de uma mesma instituição, os colaboradores do jornal perdiam-se em meio aos seus projetos. Sem dúvida, a unidade só teria lugar com a eliminação dessas dissensões, o que não se processaria por um ato de pura negação.

Referências

Fontes primárias

1) *Revista do Instituto Histórico e Geográfico Brasileiro (IHGB)*

Necrológios e notas biográficas:

Antônio Ladislau Monteiro Baena: v. 207, p. 192, 1950.

Antônio Manoel de Mello: v. XXIX, p. 488, 1866.

Bento Manuel Ribeiro: v. XXXI, p. 422, 1868.

Henrique Luis Niemeyer Bellegarde: v. I, p. 107 e 138, 1839.

Jerônimo Francisco Coelho: v. XXIII, p. 689, 1863.

José Eloy Pessoa: v. IV, p. 91, 1842.

José Joaquim Machado de Oliveira: v. XXXI, p. 422, 1868.

Raimundo da Cunha Matos: v. I, p. 221 e 283, 1839.

2) *Índice de biobibliografia brasileira*

Obras consultadas através do índice:

BLAKE, Augusto Vitorino Alves Sacramento. *Dicionário biobibliográfico brasileiro*. Rio de Janeiro: Tipographia Nacional e Imprensa Nacional, 1883-1902.

GUIMARÃES, Argeu. *Dicionário biobibliográfico brasileiro de diplomacia, política externa e direito internacional*. Rio de Janeiro: Edição do Autor, 1938.

MACEDO, Joaquim Manoel de. *Ano biográfico brasileiro*. Rio de Janeiro: Tipographia e Lithographia do Imperial Instituto Artístico, 1876.

SILVA, Inocêncio Francisco da. *Dicionário biobibliográfico português*. Lisboa: Impresa Nacional, 1858-1923.

SILVEIRA, Alarico. *Enciclopédia brasileira*. Rio de Janeiro: INL, 1958.

VELHO SOBRINHO, João Francisco. *Dicionário biobibliográfico brasileiro.* Rio de Janeiro: Irmãos Pongetti, 1937.

3) *Arquivo de fés de ofício do Arquivo Histórico do Exército (AHEx)*

4) *Arquivo Nacional do Rio de Janeiro*

Fundo Ministério da Guerra — Correspondências: presidentes de província — IG1.

Coleção OP — Caxias.

Arquivo Geral de Mercês e Graças Honoríficas.

5) *Catálogo da Divisão de Manuscritos da Biblioteca Nacional*

Fontes secundárias

ABREU, Capistrano de. Ensaios e estudos. In: ______. *Fases do segundo império.* 3. série. 2. ed. Rio de Janeiro: Briguiet, 1969.

BARÃO DE VASCONCELLOS; BARÃO SMITH DE VASCONCELLOS. *Arquivo nobiliárquico brasileiro.* [S.l.]: Imprimerie La Concorde, [s.d.].

BARÃO DO JAVARI. *Organizações e programas ministeriais*: regime parlamentar no Império. Rio de Janeiro: Ministério da Justiça, 1962.

BARMAN, Roderick. *Brazil*: the forging of a nation, 1798-1852. Stanford, CA: Stanford University Press, 1988.

BLOCH, Marc. *A sociedade feudal.* Lisboa: Edições 70, 1979.

______. *Introdução à história.* Lisboa: Publicações Europa-América, 1987.

BOURDIEU, Pierre. *O poder simbólico.* Rio de Janeiro: Difel, 1989.

BOXER, Charles. *O império colonial português, 1415-1825.* Lisboa: Edições 70, 1981.

BRANDÃO, Berenice Cavalcante; MATTOS, Ilmar Rohloff de; CARVALHO, Maria Alice Rezende de. *A polícia e a força policial no Rio de Janeiro.* Rio de Janeiro: PUC-Rio, 1981.

CALDEIRA, Jorge. *Mauá*: empresário do Império. São Paulo: Companhia das Letras, 1996.

CALMON, Pedro. *História social do Brasil*: espírito da sociedade imperial. São Paulo: [s.n.], 1937.

CAMPOS, Joaquim Pinto de. *Vida do grande cidadão brasileiro*. Rio de Janeiro: Imprensa Nacional, 1939.

CAPELLA, Leila Maria Corrêa. *As malhas de aço no tecido social*: a revista *A Defesa Nacional* e o serviço militar obrigatório. Dissertação (mestrado) — Instituto de Ciências Humanas e Filosofia, UFF, Niterói, 1985.

CARVALHO, Afonso de. *Caxias*. Rio de Janeiro: Graphicos Bloch, 1938.

CARVALHO, Estevão Leitão de. *Dever militar e política partidária*. São Paulo: Companhia Editora Nacional, 1959.

CARVALHO, Joaquim Nunes de. *O terceiro 5 de julho*. Rio de Janeiro: [s.n.], 1952.

CARVALHO, José Murilo de. As Forças Armadas na Primeira República: o poder desestabilizador. In: FAUSTO, Boris (Org.). *História geral da civilização brasileira*. São Paulo: Difel, 1974. t. 3, v. 2.

______. *A construção da ordem:* a elite política imperial. Brasília: Ed. UnB, 1981.

______. *Teatro de sombras*: a política imperial. São Paulo: Vértice, 1988.

______. *A monarquia brasileira*. Rio de Janeiro: Ao Livro Técnico, 1993.

CASTRO, Celso. *O espírito militar*: um estudo de antropologia social na Academia Militar das Agulhas Negras. Rio de Janeiro: Zahar, 1990.

______. *Os militares e a República*: um estudo sobre cultura e ação política. Rio de Janeiro: Zahar, 1995.

CASTRO, Jeanne Berrance. A Guarda Nacional. In: FAUSTO, Boris (Org.). *História geral da civilização brasileira*. São Paulo: Difel, 1971. t. II, v. 4.

______. *A milícia cidadã*: a Guarda Nacional de 1831-1850. São Paulo: Ed. Nacional, 1979.

CERQUEIRA, Dionísio. *Reminiscências da Campanha do Paraguai*. Rio de Janeiro: Biblioteca do Exército, 1980. (ed. esp.).

CERTEAU, Michel de. *A escrita da história*. Rio de Janeiro: Forense Universitária, 1982.

CIDADE, Francisco de Paula. *Cadetes e alunos militares através dos tempos*. Rio de Janeiro: Bibliex, 1961.

COELHO, E. C. *Em busca de identidade*: o Exército e a política na sociedade brasileira. Rio de Janeiro: Forense Universitária, 1976.

CORREA, Viriato. *Caxias, o pacificador do Brasil*. Rio de Janeiro: [s.n.], 1942.

CUNHA, Rui Vieira da. *Estudo da nobreza brasileira*. Rio de Janeiro: Arquivo Nacional, 1966.

DUBY, George. *Guilherme Marechal ou o melhor cavaleiro do mundo*. Rio de Janeiro: Graal, 1988.

ELIAS, Norbert. *O processo civilizador*. Rio de Janeiro: Zahar, 1993. 2 v.

EWBANK, Thomas. *A vida no Brasil ou Diário de uma visita ao país do cacau e das palmeiras*. Rio de Janeiro: [s.n.], 1973.

FAGUNDES, M. C. *História da Revolução Farroupilha*. Caxias do Sul: Ed. Universidade Caxias do Sul, 1984.

FALCON, Francisco Calazans. *Estudo das características histórico-sociais das instituições policiais brasileiras*: projeto de pesquisa integrada do Departamento de História da PUC-Rio, 1979.

______. *A época pombalina* (política econômica e monarquia ilustrada). São Paulo: Ática, 1982.

FLORY, Thomas. *El juez de paz y el jurado en el Brasil imperial*. México: FCE, 1986.

FOUCAULT, Michel. *Microfísica do poder*. Rio de Janeiro: Graal, 1979.

______. *Vigiar e punir*: nascimento da prisão. Petrópolis: Vozes, 1987.

FRAGOSO, Augusto Tasso. *História da guerra entre a Tríplice Aliança e o Paraguai*. Rio de Janeiro: Imprensa do Estado Maior do Exército, 1934.

FREYRE, Gilberto. *Ordem e progresso*. Rio de Janeiro: José Olympio, 1959.

______. *Sobrados e mucambos*. Rio de Janeiro: José Olympio, 1977a.

______. *Vida social no Brasil em meados do século XIX*. Recife: [s.n.], 1977b.

GEERTZ, Clifford. *A interpretação das culturas*. Rio de Janeiro: Zahar, 1978.

GOFFMAN, Erving. *Manicômios, prisões e conventos*. São Paulo: Perspectiva, 1974.

HAHNER, June. *Relações entre civis e militares*. São Paulo: Pioneira, 1975.

HOBSBAWM, Eric. *A era do capital*. Rio de Janeiro: Paz e Terra, 1988.

______. *Nações e nacionalismos desde 1780*. Rio de Janeiro: Paz e Terra, 1990.

HUIZINGA, Johan. *O declínio da Idade Média*. São Paulo: Edusp, 1978.

HUNTINGTON, Samuel. *The soldier and the State*. Nova York: Vintage Books, 1957.

IANNI, Otávio. *O colapso do populismo no Brasil*. Rio de Janeiro: Civilização Brasileira, 1968.

JAGUARIBE, Hélio. *Desenvolvimento econômico e desenvolvimento político*. [S.l.]: Fundo de Cultura, 1969.

KIDDER, Daniel P. *Reminiscências de viagens e permanências no Brasil*. São Paulo: [s.n.], 1972.

LOBO, L. *História militar do Pará*. Rio de Janeiro: Bedeschi, 1943.

LOPES, Teodorico; TORRES, Gentil. *Ministros da Guerra do Brasil*. Rio de Janeiro: Oficinas Gráficas Pongette, 1946.

MACHADO, Agostinho José. *A facção saquarema*: considerações políticas. Santos: Tipografia Imparcial de F.M.R.D'Almeida, 1851.

MAGALHÃES, João Batista. Estudo sobre os militares e a política. *Revista do Instituto Histórico e Geográfico Brasileiro*, Rio de Janeiro, n. 234, p. 139-175, jan./mar. 1957.

MAGALHÃES JÚNIOR, Raimundo. *Três panfletários do Segundo Reinado*. São Paulo: Companhia Editora Nacional, 1968.

MASCARENHAS, Nelson Lage. *Um jornalista do Império (Firmino Rodrigues Silva)*. São Paulo: Ed. Nacional, 1961.

MATTOS, Ilmar R. de. *O tempo saquarema*: a formação do Estado imperial. São Paulo: Hucitec, 1990.

MONTEIRO, Pedro Aurélio de Góis. Caxias, comandante em chefe. *Revista Militar Brasileira*, Rio de Janeiro, v. XXXV, n. 3, 231-271, 1936.

MOTTA, Jehovah. *Formação do oficial do Exército*. Rio de Janeiro: Ed. Cia. Brasileira de Artes Gráficas, 1976.

NABUCO, Joaquim. *Um estadista no Império*. Rio de Janeiro: Aguilar, 1975.

NOVAIS, Fernando. *Portugal e Brasil na crise do antigo sistema colonial, 1777-1808*. São Paulo: Hucitec, 1983.

POLIANO, Luiz Marques. *Ordens honoríficas do Brasil*. Rio de Janeiro: Imprensa Nacional, 1943.

PRADO JR., Caio. *Formação do Brasil contemporâneo*. São Paulo: Brasiliense, 1977.

PRESTES, Anita Leocádia. *A Coluna Prestes*. São Paulo: Brasiliense, 1991.

______. *Os militares e a reação republicana*: origens do tenentismo. Petrópolis: Vozes, 1993.

SCHULZ, John. O Exército e o Império. In: FAUSTO, Boris (Org.). *História geral da civilização brasileira*. São Paulo: Difel, 1974. t. II, v. 4.

______. *O Exército na política*: origens da intervenção militar (1850-1894). São Paulo: Edusp, 1994.

SEIDL, Raimundo Pinto. *O duque de Caxias*. Rio de Janeiro: [s.n.], 1903.

SILVA, Alfredo Pretextato Maciel da. *Os generais do Exército brasileiro de 1822 a 1889*: traços biográficos. Rio de Janeiro: Americana, 1906/07.

SILVA, Antônio de Morais. *Dicionário da língua portuguesa*. Lisboa: Tipografia Antônio José da Rocha, 1858.

SISSON, Sebastião Augusto. *Galeria dos brasileiros ilustres*. São Paulo: [s.n.], 1948.

SOARES, Antônio Joaquim Macedo. *Nobiliarquia fluminense*: genealogia das principais e mais antigas famílias da Corte e província do Rio de Janeiro. Niterói: [s.n.], 1948.

SODRÉ, Nelson Werneck. *História militar do Brasil*. Rio de Janeiro: Civilização Brasileira, 1965.

______. *A história da imprensa no Rio de Janeiro*. Rio de Janeiro: Civilização Brasileira, 1983.

SOUSA, Otávio Tarquino de. *História dos fundadores do Império do Brasil*. Rio de Janeiro: José Olympio, 1960.

SOUZA, J. Galante de. *Índice de biobibliografia brasileira*. Rio de Janeiro: INL, 1963.

SPALDING, W. *A epopeia farroupilha*. Rio de Janeiro: Bibliex, 1963.

STEPAN, Alfred. *Os militares na política*: as mudanças de padrão na vida brasileira. Rio de Janeiro: Artenova, 1975.

TAUNAY, Alfredo d'Escragnolle. *Memórias*. Rio de Janeiro: Bibliex, 1960.

URICOECHEA, Fernando. *O minotauro imperial*. Rio de Janeiro: [s.n.], 1978.

______. Coronéis e burocratas no Brasil imperial: crônica analítica de uma síntese histórica. In: NUNES, Edson Oliveira (Org.). *A aventura sociológica*. Rio de Janeiro: [s.n.], 1978. p. 201-276.

Este livro foi impresso nas oficinas gráficas da Editora Vozes Ltda.,
Rua Frei Luís, 100 – Petrópolis, RJ.